2013년 법무부 민법개정시안
—조문편—

민법개정총서

6

2013년 법무부 민법개정시안

조문편

법무부
민법개정자료발간팀
編

 법무부

발간사

민법은 재산관계와 가족관계를 일반적으로 규율하는 국민 생활의 기본법입니다. 민법의 소관부서인 법무부에서는 민법의 중요성을 깊이 인식하여 그간 민법 개정을 심도있게 논의하였을 뿐만 아니라, 그 민법 개정의 연구 성과를 담아 『법무부 민법총서』 시리즈를 출간해 왔습니다. 『법무부 민법총서』는 민법 개정 논의 과정에서 축적된 자료 등을 담은 『민법개정총서』와 외국민법전 및 해외자료 등을 번역·해설한 『비교민법총서』로 구분되어 출간되고 있습니다.

이번에 추가로 발간하는 『민법개정총서』에서는 2013년 7월 시행되는 개정 민법의 해설과 법무부 민법개정위원회에서 논의한 민법 개정시안 등을 수록하였습니다. 앞으로도 법무부에서는 『법무부 민법총서』의 발간을 통해 국민들의 민사법에 대한 이해를 드높이고, 한국 법학의 발전에 기여할 것을 약속합니다. 국민 여러분들의 많은 관심과 지원을 기대합니다.

2013. 7. 1.

법무부장관 황 교 안

머리말

우리 민법은 1958년 제정되어, 시행된 지 약 50년이 지났습니다. 그동안 우리 사회에서는 많은 변화가 일어났고, 국민 생활의 기본법인 민법을 변화된 환경에 맞게 개정하여야 한다는 요청이 지속적으로 있어 왔습니다.

법무부에서는 여러차례에 걸쳐 학식과 명망있는 학자와 법조실무가들로 민법 개정을 논의하는 자문위원회를 구성하여 심도있는 연구 끝에 국회에 민법 개정안을 제출하였습니다. 특히 2009년부터는 매년 법학교수, 법관, 변호사 등 해당 분야의 권위자들 30~40명이 참여하고, 4~6개의 분과위원회로 나누어 전례없이 방대한 규모로 민법개정위원회를 운영함으로써 민법총칙, 물권법, 채권법 전반에 걸쳐 개정시안을 마련하였습니다.

그간 법무부에서는 『민법개정총서』 시리즈 발간을 통해 법무부가 민법 개정 연구과정에서 수집한 자료를 널리 소개해 왔습니다. 이번에 출간하는 『2013년 법무부 민법 개정시안』은 법무부 민법개정위원회에서 2009년부터 현재까지 장기간에 걸쳐 재산법 분야에 대한 심도있는 연구와 검토를 마치고 법무부에 개정을 권고한 개정시안입니다.

민법 개정시안과 그 논의자료가 국민들에게 널리 공개되면 민법의 바람직한 개정 방향에 대한 각계의 다양한 의견을 청취할 수 있을 것으로 기대합니다. 이는 법무부에서 향후 입법절차를 밟아 민법을 개정하는 데 큰 도움이 될 것이라 생각합니다.

마지막으로 책자의 발간에 애쓴 장영섭 법무심의관, 서정민 검사, 남재현 법무관, 우승학 법무관, 이선미 전문위원, 김훈주 연구위원에게 감사의 말씀을 전합니다.

2013. 7. 1.

법무부 법무실장 강 찬 우

| 차례 |

발간사   5
머리말   7

2013년 법무부 민법개정시안 해제解題 _ 서정민 …………………………… 13

  Ⅰ. 머리말 _ 13
  Ⅱ. 개정시안의 주요 내용 _ 15
  Ⅲ. 책자의 구성 _ 32
  Ⅳ. 맺음말 _ 34
  법무부 민법개정위원회 위원명단 _ 36

신구조문대비표
(현행민법-개정시안)

일러두기 ……………………………………………………………………… 41
민법 …………………………………………………………………………… 42

  제1편 총칙 _ 42
    ○ 제1장 통칙 / 42   ○ 제2장 인 / 42   ○ 제3장 법인 / 49
    ○ 제4장 물건 / 71   ○ 제5장 법률행위 / 71   ○ 제6장 기간 / 81
    ○ 제7장 소멸시효 / 82

제2편 물권 _ 90

- 제1장 총칙 / 90
- 제2장 점유권 / 91
- 제3장 소유권 / 94
- 제4장 지상권 / 107
- 제5장 지역권 / 110
- 제6장 전세권 / 112
- 제7장 유치권 / 116
- 제8장 질권 / 118
- 제9장 저당권 / 122

제3편 채권 _ 133

- 제1장 총칙 / 133
- 제2장 계약 / 162
- 제3장 사무관리 / 207
- 제4장 부당이득 / 208
- 제5장 불법행위 / 210

제4편 친족 _ 216

- 제1장 총칙 / 216
- 제2장 가족의 범위와 자의 성과 본 / 218
- 제3장 혼인 / 220
- 제4장 부모와 자 / 231
- 제5장 후견 / 253
- 제6장 삭제 / 271
- 제7장 부양 / 272
- 제8장 삭제 / 273

제5편 상속 _ 274

- 제1장 상속 / 274
- 제2장 유언 / 290
- 제3장 유류분 / 299

민법개정총서 06
2013년 법무부 민법개정시안
―조문편―

민법개정총서 06

2013년 법무부 민법개정시안
— 조문편 —

2013년 법무부 민법개정시안 해제解題_ 서정민 ·· 13
신구조문대비표(현행민법-개정시안) ·· 41

민법개정총서 06
2013년 법무부 민법개정시안
—조문편—

2013년 법무부 민법개정시안
해제 解題

_ 서정민*

I. 머리말

개정 민법의 시행일인 2013년 7월 1일은 우리 민법 역사상 새로운 전환점이라 할 수 있다. 이 날은 법무부에서 민법 개정 연구를 위하여 발족한 민법개정위원회, 가족법개정위원회 등 자문위원회에서 심도있는 검토 아래 마련한 행위능력·친권·입양·후견제도 관련 3개의 민법 개정안이 시행되는 날이다.[1] 우리 민법이 이러한 새로운 역사적 전환점을 맞게 된 것은 법무부에서 정부 내 관계기관과 사법부, 학계와 민간단체 등과 협력하여 다년간 민법 개정 연구를 착실히 해 왔기 때문이다.

---

* 법무부 민법개정위원회 간사(2011~2013년), 법무부 법무심의관실 검사, 법학박사
[1] 이 날 시행되는 민법 개정안은 정확히 4개이다. 정부안으로 발의되어 국회 통과, 공포된 3개의 개정 민법(법률 제10429호, 법률 제10645호, 법률 제11300호) 외에도 오제세 의원 대표 발의로 국회 통과, 공포된 개정 민법(법률 제11728호)이 있다. 오제세 의원 발의안은 민법 제253조의 1개 조문을 개정하여 유실물 소유권이 습득자에게 귀속되는 기간을 1년에서 6개월로 단축하는 것으로 정부발의안과 달리 내용이 간단하여 특별한 설명이 필요없으므로 여기에서는 별도로 언급하지 아니하였다.

법무부는 민법의 소관부서로서 민법 제정 이래 축적된 판례와 법현실을 법 개정에 반영하고자 민법 개정안 마련에 애써왔다. 유교적 전통에 기반한 가부장적 가족문화가 점차 해체되어 가면서 친족·상속편 분야의 개정에 대해서는 정치권에서도 자주 논의되어 왔지만, 총칙과 물권·채권편의 재산법은 내용이 방대할 뿐 아니라 다른 법령과 판례에 적지 않은 영향을 미치고 있어서 학계의 지속적인 개정 논의에도 불구하고 정부나 국회 차원에서의 개정안 마련이 쉽지 않았다. 재산법에 한정하여 본다면, 법무부는 1982년 1월에 '민법·상법개정특별심의위원회'를 설치하여 2년 동안 활동하면서 민법분과위원회에서 9차에 걸친 회의 끝에 마련한 民法中改正法律案을 1983년 1월 6일 제11대 국회에 제출한 결과, 개정안이 통과되어 민법의 특별실종, 구분지상권, 전세권 규정 등이 정비된 것이 제정 이래 유일한 재산법 개정이라 하겠다. 그 후에도 법무부는 1999년 2월에 다시 법조계와 학계의 전문가 12명으로 민법개정특별분과위원회를 구성하여 5년 4개월간의 작업 끝에 2004년 6월에 개정안을 마련하였고 같은 해 10월 21일 民法中改正法律案을 국회에 제출하였지만, 학계 일부에서 반대 의견을 내고 국회의 심의가 지연되는 가운데 국회 임기만료로 폐기되고 말았다.[2] 이 일을 계기로 법무부는 학계의 의견을 보다 폭넓게 청취하여 신중하게 민법 개정안을 마련하고, 사실상 전부 개정과 다름없는 방대한 개정안이 아니라 보다 적은 주제를 집중적으로 다루어 국회의 심의 부담을 줄여주는 간명한 개정안을 여러 번에 걸쳐 국회에 보내기로 입법 전략을 수정하였다. 이에 법무부는 2009년 2월부터 전례없이 방대한 자문위원회를 구성하여 새로이 민법 전면 개정 연구에 착수하였다. 위원회 명단은 말미에 별첨하였다.

이 책자에서 소개하는 조문안은 바로 2009년 구성된 법무부 민법개정위원회에서 2012년까지 4년간 주제별로 개정 연구를 한 것을 2013년까지 다듬고 위원회 내부에서 최종 검토·확정한 것이다. 이 조문안 중에는 법무부에서 개정위원회로부터 안을 받

---

[2] 2004년 민법 개정안의 마련 경위와 내용 등에 대해서는 법무부 민법개정자료발간팀 편, 『2004년 법무부 민법개정안』-총칙·물권편-, 법무부, 2012; 법무부 민법개정자료발간팀 편, 『2004년 법무부 민법개정안』-채권편·부록-, 법무부, 2012 참조.

아 정부 내 협의 등 입법절차를 마치고 국회에 제출한 것도 있다. 그러나, 대부분은 아직 법무부의 자문기구인 민법개정위원회에서 법무부에 입법을 권고한 것에 불과하여 정부 차원의 정책적인 판단과 체계·자구 수정 등을 마쳐야 하기 때문에 '민법 개정시안'이라고 이름을 붙였다. 민법개정위원회는 재산법 전반에 걸쳐 폭넓게 연구를 하였고 그 검토에 예상보다 오랜 기간이 소요되고 있기 때문에 기초 연구 활동기간이 종료한 지금에도 그 결과물에 대해 위원회 내 상급 기구의 회의를 거쳐 추가적인 검토가 계속되고 있다. 이 연구가 모두 완료되기를 기다려 연구 자료를 정리한 책자를 편찬하려면 너무나 오랜 시간이 걸려 국민들에게 적시에 필요한 자료를 제대로 소개하지 못할 우려가 있을 뿐 아니라 필자를 비롯한 업무 담당 공무원의 인사이동 등으로 자료 편찬이 제대로 진행되지 않을 수 있다. 따라서 민법 역사의 전환점인 2013년 7월 1일을 맞아 현재 법무부 민법개정위원회에서 확정된 민법 개정 조문안을 '2013년 법무부 민법 개정시안'이라 명명하여 그 조문안과 연구자료를 국민들에게 널리 공개하고자 한다.

II. 개정시안의 주요 내용

2013년 법무부 민법 개정시안의 마련 경과에 대해서는 법무부에서 발간한 『2013년 개정 민법 자료집』에서 이미 상세히 소개한 바 있으므로[3] 여기에서는 그 설명을 생략하고 2013년 법무부 민법 개정시안의 주요 내용에 대해서만 간략히 소개하기로 한다.

---

[3] 2009년 구성된 법무부 민법개정위원회의 활동과 민법 전면 개정 연구 과정에 대해서는 서정민, 「법무부의 민법 전면 개정과 민법 개정 자료집 발간 경과」, 『2013년 개정 민법 자료집 上』, 법무부, 2012, 22-46쪽 참조.

1. 총칙

1) 행위능력

민법개정위원회에서는 성년 연령을 하향하고 금치산·한정치산 제도를 폐지하고 성년후견 제도를 도입하는 행위능력·후견제도 개정안을 마련하였고 법무부가 이를 국회에 제출하여 2013년 7월 1일부터 개정 민법이 시행되었다.[4] 따라서 이 부분은 법무부의 주된 개정시안 중 하나이지만, 이미 민법전에 반영된 것이므로 2013년 법무부 민법 개정시안의 내용에서 제외하였다.

2) 법인

민법개정위원회는 민법의 비영리법인 제도를 전반적으로 개정하는 안을 만들었다. 법무부가 이 안을 소멸시효 개정안과 함께 18대 국회에 제출하였으나 국회 임기만료로 폐기되었다. 헌법상 결사의 자유를 실질적으로 보장하고 법인 운영의 자유를 증진시키며 법인 아닌 사단과 재단에 대한 규율을 명확히 하기 위해 비영리법인의 설립을 허가주의에서 인가주의로 변경하고, 비영리법인의 합병·분할 제도를 신설하며, 법인 아닌 사단과 재단에 관하여 법인에 관한 규정을 준용하는 것이 개정시안의 주요 내용이다.

비영리법인의 설립에 관하여 기존의 허가주의는 허가요건도 규정하지 않은 채 주무관청에 대하여 과도한 재량을 부여하므로 이를 폐지하고, 인가요건을 명확하게 규정한 다음 그 요건을 갖추어 신청하면 특별한 사정이 없는 한 주무관청이 설립인가를 하도록 하여 국민의 법인 설립 절차를 간소화한 것이다.

또한 종중, 교회 등 비법인사단·재단은 우리 사회에 일상적으로 존재하는 실체를 가지고 있음에도 관습법이나 판례에 의존하여 이에 대한 규율을 함으로써 분쟁 해결에 어려움을 겪고 있었으므로, 이에 대해서도 인가·등기를 전제로 한 규정을 제외하고는

---

[4] 개정 민법의 조문별 해설은 윤진수·현소혜, 『2013년 개정 민법 해설』, 법무부, 2013, 개정 민법 중 행위능력·후견제도의 입법 자료는 법무부 민법개정자료발간팀 편, 『2013년 개정 민법 자료집』 上·下, 법무부, 2012 각각 참조.

비영리법인에 관한 규정을 준용하도록 하였다.

아울러 상법상 회사와는 달리 비영리법인에 대해서는 조직 변경에 관한 명문의 규정이 없어 해산·청산 후 신설이라는 우회적인 방법을 취하여야 했으므로 합병·분할 제도를 도입하여 직접적인 조직변경이 가능하도록 하였다.

3) 법률행위

법률행위 분야에서는 여러 가지 사항이 논의되었으나 2013년 7월 1일 현재 위원회안으로 확정된 부분은 법률행위의 일부무효·일부취소, 무권리자의 처분행위의 효력 등이다.

법률행위가 일부무효인 경우 현행 민법은 전부무효를 원칙으로 하고 예외적으로 일부유효를 인정하였으나, 개정시안에서는 가능한 한 계약의 유효를 인정하자는 취지에서 일부유효를 원칙으로 하고 전부무효를 예외로 하였다. 또한 일부무효의 법리와 마찬가지로 법률행위의 일부분에만 취소의 원인이 있는 경우 일부취소를 인정하고 일부취소 시 나머지 부분의 효력을 인정하는 법률행위의 일부취소 규정을 신설하였다.

그리고 독일민법과 대만민법의 입법례에 따라 무권리자의 처분에 관한 규정을 신설하였다. 무권리자의 처분은 권리자의 동의나 추인을 받으면 유효하고, 다만 추인으로 인하여 제3자의 권리를 해하지는 못한다.

그밖에 자구 등을 수정하였다.

4) 소멸시효

민법개정위원회에서 마련한 소멸시효 개정시안은 총칙의 소멸시효 뿐만 아니라 물권편의 취득시효와 채권편의 불법행위 소멸시효까지 전반적으로 수정하는 것이다. 법무부는 법인 제도 개정안과 함께 소멸시효 개정안을 18대 국회에 제출하였으나, 국회 임기만료로 폐기되고 말았다.

소멸시효 개정안은 시장경제의 발달로 거래의 양과 속도가 비약적으로 증가함에 따라 거래관계를 신속하게 종결시키고 국제거래의 증가에 따른 현실을 반영하여 소멸시효에 관한 외국의 입법례와 균형을 맞추는 데 있었다.

　그 주요 내용으로 첫째, 채권의 일반소멸시효 기간과 기산점을 조정하는 것이다. 급변하는 현대사회의 특성에 맞게 거래관계를 신속히 종결시키기 위해 채권의 일반소멸시효기간 10년을 5년으로 단축하는 한편, 채권 소멸시효의 기산점에 주관적 기산점 개념을 도입하여 채권자가 권리를 행사할 수 있는 사실과 채무자를 안 때부터 5년이 기산되도록 하였다. 다만 시효기간이 무제한 연장되는 것을 방지하기 위해 채권자의 인식과 상관없이 10년이 경과하면 소멸시효가 완성되도록 하였다.

　둘째, 단기소멸시효를 폐지하였다. 채권의 일반소멸시효기간을 5년으로 단축하면서 소멸시효체계를 일원화하고 단순화하겠다는 취지이다.

　셋째, 시효장애사유와 그 효력을 정비하였다. 현행 시효장애사유로 정해진 '중단'과 '정지'를 국제적 추세에 맞게 '정지', '완성유예', '재개시'로 삼분하고, 각각의 효력을 명확하게 규정하였다. 사유가 발생하면 시효가 0에서 다시 시작하는 현행 '중단'보다는 사유가 발생한 기간 동안만 시효진행을 정지시키는 '정지'를 활성화시키고, 실질적으로는 '완성유예' 개념으로 사용되던 현행 '정지'를 '완성유예'로 재편하였다. 이에 대해서는 이해가 쉽지 않으므로 필자가 법무부 내부보고용으로 작성한 그림을 아래에 첨부하였다.

　넷째, 부동산 점유취득시효 요건을 정비하였다. 20년간 점유사실만 입증하면 점유물을 시효취득할 수 있는 현행 취득시효제도는 진정한 권리자의 희생 아래 시효취득자를 지나치게 보호한다는 문제가 있어 자주점유 추정을 폐지하고 부동산 점유취득시효 요건으로 선의와 무과실 요건을 추가하였다.

　마지막으로 불법행위로 인한 손해배상청구권의 소멸시효를 정비하였다. 현행 불법행위채권의 소멸시효기간은 손해 및 가해자를 안 날부터 3년, 불법행위를 한 날부터 10년으로 되어 있으나, 개정시안에서는 각각 5년, 20년으로 연장하였다. 아울러 미성년자의 성적 침해를 이유로 하는 손해배상청구권은 피해자가 미성년인 동안에는 소멸시효기간이 진행하지 않고 정지되도록 하였다.

<그림> 시효장애사유

☐ **현행 민법**

1. 중단 : 사유발생시 시효가 0에서 재진행

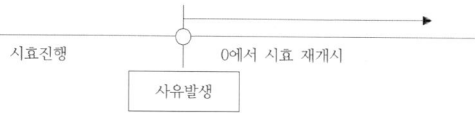

2. 정지 : 사유발생시 그 사유 해소시점부터 일정기간 시효미완성

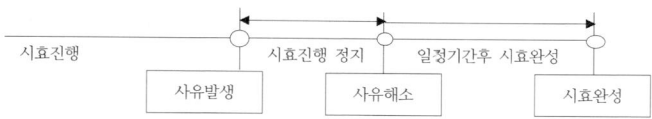

☐ **개정시안**

1. 정지 : 사유발생한 동안만 시효진행 정지

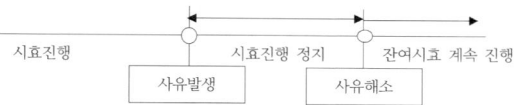

2. 재개시 : 사유발생시 시효가 0에서 재진행

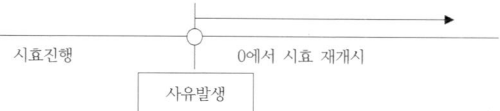

3. 완성유예 : 일정기간 시효미완성

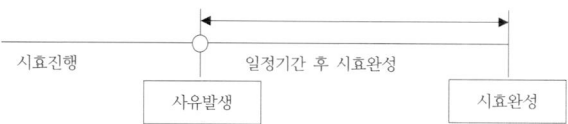

4. 정지 + 재개시 : 사유발생시 그 사유 해소시점부터 시효가 0에서 재진행

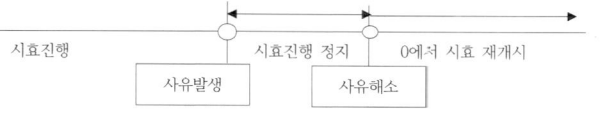

5. 정지 + 완성유예 : 사유발생시 그 사유 해소시점부터 일정기간 시효미완성

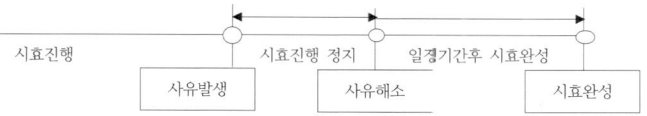

5) 기타

그밖에 아직 논의가 마무리 되지 않아 위원회안으로 확정되지는 않았으나 향후 위원회안으로 도출될 유력한 총칙 개정시안으로는 인격권 규정의 신설이 있다. 제3조의2로 "사람은 생명·자유·신체·건강·명예·사생활의 비밀과 자유·성명·초상·개인정보, 그밖에 인격적 이익에 대한 권리를 가진다."라는 규정을 신설하는 것이다. 민법은 재산권 중심으로 규정되어 있으나 최근 들어 인격권이 중요한 권리로 인정되고 있을 뿐 아니라 학설과 판례도 인격권을 권리로 인정하고 있는 추세이므로 민법에 상세한 규정을 두어 분쟁해결의 지침이 될 수 있도록 하려는 것이다.

2. 물권

물권법 개정 논의에 있어서 민법개정위원회는 물권변동, 소유권·점유권, 용익물권, 담보물권 개정시안 마련을 분과위원회에 각각 할당하여 논의하였다. 용익물권, 담보물권은 활발히 논의되어 개정시안이 거의 마련되었지만 물권법의 근간을 다루는 물권변동, 소유권·점유권 분야는 논의 결과 위원들간 의견이 쉽게 일치되지 아니하여 큰 진척이 없었고, 상린관계에 대해서 시안이 마련되었다.

1) 상린관계

현행민법은 상린관계를 권리측면에서 규정하고 있어 소유권의 간접적인 제한으로 이해되고 있는데 민법개정위원회에서는 공동체 생활관계 속에서 소유권의 직접적인 제한으로 상린관계 조문을 구체화할 필요가 있다고 보아 몇몇 조문을 정비하였다. 매연 등에 의한 이웃 토지 방해금지 범위에 소음, 먼지, 빛 등에 의한 방해금지를 추가하였고 방해에 대한 이웃토지소유자 등의 보상청구권을 추가하였다. 경계를 침범한 건축의 경우 이웃토지 소유자의 인용의무의 범위와 지료보상 또는 매수청구권을 신설하였다. 그밖에 표현 등을 일부 정비하였다.

2) 지역권

가장 먼저, 일반인이 이해하기 어려운 대표적인 법률용어인 요역지要役地, 승역지承役地의 의미를 설명하는 조항을 신설하였다.

다음으로 승역지 소유자가 지역권의 행사를 위하여 소유권을 포기하고 상대방에게 일방적으로 소유권을 이전시키는 위기委棄에 대해서 등기를 부동산 물권변동의 성립요건으로 보는 우리 민법의 체계와 맞지 않다는 비판이 있어온 점을 감안하여, 위기에 관한 현행 제299조를 삭제하고 제298조를 보완하여 소유권 이전의 의사표시를 하고 이행의 제공을 하면 부담을 면하되 물권변동은 형식주의에 따라 등기가 완료된 때 이루어지도록 해석될 수 있게끔 논란의 여지를 제거하였다.

아울러, 입회권入會權을 규정하는 일본 민법에서 비롯된 특수지역권은 입회권 관련 분쟁이 빈번한 일본과 달리 민법 제정 이래 우리나라에서는 한 번도 인정되거나 논의된 바가 없는 사문화된 규정이라는 지적에 따라, 법무부에서 산림청과 지방자치단체에 특수지역권 주장 내지 활용 관습 및 사례에 대해 조사하였으나 이러한 관습이나 사례가 없음이 확인되었을 뿐 아니라 오히려 행정관청이 실효적으로 국공유림을 관리감독하고 있는 실태와도 저촉된다는 이유로 폐지 건의가 있기도 하였다. 따라서 민법개정위원회는 이 조문을 삭제하기로 하였다.

3) 유치권

유치권은 담보물의 교환가치로부터 변제받기보다는 점유로써 채무자를 심리적으로 압박하여 사실상 우선변제를 강제하는 것이어서, 특히 부동산 유치권 행사와 관련하여 사회적 갈등이 자주 발생하였다. 경매절차에서 허위유치권을 신고하는 사례가 증가하고, 점유 과정에서 폭력·업무방해 등 분쟁이 빈발하며, 유치권이 신고되면 유찰될 가능성이 높아 담보물의 경매 및 환가에도 장애가 발생하였다. 따라서 유치권 행사를 둘러싼 갈등을 해소하고 부동산에 대한 담보물권 관계를 명확히 공시하여 담보물의 신속한 환가절차가 진행될 수 있도록 유치권 개선안의 마련이 필요하게 되었다.

민법개정위원회에서는 부동산 유치권을 폐지하고 동산과 유가증권에 대해서만 유치권을 존속시키기로 하였다. 다만 담보물에 대한 법률관계를 공시할 수 없는 미등기

부동산에 대해서는 잠정적으로 유치권을 인정하기로 하였다. 등기된 부동산의 유치권 폐지로 인하여 기존 유치권자에 해당하던 채권자 보호의 공백을 막기 위해 현실과의 타협책으로 제시한 방법이다.

유치권에 대신하는 권리로 저당권설정청구권을 도입하였다. 저당권설정청구권은 두 가지 종류가 있다. 첫째, 등기된 부동산에 대해서 비용지출 채권자가 행사할 수 있는 저당권설정청구권인데, 이는 일반 저당권과 마찬가지로 등기시부터 효력이 발생하고 저당권설정청구권이 성립한 후 부동산소유권을 취득한 제3자에 대해서 주장하지 못한다. 즉 등기부동산에 대해서는 종래의 유치권과 같은 강력한 권리가 사라지게 되고 등기부에 나타난 물권의 우선순위에 따라 권리관계가 결정된다. 이는 특별히 강력한 권리로 볼 수 없어 행사기간에 제한을 두지 않았다. 둘째, 유치권자의 저당권설정청구권이다. 미등기부동산이 등기된 경우 등기 전에는 공시방법이 없어 부득이 유치권을 인정하였는데 이러한 유치권자에 대해서도 등기시부터 저당권 효력이 생기는 담보물권을 부여한다면 이들에게 너무 가혹할 뿐 아니라 채무자인 소유자가 제3자에게 부동산을 담보로 제공하고 선순위의 담보물권을 설정할 우려가 있다. 그렇다고 등기 후에도 유치권을 계속 존속시키면 부동산 유치권 폐지의 개정 취지에 반한다. 따라서 유치권자의 저당권설정청구권은 등기시부터 6개월 동안만 제한적으로 가능하도록 하되 기간 내 청구하여 저당권등기가 되면 담보물권의 효력이 채권의 변제기에 소급하여 등기 후 새로이 설정한 다른 담보물권에 우선하도록 하였다. 다만 저당권설정청구는 소로써 하도록 하고 6개월 내 청구하지 않으면 유치권 또한 소멸하도록 하였다.

법무부는 위원회 개정시안을 받아들여 유치권 제도 개선을 추진하기로 하였다. 민법 개정안과 아울러, 저당권설정청구권 행사에 기한 등기의 신설을 주된 내용으로 하는 부동산등기법 개정안, 유치권에 대한 인수주의에서 소멸주의로의 전환과 저당권설정청구권자의 배당요구권 신설 등을 주된 내용으로 하는 민사집행법 개정안을 2013년 1월 입법예고하여 정부입법절차를 밟아 7월에 국회에 제출하였다.[5] 향후 유치권 제도

---

[5] 이 개정안은 2013년 2월말 관계기관 협의와 입법예고를 마치고 법제처에 송부하였으나, 법제처에서 4개월 이상 심사를 지연하던 중 조문의 순서를 이동하여야 한다는 등 체계와 자구에 대한 단순 이견을 여러 차례 제시하여 신속한

개선안이 국회에서 긍정적으로 논의·검토되기를 바란다.

4) 질권

질권에 관해서는 첫째, 표제를 수정하였다. 질권 설정을 위해 목적물의 인도를 요하는 것은 질권설정계약 자체의 성립요건과는 별개의 문제이므로 표제를 '질권계약의 요물성'에서 '질권의 설정'으로 바꾸었다. 또한 '질권의 목적이 된 채권의 실행방법'을 '채권질권의 실행방법'으로 바꾸었다. 둘째, 물상대위의 압류요건을 폐지하고 지급의무자의 담보권설정자에 대한 변제의 효력 및 담보권자의 지위를 규정하여 목적물 멸실·훼손 등에 있어서 법률관계를 명확히 하고자 하였다. 셋째, 채권질권의 설정에 채권증서의 교부를 요건으로 하는 것이 실효성이 없고 권리질권의 설정에 장애가 된다는 비판을 받아들여 이 요건을 삭제하였다.

5) 저당권

저당권과 관련하여 민법개정위원회는 근저당권에 관한 11개 규정을 신설하였다. 실무상 저당권보다 근저당권이 훨씬 많이 활용됨에도 현행법은 근저당에 관한 1개 조문만 두고 있어서 법률관계를 명확히 하는 데 한계가 있었다. 개정시안은 채권최고액, 피담보채권의 범위, 채무자의 변경, 근저당권의 공동귀속, 채권양도·채무인수·상속·법인의 합병·분할 등과 근저당권의 관계, 원본채권의 확정청구 및 확정사유, 채권최고액의 감액청구, 물상보증인의 근저당권소멸청구권 등 근저당권과 관련하여 발생할 수 있는 법률관계를 상세히 정하였다.

다음으로 저당권 방해제거 및 예방청구 규정을 신설하였다. 저당권에 기한 방해제거청구권의 행사요건에 관하여 해석상 논란이 있는 점을 감안하여, 저당물 가액의 현저한 감소나 저당권의 실행을 어렵게 하는 경우 또는 목적물의 종물 훼손시 등을 행사요건으로 정하였다.

입법을 위해 부득이 그 의견을 일부 수용하였으므로 법무부가 국회에 제출한 민법 일부개정법률안의 조문자구와 조문순서 등은 이 개정시안과 다소 다르다. 그러나 입법취지와 정책의 내용은 설명한 그대로이고 전혀 변경이 없다.

마지막으로 일괄경매청구권의 성립요건을 완화하였다. 현행법상 저당권자의 일괄경매청구권은 저당권설정자가 건물을 축조한 경우로 엄격히 제한되어 있는데, 개정시안은 저당권설정 후 세워진 건물로서 축조자와 소유자를 묻지 않고 일괄경매청구권을 행사할 수 있도록 하였다.

6) 기타

그밖에 민법개정위원회에서 물권법 개정시안으로 확정될 것이 유력한 것으로 지상권, 전세권 개정시안이 있다. 지상권 개정시안의 핵심은 판례에 의해서 인정되어 온 관습법상 법정지상권의 정비이다. 지상권이란 물권이 등기도 없이 부여됨에도 불구하고 요건은 불명확하고 범위도 넓으며 그 법적 근거에 대하여도 의문이 제기되고 있어 입법적으로 관습법상 법정지상권의 법률관계를 명문화하자는 것이다. 이에 대해서는 법정지상권의 입법적 폐지를 중심으로 위원회 내부에서 여러 가지 논의가 많이 있었다.

첫째, 법률행위에 의하여 토지와 건물의 소유자가 달라진 경우에 있어서, 분과위원회는 법정지상권을 폐지하고 지상권설정청구권을 입법하는 안을 마련하였다. 종래와 같이 당연히 지상권을 수여하는 것이 아니라 지상권설정청구권만을 인정하고, 그 행사로 지상권을 취득하는 경우 존속기간 및 지료는 당사자의 청구에 의하여 법원이 정하며, 지상권의 존속기간에 관한 민법 제280조와 제281조, 갱신청구권에 관한 제283조는 적용하지 않고, 건물소유자는 토지와 건물의 소유자가 달라진 때부터 6개월 내에 지상권의 설정을 청구하는 소를 제기하여야 하며, 등기가 되면 토지와 건물의 소유자가 달라진 때로 소급하여 지상권이 성립한다는 것이다. 그러나 실무위원회와 위원장단 회의의 논의를 거쳐 관습법상 법정지상권을 계속 인정하지는 아니하되, 지상권설정청구권의 신설이 아니라 법정임대차 관계를 인정하는 것으로 해결하는 안이 마련되었다. 당사자들이 건물의 사용을 위하여 충분히 약정할 수 있는 기회가 있었을 것인데 관습의 이름을 빌어 강력한 지상권을 인정하는 것은 문제가 있고, 당사자의 의사 추정이라는 측면에서 당사자들이 존속기간이 장기인 지상권을 설정하겠다는 의사를 가지는 경우는 별로 없을 것이란 점에서 비롯된 안으로 이는 대만 민법의 입법례와도 동일하다.

둘째, 경매, 공매 등 법률행위 이외의 사유로 토지와 건물의 소유자가 달라진 경우에 있어서, 분과위원회에서는 당장 건물을 철거하여야 하는 불이익을 면하도록 하는 종래 법정지상권의 취지는 살리되 법원이 후견적으로 개입하여 지상권의 존속기간과 지료를 결정하도록 하고 지상권의 존속기간과 지료 등에 관한 일반 규정의 적용을 배제하여 약정지상권과는 차별화하였다. 그러나 실무위원회와 위원장단 회의의 논의를 거치면서 민법 제366조 외의 사유로 토지와 건물의 소유자가 달라지는 경우에도 법정지상권을 인정하는 것은 좋지만 지상권의 존재 여부와 존속기간은 경매나 공매절차의 매수인이 되려는 자에게 매우 중요한 문제이므로 법원이 정하게 하는 것은 문제가 있다는 등의 지적이 있었고 이에 대해서는 계속 논의 중이다.

전세권 개정시안으로 논의 중인 주요사항은 농경지를 전세권의 목적으로 하지 못하게 금지하는 민법 제303조 제2항을 삭제하고, 전세권은 용익물권인 동시에 담보물권적 성격을 가지고 있으므로 전세금의 우선변제에 관하여는 저당권 규정을 준용하도록 하는 등의 내용이다.

3. 채권

채권법 개정 논의는 국제적 동향과 변화된 거래 현실을 반영하는 데 초점이 맞추어졌다. 채권법 총론 부분에 있어서는 보증채무와 채권의 양도에 관한 개정시안이 완성되었다. 채권의 목적과 효력에 관한 개정시안은 논의가 일치되지 아니하여 계속 논의 중에 있다. 수인의 채권자 및 채무자, 채권의 소멸 관련 개정시안은 논의의 마무리 단계에 있다. 한편 채권법 각론 부분에 있어서는 계약의 성립, 해제·해지, 증여, 임대차, 고용, 도급, 조합, 신종계약, 사무관리, 불법행위에 관한 개정시안이 완성되었고, 부당이득에 관한 개정시안은 논의가 곧 마무리될 예정이다.

1) 보증채무

한국 사회의 호의 보증 문화로 인하여 보증인이 경제적·정신적 피해를 입는 사례가 많았다. 이에 무상의 호의보증 등으로 인한 보증채무에 대해서는 보증의 방식을 요식화하고 채권자가 보증채무자에게 주채무자의 채무불이행 상황 등을 통지하도록 하며 의무위반시 보증채무자의 면책을 인정하는 등 보증인 보호를 위한 특별법이 2008년 제정, 시행되었다. 민법개정위원회는 기업채무 보증에 한정되어 있던 이러한 특별법의 내용을 민법전에 일반적으로 편입하여 시행하기로 하였다.

개정시안에 따르면 채권자는 보증계약 체결시 보증계약의 체결 여부 및 내용에 영향을 미칠 수 있는 주채무자의 채무관련 신용정보를 보증인에게 알려야 하는 정보제공의무가 있고, 주채무자가 원본, 이자, 위약금, 손해배상 기타 주채무에 종속한 채무를 3개월 이상 이행하지 않거나 이행기에 이행할 수 없음을 채권자가 안 경우에는 보증인에게 지체없이 알려야 하는 통지의무가 있다. 채권자가 이러한 의무를 위반하여 보증인이 손해를 입은 경우 법원이 그 내용과 정도 등을 참작하여 보증채무를 감경 또는 면제할 수 있다. 그밖에 보증의 방식을 서면으로 하도록 하고, 근보증에 관한 조문을 신설하였다.

법무부는 2013년 하반기에 보증제도 개선에 관한 이 개정시안에 관하여 정부입법 절차를 밟을 예정이다.

2) 채권양도

민법개정위원회는 세계적인 입법추세에 맞추어 채권의 양도성과 유통성을 제고할 수 있는 방향으로 개정시안을 마련하였다. 장래채권의 양도에 관한 규정을 신설하고, 채권양도금지특약의 효력을 일반적으로 인정하지 아니하되 양수인이 악의인 경우에 한하여 제한적으로 효력을 인정하도록 하여 현행법의 원칙과 예외를 바꾸었다.

가장 핵심적인 내용 중 하나로는, 지명채권양도의 대항요건으로 양도인의 통지나 채무자의 승낙만 요건으로 규정되어 있었으나, 파산기업 등으로부터 부실채권을 양수한 양수인과 같이 양도인이 통지를 할 수 없거나 해태한 경우 양수인이 피해를 입지 않도록 양수인의 통지 또한 요건으로 신설하였다. 다만 채권의 이중양도로 인한 피해를 방지하기 위해 양수인은 정당한 양수인임을 증명하여 통지하도록 하였다. 그밖에 채권의 순차양도에 관한 규정과 채무자의 상계권에 관한 규정도 신설하였다.

3) 계약의 성립

계약의 성립에 있어서는 청약과 승낙의 합치가 합의의 전통적 방식이지만, 현실에 있어서는 청약과 승낙에 해당하는 의사표시를 일일이 따지기 어려운 경우가 많아 청약과 승낙의 합치, 보통거래약관의 사용, 합의안의 동의 등 여러 가지 계약의 성립 사정을 포괄할 수 있는 상위개념으로서 '합의'가 계약의 성립요건임을 규정하였다.

또한 청약의 철회기간을 승낙의 의사표시 발송 전으로 정하고 상대방의 신뢰보호를 위해 청약의 구속력이 인정되는 예외를 규정하였으며, 청약의 거절이 청약자에게 도달하면 청약이 실효되도록 하는 규정을 신설하였다.

4) 계약의 해제·해지

민법개정위원회는 첫째로 해제가 채무자의 귀책사유를 절연함을 전제로 본질적 불이행이란 개념을 중심으로 해제의 요건을 정하는 국제적 입법 동향을 따르기로 하였다. 이에 따라 해제의 요건에 관하여 채무불이행의 유형에 따라 개별적으로 접근하던 민법 제544조부터 제546조를 통합하여, 채무불이행과 해제를 통일적으로 규정하고, 중대한 불이행의 요건을 소극적으로 도입하여 이 때에는 최고를 요하지 않도록 하였다. 또한 이행기 전의 해제에 관한 규정을 두고, 채권자에게 귀책사유가 있는 경우에는 해제권을 배제하도록 하였다.

둘째로 계속적 계약에서 채무불이행이 있는 경우와 그밖에 중대한 사유로 계약의 존속을 기대할 수 없는 경우에는 해지할 수 있도록 하는 해지에 관한 일반규정을 신설하였다.

셋째로 사정변경의 원칙을 명문화하고, 그 효과로서 당사자에게 계약수정권 또는 해제·해지권을 인정하였다.

넷째로 해제의 효과로서 원상회복의 의무의 내용을 구체적으로 정하여, 금전을 반환할 때에는 이자를 붙여 반환하고 목적물을 반환할 때에는 수취한 과실도 반환하되, 목적물이나 과실을 반환할 수 없거나 목적물로부터 수취한 이익이 있는 때에는 그 가액을 반환하도록 하였다. 원상회복의무의 내용을 구체적으로 정함에 따라 해제권자가 고의나 과실로 목적물을 현저히 훼손하는 등의 경우 해제권을 소멸시키는 제553조는 삭제하기로 하였다.

5) 증여

증여 개정시안의 핵심은 첫째, 증여의 해제 사유로서 망은(忘恩) 행위의 범위를 확대하는 것이다. 현행법에서는 증여자 또는 그 배우자나 직계혈족에 대한 범죄행위가 있는 때 증여의 해제가 가능하나, 개정시안에서는 범죄행위뿐만 아니라 학대 그밖에 현저하게 부당한 대우를 한 경우에도 해제가 가능하도록 하였다. 또한 해제권 행사의 제척기간을 6월에서 1년으로 연장하였다. 그뿐 아니라 망은행위로 인하여 해제한 경우 수증자가 증여된 재산과 해제 후 수취한 과실을 반환하도록 하였다.

둘째로 증여자의 재산상태 악화로 인한 증여의 해제시 수증자의 현존이익 반환의무를 인정하였다. 이 해제권에 대해서는 해제원인이 있음을 안 날부터 1년, 증여가 있은 때부터 5년을 제척기간으로 정하였다.

6) 임대차 · 고용 · 도급 · 조합

임대차와 관련하여 차임에 관한 규정은 많이 있으나 실제 현실에서 활용되는 임차보증금에 관한 규정이 없어 개정시안은 임차보증금의 반환시기 및 반환범위에 관한 규정을 신설하였다.

고용 규정에서는 사용자의 안전배려의무를 선언한 규정을 신설하여 근로기준법과 보조를 맞추었다.

도급 규정에서는 보수의 지급시기를 약정한 시기에 따르고, 약정이 없으면 관습, 관습이 없으면 목적물의 인도와 동시에 하도록 정하여 체계상 원칙과 예외가 전도된 것으로 평가되는 현행법을 바로잡았다.

조합 규정에서는 무자력조합원의 채무에 대해서 조합채권자가 조합원의 손실부담의 비율을 안 경우에는 그 비율을 따르도록 하였다.

7) 신종계약

민법개정위원회에서는 사회 · 경제의 변화에 따라 새롭게 보편화되고 있는 신종계약을 민법전의 전형계약으로 편입시키기로 논의하였다. 분과위원회에서는 해외입법례에서 논의가 된 여행계약, 중개계약, 의료계약의 개정시안을 마련하였으나, 의료계약 개정시안은 상급회의에서 논의한 결과 의료실태와 해외입법례 등을 바탕으로 보다 신중하게 접근하여야 한다는 견해가 강하여 보류되었고 여행계약과 중개계약의 개정시안만 위원회안으로 확정되었다.

여행은 문화와 여가를 즐기는 현대인의 생활 속에 보편화되었고, 여행계약의 규율은 대부분 약관에 의존하므로 개개 약관의 내용을 약관의 규제에 관한 법률에 따라 검토하여야 한다. 그러나 민법에서 여행계약을 전형계약으로 정하고 계약당사자의 보호를 위해 특별한 사항들을 강행규정으로 입법하면 훨씬 강한 예측가능성과 공평성이 담보된다. 개정시안의 여행계약은 당사자 일방이 상대방에게 운송, 숙박, 관광 그 밖의 여행관련 용역을 결합하여 제공할 것을 약정하고 상대방이 그 대금을 지급할 것을 약정하는 것이다. 여행자의 여행개시 전 해제는 자유로우나 손해배상책임이 생기고 부득이한 사유가 있을 때 각 당사자는 해지권이 있으나 그 사유가 일방의 과실로 인한 것일 때에는 손해배상책임이 있다. 해지로 인하여 발생하는 추가비용은 각 당사자가 2분의 1씩 부담하나, 해지사유가 어느 일방의 사정에 의한 때에는 그 당사자가 부담한다. 여행주최자는 계약상 귀환운송의무가 있을 때에는 계약이 해지되어도 귀환운송의무를 부담한다. 여행자는 여행에 하자가 있을 때 여행주최자에 대하여 하자의 시정 또는 대금의 감액청구, 손해배상청구를 하여 여행주최자의 담보책임을 추급할 수 있다. 여행에 중대한 하자가 있는데 시정이 이루어지지 않거나 계약의 내용에 좇은 이행을 기대할 수 없는 때에는 계약을 해지할 수 있고, 계약 해지시 여행주최자는 대금청구권을 상실하고 계약상 귀환운송의무 등 필요한 조치를 할 의무가 있으며, 여행자는 여행으로 얻은 이익을 상환해야 한다. 이러한 담보책임의 제척기간은 여행종료일부터 6개월이다. 이 규정들은 모두 여행자에게 불리한 것은 효력이 없는 편면적 강행규정이다.

중개계약 또한 부동산 중개, 혼인 중개, 보험 중개 등 다양한 형태로 우리 사회에 성행하고 있다. 특히 부동산 중개는 매우 활발하게 이루어지고 있으나 주로 행정적 제재나 형사적 처벌로써 투기적·탈법적 거래를 규제하고 있을 뿐 위반행위로 이루어진 중개계약의 사법상 효력의 제한은 판례에 의하여 이루어졌다. 개정시안의 중개계약은 당사자 일방이 상대방에게 계약체결의 기회를 소개하거나 계약체결을 알선할 것을 의뢰하고 상대방이 이를 승낙하는 것이다. 중개인의 보수청구권은 소개 또는 알선에 의하여 계약이 성립한 때에만 발생하고 특약이 있을 경우에만 계약 성립 여부와 무관하게 지출비용상환청구권이 발생한다. 중개인이 계약 취지에 반하여 의뢰인의 상대방을 위하여 행위한 경우 보수청구권 및 비용상환청구권을 상실한다. 중개계약에는 수임인의 선관의무와 보고의무, 복임권의 제한 등 위임에 관한 규정이 준용된다.

법무부는 2013년 하반기에 여행계약의 민법전 편입 등 개정시안에 관하여 정부입법절차를 밟을 예정이다.

8) 사무관리

본인 보호에 치우친 현행법의 사무관리제도를 관리자 보호 측면에서 보강하여 관리자의 무과실책임을 규정한 민법 제734조 제3항을 고의 또는 중과실이 없으면 배상책임이 없는 것으로 개정하였다.

9) 불법행위

불법행위 개정시안에서는 우선 금지청구권을 도입하였다. 불법행위에 대한 손해배상이라는 사후적 구제수단만으로는 피해자를 충분히 보호해 줄 수 없기 때문에 급박한 침해행위에 대해서는 손해배상을 기다리지 않고 예방·금지를 청구할 수 있는 근거가 필요하다. 민법개정위원회는 타인의 위법행위로 인하여 손해를 입거나 입을 염려가 있는 자는 손해배상에 의하여 손해를 충분히 회복할 수 없고 손해의 발생을 중지 또는 예방하도록 함이 적당한 경우에는 그 행위의 금지를 청구할 수 있도록 하였고, 금지를 위하여 필요한 경우에는 위법행위에 사용되는 물건의 폐기 등 적절한 조치 또한 청구할 수 있도록 하였다.

또한 재산 이외의 손해배상에 관한 현행 규정을 명확하게 바로잡았다. 타인의 신체, 자유, 명예나 그밖의 법익을 침해하여 재산 이외의 손해를 가한 경우에는 그 손해도 배상하도록 할 것을 선언하고 금전배상의 방법으로 일시금 지급을 원칙으로 선언하면서 현행과 마찬가지로 법원이 정기금 지급이나 담보제공을 명할 수 있도록 하였다.

다음으로 특수불법행위를 정비하였다. 학교폭력 등이 증가하고 있음에도 책임무능력자의 감독자의 책임에 관한 민법 제755조의 규정은 책임능력 있는 미성년자에 대해 적용하기 어려워 실효성이 없는 문제가 있었다. 이에 개정시안은 미성년자의 감독의무자에게 미성년자의 불법행위에 대해 일반적으로 손해배상책임을 지움으로써 피해자의 구제가능성을 높였다.

사용자책임에서는 모호한 표현을 제거하고 판례에서 인정되고 있는 피용자에 대한 사용자의 구상권 제한의 근거를 마련하였다.

도급인의 책임에서는 중과실책임을 인정할 특별한 이유가 없다고 보아 일반원칙에 따라 과실책임으로 변경하였다.

공작물 점유자와 소유자의 책임은 토지 등 점유자의 책임으로 개정하여 책임의 주체가 점유자, 소유자로 단계적으로 귀속되던 것을 점유자와 간접점유자인 소유자에게 병존적으로 귀속되도록 하였으며, 책임원인물의 상태를 '설치 또는 보존의 하자'에서 '안전성의 결여'로 정하였으며, 책임자가 다수이거나 불명인 경우 연대책임에 관한 규정을 신설하였다.

공동불법행위는 주관적 공동의사의 유무에 따라 분리하여 규율하고 학설과 판례에서 일반적으로 인정되는 공동불법행위자 상호간의 구상권에 대해서 명시적인 규정을 두었다.

형법학에서 주로 논의되어 왔던 위법성조각사유에 대해서도 개정시안을 마련하였다. 손해의 공평한 분담을 위해서 정당방위에서 전가형은 제외하고 방어형만 인정하였고, 긴급피난에 관한 규정은 정당방위에서 분리하여 별도로 규정하고 자초위난의 근거 규정을 신설하며 피침해자의 보상청구권을 인정하였다. 아울러 학설과 판례로 인정되어 온 자력구제, 피해자의 승낙, 명예훼손의 위법성조각사유를 명문화하였다.

10) 기타

민법개정위원회에서 곧 개정시안으로 확정될 것 중에는, 먼저 원시적 불능, 동시이행의 항변권, 위험부담, 대상청구권 등이 있다. 원시적 불능이 무효라는 전제 아래 신뢰이익의 배상을 정하는 민법 제535조를 수정하여 원시적 불능인 경우에도 계약은 유효함을 선언하고 채권자의 악의, 채무자의 선의·무과실의 경우 외에는 채무자의 손해배상책임을 인정한다. 동시이행의 항변권과 관련하여서는 선이행의무자가 이행거절권을 행사할 때 상대방이 상당한 담보를 제공하여 이행거절권을 소멸시킬 수 있도록 하였다. 채무자위험부담주의를 정한 민법 제537조에서는 해제권을 행사하여 법률관계를 조기에 확정짓도록 계약을 해제할 수 있음을 명시하였으며, 아울러 제339조의2와 제537조 제2항을 신설하여 판례와 학설에 의해 인정되어 오던 대상청구권의 근거규정을 마련한다.

그밖에 주목할 만한 것으로는 실무에서는 상당히 많이 활용되지만 각각 2개 조문에 불과한 채권자대위권과 채권자취소권의 개정시안이 있다. 이에 대해서는 판례와 학설을 입법화하는 개정시안이 마무리단계에 있다. 불법행위 개정시안 논의 중 영미법에서 인정되고 있는 징벌적 배상제도의 도입 여부도 논의되었으나 이는 악의적인 불법행위와 같은 매우 제한적인 영역에 해당하는 것이고 민법에 일반적으로 도입하는 것은 체계에 맞지 않다는 견해가 지배적이어서 개정시안의 도출에는 이르지 않았다.

Ⅲ. 책자의 구성

이상에서 살펴보았듯이 법무부 민법 개정시안은 상당히 방대한 분량이고, 현재 논의되고 있거나 논의되었으나 개정시안에까지 이르지 못하고 유보된 부분까지 포함하면 더더욱 방대한 규모이다. 이러한 내용을 원자료 그대로 소개하는 것은 개정위원회 회의에 직접 참여한 전문가 입장에서도 이해하기 어려운 것이므로 무의미하다. 따라서 종국적으로는 개정시안에 대한 전문가의 간명한 조문별 해설이 있어야 할 것이고 이것이 가장 유용한 자료가 될 것이다.[6] 그러나 이러한 자료가 나오기 전에는 개정시안에

---

6   이에 대해서 법무부 민법개정위원회 실무위원으로 활동하면서 상당수 분과위원회 안을 검토한 서울대학교 법학전문대학원 권영준 교수가 현재 법무부의 의뢰로 법무부 민법개정시안에 대한 해설서 집필을 하고 있고, 내년쯤 법무부 민법총서로 출간될 예정이다.

이르게 된 구체적인 논의자료의 편집물이 필요하고, 해설서가 나온 이후에도 전문가들이 상세한 논의 배경과 경과를 살피려면 논의자료를 살펴볼 수밖에 없다. 이 책자는 이러한 의미에서 발간된 것이다. 편집물인 이 책자에서 더 나아가 회의 원자료를 모두 살펴보려면 속기록을 참고하면 된다.[7]

먼저 민법 총칙, 물권, 채권편의 전 조문을 개정의 대상으로 삼아 개정시안의 조문 수가 매우 많으므로 재산법 조문만 모아 별도의 책자를 만들었다. 『2013년 법무부 민법개정시안-조문편-』은 민법 제1조부터 제1118조까지 전조문을 순서대로 나열하여 현행 민법의 조문과 개정시안의 조문을 대비하고, 개정하지 않는 조문은 개정시안란에 〈현행유지〉라고 표시하고 개정하려는 조문은 개정시안란에 안의 내용을 기재하였다. 민법개정위원회에서 친족·상속편의 조문은 개정논의 대상으로 삼지 않았기 때문에 이 책자에서 친족·상속편의 조문에 대해서 〈현행유지〉라고 표시되어 있다고 하여 개정하지 않기로 친족·상속편 개정시안을 확정한 것은 아니다. 다만 재산법 개정시안을 마련하면서 용어나 준용조문 등을 정비할 필요가 있어 친족·상속편 조문의 개정시안을 마련한 경우도 있으므로 이러한 개정시안을 소개하기 위한 차원에서 친족·상속편 조문까지 모두 수록한 것이다.

개정시안에까지 이르게 된 논의자료는 『2013년 법무부 민법개정시안-총칙편-』, 『2013년 법무부 민법개정시안-물권편-』, 『2013년 법무부 민법개정시안-채권편-』으로 나누었다. 이 책자들은 각각 '개정요지', '개정시안', '논의경과'로 구성되어 있다. 먼저 민법 편제에 따라 개정 논의의 대상이 된 주제별로 나눈 다음, 가장 먼저 해당 주제의 개정시안을 마련하게 된 입안배경, 주요내용, 해외입법례, 기대효과 등을 간략히 소개한 '개정요지'를 실었다. 그 다음에는 해당 주제에 관한 '개정시안'을 신구조문 대비표 형식으로 소개하였다. 이 조문들만 모두 모아놓은 것이 앞서 소개한 『2013년 법무부 민법개정시안-조문편-』이므로 개정시안만 알고 싶으면 조문편 책자만 보면

---

[7] 『법무부 민법개정위원회 회의속기록』 제1권~제10권, 법무부, 2012 참조. 이 책자는 회의 내용 전부를 녹취한 것으로 현재 전국 국립도서관에 배포되어 있고, 2012년 위원장단 회의, 전체회의와 2013년 회의 부분은 아직 미발간 상태로 추후 발간할 예정이다.

된다. 그 다음에는 '논의경과'가 소개되어 있다. '논의경과'는 시간순서에 따라 해당 주제를 논의한 회의의 요지를 정리한 것이다. 회의 요지는 위원들의 발제와 토론 위주로 정리되어 있다. 대부분 초반에는 분과위원회 회의가 나오다가 후반에 실무위원회, 위원장단 회의, 전체회의 결과가 정리되어 있다. 분과안이 상급위원회에 회부되면서 위원회 전체안으로 확정되어가는 과정을 그대로 살렸기 때문이다. '논의경과'를 순서대로 읽으면서 논의에 착수한 최초의 아이디어, 토론과 검토를 통해 변해가는 과정, 최종적으로 개정시안으로 확정되는 과정을 알 수 있고, 그 과정에서 다양한 이견과 반론이 어떻게 제시되어 어떻게 극복되었는지도 알 수 있을 것이다. 다만 정부안으로 국회에 제출된 법인, 소멸시효 개정시안의 경우에는 위원회 개정시안이 입법예고와 관계기관협의, 법제처심사, 국무회의를 거쳐 바뀌었기 때문에 개정요지와 개정시안이 위원회 논의와 완벽하게 일치하지 않는 점은 있다.

Ⅳ. 맺음말

　민법은 사법의 기본법으로서 다른 법률에 미치는 영향이 매우 크므로 민법의 개정은 매우 신중히 이루어져야 한다. 법무부는 오랜 경험과 시행착오 끝에 장기간의 계획을 세워 각계의 의견을 수렴하여 차근차근 개정 작업을 추진하고 있고 재산법에 대한 부분별 개정이 계획대로 완료되어 개정시안이 모두 민법전에 반영되면 그 다음으로 민법전의 체계와 자구, 용어에 대한 검토에 들어갈 계획으로 연구와 검토를 계속하여 왔다.
　그러나 최근 민법의 개정을 누구나 손쉽게 할 수 있는 것으로 생각하는 경향이 팽배하여 우려스러운 것도 사실이다. 산업으로 치자면 국가기간산업에 해당하는 민법을 입법 실적의 대상으로 삼아 체계에 맞지 않는 무의미한 선언적 규정 두어 개를 신설하거나 어법에 맞지 않는 조문 몇 개를 개정하는 의원입법안이 날로 늘어가고 있고, 법제처에서는 법문을 알기 쉽게만 만들면 모든 국민불편이 해결될 것처럼 수십 년간 정착하여 온 전문법률용어를 한글화하고 조금만 긴 법문이 나오면 산산조각 끊어내는 수술

작업을 계속 중이다. 민법의 개개 조문이 애초에 입법된 취지를 제대로 읽지 못한 채 여기저기서 민법을 원하는대로 마음껏 손질하다가는 국민혼란만 가중될 뿐이고 나중에 되돌리기 어려운 과오를 범할 수도 있다.

우리나라는 金炳魯, 張曎根과 같이 제정 민법을 초안한 민법의 아버지들의 노력에 기반하여, 개발도상국들이 바람직한 私法 시스템의 모델로 삼는 지금의 재산법을 이룩하였고, 이제 앞으로는 다 같이 잘 살고 문화융성의 혜택을 받을 수 있는 재산법의 기반으로서 민법을 만들어가야 할 시점이다. 입법부, 사법부, 행정부, 그리고 학계와 국민 모두 눈앞의 이익이나 실적에 구애되지 않고 국가 대계를 걱정하는 마음으로 새 민법의 그림을 그려가야 할 것이다. 2013년 법무부 민법 개정시안이 새 민법의 바람직한 바탕그림이 될 것이라 믿는다.

법무부 민법개정위원회 위원명단

* 위원회 운영 당시 직책을 기준으로 하였다.

⟨2009년 제1기 민법개정위원회⟩

	직위	성명	소속·직책	연구 주제
1	전체위원장	서 민	충남대 명예교수	분과안 검토
2	부위원장	이상태	건국대 교수	
3	1분과위원장	지원림	고려대 교수	계약·법률행위
4	1분과위원	최흥섭	인하대 교수	
5	〃	이준형	중앙대 교수	
6	〃	서희석	부산대 교수	
7	〃	이병준	한국외국어대 교수	
8	〃	권영준	서울대 교수	
9	〃	정경영	성균관대 교수	
10	〃	유해용	사법연수원 교수	
11	2분과위원장	하경효	고려대 교수	행위능력
12	2분과위원	명순구	고려대 교수	
13	〃	박동진	연세대 교수	
14	〃	백승흠	청주대 교수	
15	〃	김형석	서울대 교수	
16	〃	민유숙	서울서부지법 부장판사	
17	3분과위원장	김대정	중앙대 교수	법인
18	3분과위원	윤철홍	숭실대 교수	
19	〃	남효순	서울대 교수	
20	〃	김규완	고려대 교수	
21	〃	송호영	한양대 교수	
22	〃	윤용섭	법무법인 율촌 변호사	
23	4분과위원장	송덕수	이화여대 교수	시효
24	4분과위원	임건면	성균관대 교수	
25	〃	김제완	고려대 교수	
26	〃	김성수	경찰대 교수	
27	〃	나 현	이화여대 교수	
28	〃	이광수	변호사	
29	5분과위원장	윤진수	서울대 교수	담보권
30	〃	이상영	동국대 교수	
31	〃	박영복	한국외국어대 교수	
32	〃	김재형	서울대 교수	
33	〃	최수정	서강대 교수	
34	〃	김상수	서강대 교수	
35	〃	정준영	대법원 재판연구관	
36	6분과위원장	정종휴	전남대 교수	체계·장기과제
37	6분과위원	정태윤	이화여대 교수	

〈2010년 제2기 민법개정위원회〉

	직위	성명	소속 · 직책	연구 주제
1	전체위원장	서 민	충남대 명예교수	분과안 검토
2	부위원장	하경효	고려대 교수	
3	실무위원장	윤진수	서울대 교수	분과안 검토
4	실무위원	이태종	서울고법 부장판사	
5	실무위원	윤용섭	법무법인 율촌 변호사	
6	실무위원	김형석	서울대 교수	
7	1분과위원장	지원림	고려대 교수	채권목적 · 계약총론
8	1분과위원	최흥섭	인하대 교수	
9	〃	이준형	한양대 교수	
10	〃	이병준	한국외국어대 교수	
11	〃	김종호	수원지법 부장판사	
12	〃	한주한	법무법인 세종 변호사	
13	2분과위원장	송덕수	이화여대 교수	채무불이행 · 담보책임 · 해제
14	2분과위원	김동훈	국민대 교수	
15	〃	오종근	이화여대 교수	
16	〃	정진명	단국대 교수	
17	〃	강승준	수원지법 부장판사	
18	〃	전원열	김 · 장법률사무소 변호사	
19	3분과위원장	김대정	중앙대 교수	채권양도 · 채무인수 · 채권소멸
20	3분과위원	윤철홍	숭실대 교수	
21	〃	정병호	서울대 교수	
22		송호영	한양대 교수	
23		여미숙	사법연수원 교수	
24		한현주	법무법인 화우 변호사	
25	4분과위원장	백태승	연세대 교수	계약각론 · 신종계약 · 사무관리
26	4분과위원	최봉경	서울대 교수	
27	〃	박수곤	경희대 교수	
28	〃	서희석	부산대 교수	
29	〃	김학준	인천지법 부장판사	
30	〃	이동신	법무법인 태평양 변호사	
31	5분과위원장	남효순	서울대 교수	변칙담보 · 연대채무 · 책임재산
32	〃	김상수	서강대 교수	
33	〃	김재형	서울대 교수	
34	〃	최수정	서강대 교수	
35	〃	김승표	서울동부지법 부장판사	
36	〃	김충섭	법무법인 충정 변호사	
37	6분과위원장	엄동섭	서강대 교수	불법행위
38	6분과위원	김천수	성균관대 교수	
39	〃	김상중	고려대 교수	
40	〃	이창현	서강대 교수	
41	〃	설범식	서울동부지법 부장판사	
42	〃	김용호	법무법인 로고스 변호사	

〈2011년 제3기 민법개정위원회〉

	직위	성명	소속·직책	연구 주제
1	전체위원장	서 민	충남대 명예교수	분과안 검토
2	부위원장 겸 실무위원장	윤진수	서울대 교수	분과안 검토
3	실무위원	이태종	서울고법 부장판사	
4	실무위원	윤용섭	법무법인 율촌 변호사	
5	실무위원	권영준	서울대 교수	
6	1분과위원장	지원림	고려대 교수	물권변동
7	1분과위원	홍성재	공주대 교수	
8	〃	이진기	숙명여대 교수	
9	〃	이선희	성균관대 교수	
10	〃	이동진	서울대 교수	
11	〃	윤승은	사법연수원 교수	
12	〃	박 철	법무법인 바른 변호사	
13	2분과위원장	윤철홍	숭실대 교수	소유권·점유권
14	2분과위원	제철웅	한양대 교수	
15	〃	정병호	서울시립대 교수	
16		전경운	경희대 교수	
17	〃	이승한	의정부지법 부장판사	
18		고원석	법무법인 광장 변호사	
19	3분과위원장	남효순	서울대 교수	용익물권
20	3분과위원	김제완	고려대 교수	
21	〃	최수정	서강대 교수	
22	〃	이은희	충북대 교수	
23	〃	서경환	인천지법 부장판사	
24	〃	김득환	법무법인 태평양 변호사	
25	4분과위원장	송덕수	이화여대 교수	채무불이행·담보책임·해제
26	4분과위원	김동훈	국민대 교수	
27	〃	오종근	이화여대 교수	
28	〃	정진명	단국대 교수	
29	〃	김재형	서울대 교수	
30	〃	강승준	서울중앙지법 부장판사	
31	〃	문용호	법무법인 세종 변호사	
32	5분과위원장	백태승	연세대 교수	신종계약·부당이득
33	5분과위원	이연갑	연세대 교수	
34	〃	박수곤	경희대 교수	
35	〃	서희석	부산대 교수	
36	〃	김학준	인천지법 부장판사	
37	〃	최건호	김·장법률사무소 변호사	
38	6분과위원장	엄동섭	서강대 교수	불법행위
39	6분과위원	김천수	성균관대 교수	
40	〃	김상중	고려대 교수	
41	〃	이창현	서강대 교수	
42	〃	연운희	수원지법 부장판사	
43	〃	안태용	법무법인 율촌 변호사	

⟨2012~2013년 제4기 민법개정위원회⟩

	직위	성명	소속 · 직책	연구 주제
1	전체위원장	서민	충남대 명예교수	분과안 검토
2	부위원장	윤용석	부산대 교수	
3	분과위원장	엄동섭	서강대 교수	
4	분과위원장	윤철홍	숭실대 교수	
5	실무위원장	윤진수	서울대 교수	분과안 검토
6	실무위원	이태종	서울고법 부장판사	
7	실무위원	윤용섭	법무법인 율촌 변호사	
8	실무위원	권영준	서울대 교수	
9	1분과위원장	지원림	고려대 교수	인격권, 징벌배상 등 장기과제
10	1분과위원	서을오	이화여대 교수	
11	〃	김기창	고려대 교수	
12	〃	김상중	고려대 교수	
13	〃	김우수	인천지법 부장판사	
14	〃	박철	법무법인 바른 변호사	
15	2분과위원장	남효순	서울대 교수	합유, 총유
16	2분과위원	제철웅	한양대 교수	
17	〃	최수정	서강대 교수	
18	〃	정병호	서울시립대 교수	
19	〃	서경환	인천지법 부장판사	
20	〃	전병하	법무법인 태평양 변호사	
21	3분과위원장	송덕수	이화여대 교수	담보책임, 채권자취소권 등
22	3분과위원	김동훈	국민대 교수	
23	〃	박동진	연세대 교수	
24	〃	정진명	단국대 교수	
25	〃	김재형	서울대 교수	
26	〃	강승준	서울중앙지법 부장판사	
27	〃	안태용	법무법인 바른 변호사	
28	4분과위원장	백태승	연세대 교수	채권자대위권 · 부당이득
29	4분과위원	이연갑	연세대 교수	
30	〃	박수곤	경희대 교수	
31	〃	서희석	부산대 교수	
32	〃	장준현	수원지법 부장판사	
33	〃	임성훈	김 · 장법률사무소 변호사	

민법개정총서 06
2013년 법무부 민법개정시안
—조문편—

신구조문대비표(현행민법–개정시안)

일러두기

- 현행 민법은 법제처 국가법령정보센터(http://www.law.go.kr)에 수록된 한글 법문을 표시하였다.
- 개정시안은 2013년 7월 1일 현재 법무부 민법개정위원회에서 분과회의, 실무위원회 회의, 위원장단 회의, 전체회의를 순차적으로 거쳐 확정된 안이다.
- 개정하기로 한 조문은 개정시안란에 개정조문을 기록하고 바뀌는 부분에 밑줄표시 하였으며, 개정하지 않기로 한 조문은 〈현행유지〉로 표시하였다.
- 개정시안에서 신설 또는 삭제하기로 한 조문은 현행 민법란에 〈신설〉 또는 〈삭제〉로 표시하였다.
- 아직 논의가 마무리되지 않아 계속 논의 중인 조문은 〈논의중〉이라고 표시하고 전체회의 심의안이 구체적으로 마련된 경우에는 그 안까지 부기하였다. 추후 논의가 완결되어 개정시안이 확정되면 추록을 발간할 예정이다.

민법

민법 [법률 제11728호, 2012.4.5. 일부개정]	개정시안
# 제1편 총칙	〈현행유지〉
## 제1장 통칙	〈현행유지〉
제1조 (법원) 민사에 관하여 법률에 규정이 없으면 관습법에 의하고 관습법이 없으면 조리에 의한다.	〈현행유지〉
제2조 (신의성실) ①권리의 행사와 의무의 이행은 신의에 좇아 성실히 하여야 한다. ②권리는 남용하지 못한다.	〈현행유지〉
## 제2장 인	〈현행유지〉
### 제1절 능력	〈현행유지〉
제3조 (권리능력의 존속기간) 사람은 생존한 동안 권리와 의무의 주체가 된다.	〈현행유지〉
제4조 (성년) 사람은 19세로 성년에 이르게 된다. [전문개정 2011.3.7] [시행일 : 2013.7.1]	〈현행유지〉
제5조 (미성년자의 능력) ①미성년자가 법률행위를 함에는 법정대리인의 동의를 얻어야 한다. 그러나 권리만을 얻거나 의무만을 면하는 행위는 그러하지 아니하다. ②전항의 규정에 위반한 행위는 취소할 수 있다.	〈현행유지〉
제6조 (처분을 허락한 재산) 법정대리인이 범위를 정하	〈현행유지〉

여 처분을 허락한 재산은 미성년자가 임의로 처분할 수 있다.

제7조 (동의와 허락의 취소) 법정대리인은 미성년자가 아직 법률행위를 하기 전에는 전2조의 동의와 허락을 취소할 수 있다. 〈현행유지〉

제8조 (영업의 허락) ①미성년자가 법정대리인으로부터 허락을 얻은 특정한 영업에 관하여는 성년자와 동일한 행위능력이 있다.
②법정대리인은 전항의 허락을 취소 또는 제한할 수 있다. 그러나 선의의 제삼자에게 대항하지 못한다. 〈현행유지〉

제9조(성년후견개시의 심판) ①가정법원은 질병, 장애, 노령, 그 밖의 사유로 인한 정신적 제약으로 사무를 처리할 능력이 지속적으로 결여된 사람에 대하여 본인, 배우자, 4촌 이내의 친족, 미성년후견인, 미성년후견감독인, 한정후견인, 한정후견감독인, 특정후견인, 특정후견감독인, 검사 또는 지방자치단체의 장의 청구에 의하여 성년후견개시의 심판을 한다.
②가정법원은 성년후견개시의 심판을 할 때 본인의 의사를 고려하여야 한다.
[전문개정 2011.3.7]
[시행일 : 2013.7.1] 〈현행유지〉

제10조 (피성년후견인의 행위와 취소) ①피성년후견인의 법률행위는 취소할 수 있다.
②제1항에도 불구하고 가정법원은 취소할 수 없는 피성년후견인의 법률행위의 범위를 정할 수 있다.
③가정법원은 본인, 배우자, 4촌 이내의 친족, 성년후견인, 성년후견감독인, 검사 또는 지방자치단체의 장의 청구에 의하여 제2항의 범위를 변경할 수 있다.
④제1항에도 불구하고 일용품의 구입 등 일상생활에 필요하고 그 대가가 과도하지 아니한 법률행위는 성 〈현행유지〉

년후견인이 취소할 수 없다.
[전문개정 2011.3.7]
[시행일 : 2013.7.1]

제11조 (성년후견종료의 심판) 성년후견개시의 원인이 소멸된 경우에는 가정법원은 본인, 배우자, 4촌 이내의 친족, 성년후견인, 성년후견감독인, 검사 또는 지방자치단체의 장의 청구에 의하여 성년후견종료의 심판을 한다.
[전문개정 2011.3.7]
[시행일 : 2013.7.1]

〈현행유지〉

제12조 (한정후견개시의 심판) ①가정법원은 질병, 장애, 노령, 그 밖의 사유로 인한 정신적 제약으로 사무를 처리할 능력이 부족한 사람에 대하여 본인, 배우자, 4촌 이내의 친족, 미성년후견인, 미성년후견감독인, 성년후견인, 성년후견감독인, 특정후견인, 특정후견감독인, 검사 또는 지방자치단체의 장의 청구에 의하여 한정후견개시의 심판을 한다.
②한정후견개시의 경우에 제9조제2항을 준용한다.
[전문개정 2011.3.7]
[시행일 : 2013.7.1]

〈현행유지〉

제13조 (피한정후견인의 행위와 동의) ①가정법원은 피한정후견인이 한정후견인의 동의를 받아야 하는 행위의 범위를 정할 수 있다.
②가정법원은 본인, 배우자, 4촌 이내의 친족, 한정후견인, 한정후견감독인, 검사 또는 지방자치단체의 장의 청구에 의하여 제1항에 따른 한정후견인의 동의를 받아야만 할 수 있는 행위의 범위를 변경할 수 있다.
③한정후견인의 동의를 필요로 하는 행위에 대하여 한정후견인이 피한정후견인의 이익이 침해될 염려가 있음에도 그 동의를 하지 아니하는 때에는 가정

〈현행유지〉

법원은 피한정후견인의 청구에 의하여 한정후견인의 동의를 갈음하는 허가를 할 수 있다.
④한정후견인의 동의가 필요한 법률행위를 피한정후견인이 한정후견인의 동의 없이 하였을 때에는 그 법률행위를 취소할 수 있다. 다만, 일용품의 구입 등 일상생활에 필요하고 그 대가가 과도하지 아니한 법률행위에 대하여는 그러하지 아니하다.
[전문개정 2011.3.7]
[시행일 : 2013.7.1]

제14조 (한정후견종료의 심판) 한정후견개시의 원인이 소멸된 경우에는 가정법원은 본인, 배우자, 4촌 이내의 친족, 한정후견인, 한정후견감독인, 검사 또는 지방자치단체의 장의 청구에 의하여 한정후견종료의 심판을 한다.
[전문개정 2011.3.7]
[시행일 : 2013.7.1]

〈현행유지〉

제14조의2 (특정후견의 심판) ①가정법원은 질병, 장애, 노령, 그 밖의 사유로 인한 정신적 제약으로 일시적 후원 또는 특정한 사무에 관한 후원이 필요한 사람에 대하여 본인, 배우자, 4촌 이내의 친족, 미성년후견인, 미성년후견감독인, 검사 또는 지방자치단체의 장의 청구에 의하여 특정후견의 심판을 한다.
②특정후견은 본인의 의사에 반하여 할 수 없다.
③특정후견의 심판을 하는 경우에는 특정후견의 기간 또는 사무의 범위를 정하여야 한다.
[본조신설 2011.3.7]
[시행일 : 2013.7.1]

〈현행유지〉

제14조의3 (심판 사이의 관계) ①가정법원이 피한정후견인 또는 피특정후견인에 대하여 성년후견개시의 심판을 할 때에는 종전의 한정후견 또는 특정후견의 종료 심판을 한다.

〈현행유지〉

②가정법원이 피성년후견인 또는 피특정후견인에 대하여 한정후견개시의 심판을 할 때에는 종전의 성년후견 또는 특정후견의 종료 심판을 한다.
[본조신설 2011.3.7]
[시행일 : 2013.7.1]

제15조 (제한능력자의 상대방의 확답을 촉구할 권리) ①제한능력자의 상대방은 제한능력자가 능력자가 된 후에 그에게 1개월 이상의 기간을 정하여 그 취소할 수 있는 행위를 추인할 것인지 여부의 확답을 촉구할 수 있다. 능력자로 된 사람이 그 기간 내에 확답을 발송하지 아니하면 그 행위를 추인한 것으로 본다.
②제한능력자가 아직 능력자가 되지 못한 경우에는 그의 법정대리인에게 제1항의 촉구를 할 수 있고, 법정대리인이 그 정하여진 기간 내에 확답을 발송하지 아니한 경우에는 그 행위를 추인한 것으로 본다.
③특별한 절차가 필요한 행위는 그 정하여진 기간 내에 그 절차를 밟은 확답을 발송하지 아니하면 취소한 것으로 본다.
[전문개정 2011.3.7]
[시행일 : 2013.7.1]

〈현행유지〉

제16조 (제한능력자의 상대방의 철회권과 거절권) ①제한능력자가 맺은 계약은 추인이 있을 때까지 상대방이 그 의사표시를 철회할 수 있다. 다만, 상대방이 계약 당시에 제한능력자임을 알았을 경우에는 그러하지 아니하다.
②제한능력자의 단독행위는 추인이 있을 때까지 상대방이 거절할 수 있다.
③제1항의 철회나 제2항의 거절의 의사표시는 제한능력자에게도 할 수 있다.
[전문개정 2011.3.7]
[시행일 : 2013.7.1]

〈현행유지〉

제17조 (제한능력자의 속임수) ①제한능력자가 속임수로써 자기를 능력자로 믿게 한 경우에는 그 행위를 취소할 수 없다. ②미성년자나 피한정후견인이 속임수로써 법정대리인의 동의가 있는 것으로 믿게 한 경우에도 제1항과 같다. [전문개정 2011.3.7] [시행일 : 2013.7.1]	〈현행유지〉
제2절 주소	〈현행유지〉
제18조 (주소) ①생활의 근거되는 곳을 주소로 한다. ②주소는 동시에 두 곳 이상 있을 수 있다.	〈현행유지〉
제19조 (거소) 주소를 알 수 없으면 거소를 주소로 본다.	〈현행유지〉
제20조 (거소) 국내에 주소없는 자에 대하여는 국내에 있는 거소를 주소로 본다.	〈현행유지〉
제21조 (가주소) 어느 행위에 있어서 가주소를 정한 때에는 그 행위에 관하여는 이를 주소로 본다.	〈현행유지〉
제3절 부재와 실종	〈현행유지〉
제22조 (부재자의 재산의 관리) ①종래의 주소나 거소를 떠난 자가 재산관리인을 정하지 아니한 때에는 법원은 이해관계인이나 검사의 청구에 의하여 재산관리에 관하여 필요한 처분을 명하여야 한다. 본인의 부재중 재산관리인의 권한이 소멸한 때에도 같다. ②본인이 그 후에 재산관리인을 정한 때에는 법원은 본인, 재산관리인, 이해관계인 또는 검사의 청구에 의하여 전항의 명령을 취소하여야 한다.	〈현행유지〉
제23조 (관리인의 개임) 부재자가 재산관리인을 정한 경우에 부재자의 생사가 분명하지 아니한 때에는 법원	〈현행유지〉

은 재산관리인, 이해관계인 또는 검사의 청구에 의하여 재산관리인을 개임할 수 있다.

제24조 (관리인의 직무) ①법원이 선임한 재산관리인은 관리할 재산목록을 작성하여야 한다.
②법원은 그 선임한 재산관리인에 대하여 부재자의 재산을 보존하기 위하여 필요한 처분을 명할 수 있다.
③부재자의 생사가 분명하지 아니한 경우에 이해관계인이나 검사의 청구가 있는 때에는 법원은 부재자가 정한 재산관리인에게 전2항의 처분을 명할 수 있다.
④전3항의 경우에 그 비용은 부재자의 재산으로써 지급한다.

〈현행유지〉

제25조 (관리인의 권한) 법원이 선임한 재산관리인이 제118조에 규정한 권한을 넘는 행위를 함에는 법원의 허가를 얻어야 한다. 부재자의 생사가 분명하지 아니한 경우에 부재자가 정한 재산관리인이 권한을 넘는 행위를 할 때에도 같다.

〈현행유지〉

제26조 (관리인의 담보제공, 보수) ①법원은 그 선임한 재산관리인으로 하여금 재산의 관리 및 반환에 관하여 상당한 담보를 제공하게 할 수 있다.
②법원은 그 선임한 재산관리인에 대하여 부재자의 재산으로 상당한 보수를 지급할 수 있다.
③전2항의 규정은 부재자의 생사가 분명하지 아니한 경우에 부재자가 정한 재산관리인에 준용한다.

〈현행유지〉

제27조 (실종의 선고) ①부재자의 생사가 5년간 분명하지 아니한 때에는 법원은 이해관계인이나 검사의 청구에 의하여 실종선고를 하여야 한다.
②전지에 임한 자, 침몰한 선박중에 있던 자, 추락한 항공기중에 있던 자 기타 사망의 원인이 될 위난을 당한 자의 생사가 전쟁종지후 또는 선박의 침몰, 항공기의 추락 기타 위난이 종료한 후 1년간 분명하지

〈현행유지〉

아니한 때에도 제1항과 같다. 〈개정 1984.4.10〉

제28조 (실종선고의 효과) 실종선고를 받은 자는 전조의 기간이 만료한 때에 사망한 것으로 본다.

〈현행유지〉

제29조 (실종선고의 취소) ①실종자의 생존한 사실 또는 전조의 규정과 상이한 때에 사망한 사실의 증명이 있으면 법원은 본인, 이해관계인 또는 검사의 청구에 의하여 실종선고를 취소하여야 한다. 그러나 실종선고후 그 취소전에 선의로 한 행위의 효력에 영향을 미치지 아니한다.
②실종선고의 취소가 있을 때에 실종의 선고를 직접 원인으로 하여 재산을 취득한 자가 선의인 경우에는 그 받은 이익이 현존하는 한도에서 반환할 의무가 있고 악의인 경우에는 그 받은 이익에 이자를 붙여서 반환하고 손해가 있으면 이를 배상하여야 한다.

〈현행유지〉

제30조 (동시사망) 2인이상이 동일한 위난으로 사망한 경우에는 동시에 사망한 것으로 추정한다.

〈현행유지〉

제3장 법인

제1절 총칙

제3장 법인

제1절 총칙

제31조 (법인성립의 준칙) 법인은 법률의 규정에 의함이 아니면 성립하지 못한다.

〈현행유지〉

제32조 (비영리법인의 설립과 허가) 학술, 종교, 자선, 기예, 사교 기타 영리 아닌 사업을 목적으로 하는 사단 또는 재단은 주무관청의 허가를 얻어 이를 법인으로 할 수 있다.

제32조 (비영리법인의 설립과 인가) ① 영리를 목적으로 하지 않는 사단법인을 설립하려는 자는 다음 각 호의 요건을 갖추어 주무관청에 인가를 신청하여야 한다.
 1. 5인 이상의 사원이 있을 것
 2. 제40조에 따라 작성된 정관이

	있을 것 3. 다른 법인과 동일한 명칭이 아닐 것 4. 그 밖에 법인 설립에 관련된 규정을 준수하였을 것 ② 재단법인을 설립하려는 자는 다음 각 호의 요건을 갖추어 주무관청에 인가를 신청하여야 한다. 　1. 제43조에 따라 작성된 정관이 있을 것 　2. 재단법인의 목적 달성에 필요한 최소한의 재산을 출연할 것 　3. 제1항제3호 및 제4호의 요건을 갖출 것 ③ 주무관청은 법인을 설립하고자 하는 자가 제1항 또는 제2항의 요건을 갖추어 인가를 신청하는 때에는 법인의 정관에서 정한 사항이 선량한 풍속 그 밖의 사회질서에 반하지 않으면 인가하여야 한다.
제33조 (법인설립의 등기) 법인은 그 주된 사무소의 소재지에서 설립등기를 함으로써 성립한다.	제33조 (법인의 성립시기) 법인은 그 주된 사무소의 소재지에서 설립등기를 함으로써 성립한다.
제34조 (법인의 권리능력) 법인은 법률의 규정에 좇아 정관으로 정한 목적의 범위내에서 권리와 의무의 주체가 된다.	〈현행유지〉
제35조 (법인의 불법행위능력) ①법인은 이사 기타 대표자가 그 직무에 관하여 타인에게 가한 손해를 배상할 책임이 있다. 이사 기타 대표자는 이로 인하여 자기의 손해배상책임을 면하지 못한다. ②법인의 목적범위외의 행위로 인하여 타인에게 손해를 가한 때에는 그 사항의 의결에 찬성하거나 그	〈현행유지〉

의결을 집행한 사원, 이사 및 기타 대표자가 연대하여 배상하여야 한다.	
제36조 (법인의 주소) 법인의 주소는 그 주된 사무소의 소재지에 있는 것으로 한다.	〈현행유지〉
제37조 (법인의 사무의 검사, 감독) 법인의 사무는 주무관청이 검사, 감독한다.	〈현행유지〉
제38조 (법인의 설립허가의 취소) 법인이 목적이외의 사업을 하거나 설립허가의 조건에 위반하거나 기타 공익을 해하는 행위를 한 때에는 주무관청은 그 허가를 취소할 수 있다.	제38조 (법인 설립인가의 취소) 주무관청은 법인이 목적 외의 사업을 하거나 법령을 위반하여 공익을 해치는 행위를 한 때에는 법인설립의 인가를 취소할 수 있다.
제39조 (영리법인) ①영리를 목적으로 하는 사단은 상사회사설립의 조건에 좇아 이를 법인으로 할 수 있다. ②전항의 사단법인에는 모두 상사회사에 관한 규정을 준용한다.	〈현행유지〉
〈신　설〉	제39조의2 (법인 아닌 사단과 재단) 법인 아닌 사단과 재단에 대하여는 주무관청의 인가 또는 등기를 전제로 한 규정 및 제97조에 따른 벌칙을 제외하고는 이 장(章)의 규정을 준용한다.
〈신　설〉	제39조의3 (영리를 목적으로 하는 법인 아닌 사단의 사원의 책임) ① 영리를 목적으로 하는 법인 아닌 사단의 재산으로 사단의 채무를 완제(完濟)할 수 없는 때에는 각 사원은 연대하여 변제할 책임이 있다. ② 영리를 목적으로 하는 법인 아닌 사단의 재산에 대한 강제집행이 주효(奏效)하지 못한 때에도 각 사원

	은 연대하여 변제할 책임이 있다. ③ 제2항은 사원이 법인 아닌 사단에 변제의 자력(資力)이 있으며 집행이 용이한 것을 증명한 때에는 적용하지 아니한다.

제2절 설립 | 제2절 설립

제40조 (사단법인의 정관) 사단법인의 설립자는 다음 각 호의 사항을 기재한 정관을 작성하여 기명날인하여야 한다. 1. 목적 2. 명칭 3. 사무소의 소재지 4. 자산에 관한 규정 5. 이사의 임면에 관한 규정 6. 사원자격의 득실에 관한 규정 7. 존립시기나 해산사유를 정하는 때에는 그 시기 또는 사유	제40조 (사단법인의 정관) 사단법인의 설립자는 다음 각 호의 사항을 기재한 정관을 작성하여 서명 또는 기명날인하여야 한다. 1. 목적 2. 명칭 3. 사무소의 소재지 4. 자산에 관한 규정 5. 이사의 임면(任免)에 관한 규정 6. 사원자격의 득실(得失)에 관한 규정 7. 존립시기나 해산사유를 정한 경우에는 그 시기 또는 사유
제41조 (이사의 대표권에 대한 제한) 이사의 대표권에 대한 제한은 이를 정관에 기재하지 아니하면 그 효력이 없다.	〈현행유지〉
제42조 (사단법인의 정관의 변경) ①사단법인의 정관은 총사원 3분의 2이상의 동의가 있는 때에 한하여 이를 변경할 수 있다. 그러나 정수에 관하여 정관에 다른 규정이 있는 때에는 그 규정에 의한다. ②정관의 변경은 주무관청의 허가를 얻지 아니하면 그 효력이 없다.	제42조 (사단법인의 정관의 변경) ① 사단법인의 정관은 총사원 3분의 2 이상의 동의가 있어야 변경할 수 있다. 다만, 정수(定數)에 관하여 정관에 다른 규정이 있는 때에는 그 규정에 따른다. ② 정관의 변경은 주무관청의 인가를 받아야 효력이 생긴다.

제43조 (재단법인의 정관) 재단법인의 설립자는 일정한 재산을 출연하고 제40조제1호 내지 제5호의 사항을 기재한 정관을 작성하여 기명날인하여야 한다.	제43조 (재단법인의 정관) <u>재단법인의 설립자는 제40조제1호부터 제5호까지의 사항을 기재한 정관을 작성하여 서명 또는 기명날인하여야 한다.</u>
제44조 (재단법인의 정관의 보충) 재단법인의 설립자가 그 명칭, 사무소 소재지 또는 이사임면의 방법을 정하지 아니하고 사망한 때에는 이해관계인 또는 검사의 청구에 의하여 법원이 이를 정한다.	〈현행유지〉
제45조 (재단법인의 정관변경) ①재단법인의 정관은 그 변경방법을 정관에 정한 때에 한하여 변경할 수 있다. ②재단법인의 목적달성 또는 그 재산의 보전을 위하여 적당한 때에는 전항의 규정에 불구하고 명칭 또는 사무소의 소재지를 변경할 수 있다. ③제42조제2항의 규정은 전2항의 경우에 준용한다.	〈현행유지〉
제46조 (재단법인의 목적 기타의 변경) 재단법인의 목적을 달성할 수 없는 때에는 설립자나 이사는 주무관청의 허가를 얻어 설립의 취지를 참작하여 그 목적 기타 정관의 규정을 변경할 수 있다.	제46조 (재단법인의 목적 <u>등의</u> 변경) <u>재단법인의 설립자나 이사는 재단법인의 목적을 달성할 수 없는 때에는 주무관청의 인가를 받아 설립의 취지를 참작하여 그 목적이나 정관의 다른 규정을 변경할 수 있다.</u>
제47조 (증여, 유증에 관한 규정의 준용) ①생전처분으로 재단법인을 설립하는 때에는 증여에 관한 규정을 준용한다. ②유언으로 재단법인을 설립하는 때에는 유증에 관한 규정을 준용한다.	〈현행유지〉
제48조 (출연재산의 귀속시기) ①생전처분으로 재단법인을 설립하는 때에는 출연재산은 법인이 성립된 때로부터 법인의 재산이 된다. ②유언으로 재단법인을 설립하는 때에는 출연재산	제48조 (출연재산의 귀속시기) ① <u>재단법인을 설립하기 위하여 출연한 재산의 권리변동에 등기, 인도 그 밖의 요건이 필요한 경우에는 그 요건</u>

은 유언의 효력이 발생한 때로부터 법인에 귀속한 것으로 본다.

제49조 (법인의 등기사항) ①법인설립의 허가가 있는 때에는 3주간내에 주된 사무소 소재지에서 설립등기를 하여야 한다.
②전항의 등기사항은 다음과 같다.
 1. 목적
 2. 명칭
 3. 사무소
 4. 설립허가의 연월일
 5. 존립시기나 해산사유를 정한 때에는 그 시기 또는 사유
 6. 자산의 총액
 7. 출자의 방법을 정한 때에는 그 방법
 8. 이사의 성명, 주소
 9. 이사의 대표권을 제한한 때에는 그 제한

을 갖춘 때에 법인의 재산이 된다.
② 설립자의 사망 후에 재단법인이 성립하는 경우에는 출연에 관하여는 그의 사망 전에 재단법인이 성립한 것으로 본다.
③ 제2항의 경우에 출연재산은 제1항의 요건을 갖추면 설립자가 사망한 때부터 법인에 귀속한 것으로 본다. 재단법인이 성립한 후 설립자가 사망한 경우에도 또한 같다.

제49조 (법인의 등기사항) ① 법인설립이 인가된 때에는 3주일 안에 주된 사무소 소재지에서 설립등기를 하여야 한다.
② 제1항에 따른 등기사항은 다음 각 호와 같다.
 1. 목적
 2. 명칭
 3. 사무소의 소재지
 4. 설립인가의 연월일
 5. 존립시기나 해산사유를 정한 경우에는 그 시기 또는 사유
 6. 자산의 총액
 7. 출자의 방법을 정한 경우에는 그 방법
 8. 이사의 성명, 주소 및 주민등록번호. 다만, 법인을 대표할 이사를 정한 경우에는 그 밖의 이사의 주소는 제외한다.
 9. 이사의 대표권을 제한한 경우에는 그 제한

| | 10. 감사를 둔 경우에는 그 성명 및 주민등록번호 |

제50조 (분사무소설치의 등기) ①법인이 분사무소를 설치한 때에는 주사무소 소재지에서는 3주간내에 분사무소를 설치한 것을 등기하고 그 분사무소 소재지에서는 동기간내에 전조제2항의 사항을 등기하고 다른 분사무소 소재지에서는 동기간내에 그 분사무소를 설치한 것을 등기하여야 한다.
②주사무소 또는 분사무소의 소재지를 관할하는 등기소의 관할구역내에 분사무소를 설치한 때에는 전항의 기간내에 그 사무소를 설치한 것을 등기하면 된다.

제50조 (분사무소설치의 등기) 법인이 분사무소를 설치한 경우에는 주된 사무소 소재지에서는 3주일 안에 분사무소를 설치한 것을 등기하고, 그 분사무소 소재지에서는 같은 기간 안에 제49조제2항 각 호의 사항을 등기하여야 한다.

제51조 (사무소이전의 등기) ①법인이 그 사무소를 이전하는 때에는 구소재지에서는 3주간내에 이전등기를 하고 신소재지에서는 동기간내에 제49조제2항에 게기한 사항을 등기하여야 한다.
②동일한 등기소의 관할구역내에서 사무소를 이전한 때에는 그 이전한 것을 등기하면 된다.

제51조 (사무소이전의 등기) 법인이 그 사무소를 이전하는 경우에는 구소재지에서는 3주일 안에 이전등기를 하고, 신소재지에서는 같은 기간 안에 제49조제2항 각 호의 사항을 등기하여야 한다.

제52조 (변경등기) 제49조제2항의 사항중에 변경이 있는 때에는 3주간내에 변경등기를 하여야 한다.

제52조(변경등기) 제49조제2항 각 호의 사항 중에 변경이 있는 때에는 3주일 안에 변경등기를 하여야 한다.

제52조의2 (직무집행정지 등 가처분의 등기) 이사의 직무집행을 정지하거나 직무대행자를 선임하는 가처분을 하거나 그 가처분을 변경·취소하는 경우에는 주사무소와 분사무소가 있는 곳의 등기소에서 이를 등기하여야 한다.
[본조신설 2001.12.29]

〈현행유지〉

제53조 (등기기간의 기산) 전3조의 규정에 의하여 등기할 사항으로 관청의 허가를 요하는 것은 그 허가서가 도착한 날로부터 등기의 기간을 기산한다.

제53조(등기기간의 기산) 제50조부터 제52조까지의 규정에 따라 등기할 사항이 관청의 인가를 받아야 하는 사항인 경우에는 그 인가서가 도달한 날부터 등기의 기간을 기산(起算)한다.

제54조 (설립등기이외의 등기의 효력과 등기사항의 공고) ①설립등기이외의 본절의 등기사항은 그 등기후가 아니면 제삼자에게 대항하지 못한다. ②등기한 사항은 법원이 지체없이 공고하여야 한다.	제54조 (설립등기 외의 등기의 효력) 설립등기 외의 이 장(章)의 등기사항은 등기하지 않으면 제3자에게 대항하지 못한다. 〈현행유지〉
제55조 (재산목록과 사원명부) ①법인은 성립한 때 및 매년 3월내에 재산목록을 작성하여 사무소에 비치하여야 한다. 사업연도를 정한 법인은 성립한 때 및 그 연도말에 이를 작성하여야 한다. ②사단법인은 사원명부를 비치하고 사원의 변경이 있는 때에는 이를 기재하여야 한다.	
제56조 (사원권의 양도, 상속금지) 사단법인의 사원의 지위는 양도 또는 상속할 수 없다.	제56조 (사원권의 양도, 상속 금지) 사단법인의 사원의 지위는 양도하거나 상속할 수 없다. 다만, 정관에 달리 정한 경우에는 그러하지 아니하다.

제3절 기관

제3절 기관

제57조 (이사) 법인은 이사를 두어야 한다.	〈현행유지〉
제58조 (이사의 사무집행) ①이사는 법인의 사무를 집행한다. ②이사가 수인인 경우에는 정관에 다른 규정이 없으면 법인의 사무집행은 이사의 과반수로써 결정한다.	〈현행유지〉
제59조 (이사의 대표권) ①이사는 법인의 사무에 관하여 각자 법인을 대표한다. 그러나 정관에 규정한 취지에 위반할 수 없고 특히 사단법인은 총회의 의결에 의하여야 한다. ②법인의 대표에 관하여는 대리에 관한 규정을 준용한다.	〈현행유지〉
제60조 (이사의 대표권에 대한 제한의 대항요건) 이사의 대표권에 대한 제한은 등기하지 아니하면 제삼자에	〈현행유지〉

게 대항하지 못한다.

제60조의2 (직무대행자의 권한) ①제52조의2의 직무대행자는 가처분명령에 다른 정함이 있는 경우 외에는 법인의 통상사무에 속하지 아니한 행위를 하지 못한다. 다만, 법원의 허가를 얻은 경우에는 그러하지 아니하다. ②직무대행자가 제1항의 규정에 위반한 행위를 한 경우에도 법인은 선의의 제3자에 대하여 책임을 진다.
[본조신설 2001.12.29]

〈현행유지〉

제61조 (이사의 주의의무) 이사는 선량한 관리자의 주의로 그 직무를 행하여야 한다.

〈현행유지〉

제62조 (이사의 대리인 선임) 이사는 정관 또는 총회의 결의로 금지하지 아니한 사항에 한하여 타인으로 하여금 특정한 행위를 대리하게 할 수 있다.

〈현행유지〉

제63조 (임시이사의 선임) 이사가 없거나 결원이 있는 경우에 이로 인하여 손해가 생길 염려 있는 때에는 법원은 이해관계인이나 검사의 청구에 의하여 임시이사를 선임하여야 한다.

제63조 (임시이사의 선임) ① 이사가 없거나 결원이 있는 경우에 이로 인하여 손해가 생길 염려가 있는 때에는 법원은 이해관계인이나 검사의 청구에 따라 임시이사를 선임하여야 한다.
② 제1항에 따라 임시이사가 선임된 경우에는 주된 사무소와 분사무소의 소재지에서 등기하여야 한다.

제64조 (특별대리인의 선임) 법인과 이사의 이익이 상반하는 사항에 관하여는 이사는 대표권이 없다. 이 경우에는 전조의 규정에 의하여 특별대리인을 선임하여야 한다.

〈현행유지〉

제65조 (이사의 임무해태) 이사가 그 임무를 해태한 때에는 그 이사는 법인에 대하여 연대하여 손해배상의 책임이 있다.

〈현행유지〉

제66조 (감사) 법인은 정관 또는 총회의 결의로 감사를 둘 수 있다.	〈현행유지〉
제67조 (감사의 직무) 감사의 직무는 다음과 같다. 　1. 법인의 재산상황을 감사하는 일 　2. 이사의 업무집행의 상황을 감사하는 일 　3. 재산상황 또는 업무집행에 관하여 부정, 불비한 것이 있음을 발견한 때에는 이를 총회 또는 주무관청에 보고하는 일 　4. 전호의 보고를 하기 위하여 필요있는 때에는 총회를 소집하는 일	〈현행유지〉
제68조 (총회의 권한) 사단법인의 사무는 정관으로 이사 또는 기타 임원에게 위임한 사항 외에는 총회의 결의에 의하여야 한다.	〈현행유지〉
제69조 (통상총회) 사단법인의 이사는 매년 1회이상 통상총회를 소집하여야 한다.	〈현행유지〉
제70조 (임시총회) ①사단법인의 이사는 필요하다고 인정한 때에는 임시총회를 소집할 수 있다. ②총사원의 5분의 1이상으로부터 회의의 목적사항을 제시하여 청구한 때에는 이사는 임시총회를 소집하여야 한다. 이 정수는 정관으로 증감할 수 있다. ③전항의 청구있는 후 2주간내에 이사가 총회소집의 절차를 밟지 아니한 때에는 청구한 사원은 법원의 허가를 얻어 이를 소집할 수 있다.	제70조 (임시총회) ①·② (현행과 같음) ③ <u>제2항의 청구가 있은 후 2주일 안에 이사가 총회소집의 절차를 밟지 아니한 경우에는 청구한 사원은 법원의 허가를 받아 총회를 소집할 수 있다.</u>
제71조 (총회의 소집) 총회의 소집은 1주간전에 그 회의 목적사항을 기재한 통지를 발하고 기타 정관에 정한 방법에 의하여야 한다.	제71조 (총회의 소집) <u>총회의 소집은 1주일 전에 그 회의의 목적사항을 기재한 통지를 발송하고, 그 밖에 정관에서 정한 방법에 따라야 한다.</u>
제72조 (총회의 결의사항) 총회는 전조의 규정에 의하여 통지한 사항에 관하여서만 결의할 수 있다. 그러나	〈현행유지〉

정관에 다른 규정이 있는 때에는 그 규정에 의한다.

제73조 (사원의 결의권) ①각사원의 결의권은 평등으로 한다.
②사원은 서면이나 대리인으로 결의권을 행사할 수 있다.
③전2항의 규정은 정관에 다른 규정이 있는 때에는 적용하지 아니한다.

〈현행유지〉

제74조 (사원이 결의권없는 경우) 사단법인과 어느 사원과의 관계사항을 의결하는 경우에는 그 사원은 결의권이 없다.

〈현행유지〉

제75조 (총회의 결의방법) ①총회의 결의는 본법 또는 정관에 다른 규정이 없으면 사원 과반수의 출석과 출석사원의 결의권의 과반수로써 한다.
②제73조제2항의 경우에는 당해 사원은 출석한 것으로 한다.

〈현행유지〉

제76조 (총회의 의사록) ①총회의 의사에 관하여는 의사록을 작성하여야 한다.
②의사록에는 의사의 경과, 요령 및 결과를 기재하고 의장 및 출석한 이사가 기명날인하여야 한다.
③이사는 의사록을 주된 사무소에 비치하여야 한다.

제76조 (총회의 의사록) ① (현행과 같음)
② 의사록에는 의사의 경과, 요령 및 결과를 기재하고, 의장 및 출석한 이사가 서명 또는 기명날인하여야 한다.
③ 이사는 의사록을 주된 사무소에 비치하여야 한다.

제4절 해산

제4절 해산과 청산

제77조 (해산사유) ①법인은 존립기간의 만료, 법인의 목적의 달성 또는 달성의 불능 기타 정관에 정한 해산사유의 발생, 파산 또는 설립허가의 취소로 해산한다.
②사단법인은 사원이 없게 되거나 총회의 결의로도 해산한다.

제77조 (해산사유) ① 재단법인은 다음 각 호의 어느 하나에 해당하는 사유가 있으면 해산한다.
1. 존립기간의 만료, 그 밖에 정관에서 정한 해산사유의 발생
2. 목적의 달성 또는 달성의 불능

	3. 파산
	4. 설립인가의 취소
	5. 합병 또는 분할에 의한 소멸
	② 사단법인은 다음 각 호의 어느 하나에 해당하는 사유가 있으면 해산한다.
	1. 사원의 부존재
	2. 정관에 달리 정하지 아니한 경우에는 총사원 4분의 3 이상의 동의에 의한 해산결의
	3. 제1항 각 호의 사유

제78조 (사단법인의 해산결의) 사단법인은 총사원 4분의 3이상의 동의가 없으면 해산을 결의하지 못한다. 그러나 정관에 다른 규정이 있는 때에는 그 규정에 의한다.

〈삭 제〉

제79조 (파산신청) 법인이 채무를 완제하지 못하게 된 때에는 이사는 지체없이 파산신청을 하여야 한다.

제79조 (회생절차개시 및 파산신청) 법인이 채무를 완제하지 못하게 된 때에는 이사는 지체 없이 회생절차개시신청 또는 파산신청을 하여야 한다.

제80조 (잔여재산의 귀속) ①해산한 법인의 재산은 정관으로 지정한 자에게 귀속한다.
②정관으로 귀속권리자를 지정하지 아니하거나 이를 지정하는 방법을 정하지 아니한 때에는 이사 또는 청산인은 주무관청의 허가를 얻어 그 법인의 목적에 유사한 목적을 위하여 그 재산을 처분할 수 있다. 그러나 사단법인에 있어서는 총회의 결의가 있어야 한다.
③전2항의 규정에 의하여 처분되지 아니한 재산은 국고에 귀속한다.

제80조 (잔여재산의 귀속) ① (현행과 같음)
② 정관으로 귀속권리자를 지정하지 아니하거나 이를 지정하는 방법을 정하지 아니한 경우에는 이사 또는 청산인은 주무관청의 인가를 받아 그 법인의 목적에 유사한 목적을 위하여 그 재산을 처분할 수 있다. 다만, 사단법인의 경우에는 총회의 결의가 있어야 한다.
③ (현행과 같음)

제81조 (청산법인) 해산한 법인은 청산의 목적범위내에서만 권리가 있고 의무를 부담한다.

〈현행유지〉

제82조 (청산인) 법인이 해산한 때에는 파산의 경우를 제하고는 이사가 청산인이 된다. 그러나 정관 또는 총회의 결의로 달리 정한 바가 있으면 그에 의한다.	〈현행유지〉
제83조 (법원에 의한 청산인의 선임) 전조의 규정에 의하여 청산인이 될 자가 없거나 청산인의 결원으로 인하여 손해가 생길 염려가 있는 때에는 법원은 직권 또는 이해관계인이나 검사의 청구에 의하여 청산인을 선임할 수 있다.	제83조 (법원에 의한 청산인의 선임) ① 제82조에 따른 청산인이 될 자가 없는 경우에는 법원은 직권 또는 이해관계인이나 검사의 청구에 따라 청산인을 선임하여야 한다. ② 청산인의 결원으로 인하여 손해가 생길 염려가 있는 경우에도 제1항과 같다.
제84조 (법원에 의한 청산인의 해임) 중요한 사유가 있는 때에는 법원은 직권 또는 이해관계인이나 검사의 청구에 의하여 청산인을 해임할 수 있다.	〈현행유지〉
제85조 (해산등기) ①청산인은 파산의 경우를 제하고는 그 취임후 3주간내에 해산의 사유 및 연월일, 청산인의 성명 및 주소와 청산인의 대표권을 제한한 때에는 그 제한을 주된 사무소 및 분사무소 소재지에서 등기하여야 한다. ②제52조의 규정은 전항의 등기에 준용한다.	제85조 (해산등기) ① 청산인은 파산의 경우를 제외하고는 그 취임 후 3주일 안에 다음 각 호의 사항을 주된 사무소 및 분사무소 소재지에서 등기하여야 한다. 1. 해산의 사유 및 연월일 2. 청산인의 성명, 주소 및 주민등록번호. 다만, 법인을 대표할 청산인을 정한 경우에는 그 밖의 청산인의 주소는 제외한다. 3. 청산인의 대표권을 제한한 때에는 그 제한 ② 제1항의 등기에 관하여는 제52조를 준용한다.
제86조 (해산신고) ①청산인은 파산의 경우를 제하고는 그 취임후 3주간내에 전조제1항의 사항을 주무관청	제86조 (해산신고) ① 청산인은 파산의 경우를 제외하고는 그 취임 후 3주

에 신고하여야 한다. ②청산중에 취임한 청산인은 그 성명 및 주소를 신고하면 된다.	일 안에 제85조제1항 각 호의 사항을 주무관청에 신고하여야 한다. ② 청산 중에 취임한 청산인은 제85조제1항제2호의 사항을 신고하면 된다.
제87조 (청산인의 직무) ①청산인의 직무는 다음과 같다. 1. 현존사무의 종결 2. 채권의 추심 및 채무의 변제 3. 잔여재산의 인도 ②청산인은 전항의 직무를 행하기 위하여 필요한 모든 행위를 할 수 있다.	제87조 (청산인의 직무) ① 청산인의 직무는 다음 각 호와 같다. 1. 현존사무의 종결 2. 채권의 추심 및 채무의 변제 3. 잔여재산의 양도 ② 청산인은 제1항 각 호의 직무를 행하기 위하여 필요한 모든 행위를 할 수 있다.
제88조 (채권신고의 공고) ①청산인은 취임한 날로부터 2월내에 3회이상의 공고로 채권자에 대하여 일정한 기간내에 그 채권을 신고할 것을 최고하여야 한다. 그 기간은 2월이상이어야 한다. ②전항의 공고에는 채권자가 기간내에 신고하지 아니하면 청산으로부터 제외될 것을 표시하여야 한다. ③제1항의 공고는 법원의 등기사항의 공고와 동일한 방법으로 하여야 한다.	제88조 (채권신고의 공고) ① 청산인은 취임한 날부터 2개월 안에 1주일 이상의 간격을 두어 3회 이상의 공고로 채권자에 대하여 일정한 기간 안에 그 채권을 신고할 것을 최고하여야 한다. 이 경우 채권신고기간은 2개월 이상이어야 한다. ② 제1항의 공고에는 채권자가 기간 안에 신고하지 아니하면 청산으로부터 제외될 것을 표시하여야 한다.
제89조 (채권신고의 최고) 청산인은 알고 있는 채권자에게 대하여는 각각 그 채권신고를 최고하여야 한다. 알고 있는 채권자는 청산으로부터 제외하지 못한다.	〈현행유지〉
제90조 (채권신고기간내의 변제금지) 청산인은 제88조제1항의 채권신고기간내에는 채권자에 대하여 변제하지 못한다. 그러나 법인은 채권자에 대한 지연손해배상의 의무를 면하지 못한다.	〈현행유지〉

제91조 (채권변제의 특례) ①청산중의 법인은 변제기에 이르지 아니한 채권에 대하여도 변제할 수 있다. ②전항의 경우에는 조건있는 채권, 존속기간의 불확정한 채권 기타 가액의 불확정한 채권에 관하여는 법원이 선임한 감정인의 평가에 의하여 변제하여야 한다.	제91조 (채권변제의 특례) ① (현행과 같음) ② <u>제1항의 경우에는 조건 있는 채권, 존속기간이 불확정한 채권 그 밖에 가액이 불확정한 채권에 관하여는 법원이 선임한 감정인의 평가에 따라 변제하여야 한다.</u>
제92조 (청산으로부터 제외된 채권) 청산으로부터 제외된 채권자는 법인의 채무를 완제한 후 귀속권리자에게 인도하지 아니한 재산에 대하여서만 변제를 청구할 수 있다.	제92조 (청산으로부터 제외된 채권) 청산으로부터 제외된 채권자는 법인의 채무를 완제한 후 <u>양도되지 않은 재산에 대하여만</u> 변제를 청구할 수 있다.
제93조 (청산중의 파산) ①청산중 법인의 재산이 그 채무를 완제하기에 부족한 것이 분명하게 된 때에는 청산인은 지체없이 파산선고를 신청하고 이를 공고하여야 한다. ②청산인은 파산관재인에게 그 사무를 인계함으로써 그 임무가 종료한다. ③제88조제3항의 규정은 제1항의 공고에 준용한다.	제93조 (청산 중의 파산) ① 청산 중 법인의 재산이 그 채무를 완제하기에 부족한 것이 분명하게 된 때에는 청산인은 지체 없이 <u>파산신청을 하고 그 사실을</u> 공고하여야 한다. ② 청산인은 파산관재인에게 그 사무를 인계함으로써 그 임무가 종료한다. ③ <u>제1항의 공고에 관하여는 제88조제1항을 준용한다.</u>
제94조 (청산종결의 등기와 신고) 청산이 종결한 때에는 청산인은 3주간내에 이를 등기하고 주무관청에 신고하여야 한다.	제94조 (청산종결의 등기와 신고) 청산이 <u>종결된</u> 때에는 청산인은 <u>3주일 안에</u> 등기하고 주무관청에 신고하여야 한다.
제95조 (해산, 청산의 검사, 감독) 법인의 해산 및 청산은 법원이 검사, 감독한다.	〈현행유지〉
제96조 (준용규정) 제58조제2항, 제59조 내지 제62조, 제64조, 제65조 및 제70조의 규정은 청산인에 이를 준용한다.	〈현행유지〉

〈신 설〉	제4절의2 합병과 분할
〈신 설〉	제96조의2 (합병·분할) ① 사단법인은 다른 사단법인과 합병하거나 복수의 사단법인으로 분할할 수 있다. ② 재단법인은 다른 재단법인과 합병하거나 복수의 재단법인으로 분할할 수 있다. 다만, 재단법인의 합병 또는 분할은 제45조제1항 또는 제46조에서 정한 정관변경의 요건이 갖추어진 경우에만 할 수 있다.
〈신 설〉	제96조의3 (합병·분할의 절차) ① 법인이 합병하는 경우에는 합병계약서를 작성하여야 하고, 분할하는 경우에는 분할계획서를 작성하여야 한다. ② 사단법인은 사원총회에서 총사원 4분의 3 이상, 재단법인은 총이사의 4분의 3 이상의 동의로 합병계약서 또는 분할계획서의 승인을 받아야 한다. 다만, 정수(定數)에 관하여 정관에 다른 규정이 있는 경우에는 그 규정에 따른다. ③ 법인은 제2항의 승인을 받은 합병계약서 또는 분할계획서를 주무관청에 제출하여 인가를 받아야 한다.
〈신 설〉	제96조의4 (합병계약서의 기재사항) ① 합병할 법인의 한쪽이 합병 후 존속하는 경우에는 합병계약서에 다음 각 호의 사항을 기재하여야 한다. 1. 제96조의3제2항의 합병승인을 위한 각 법인의 회의예정일

	2. 합병을 할 날
3. 존속하는 법인이 합병으로 인하여 정관을 변경하기로 정한 경우에는 그 규정
4. 존속하는 법인에 취임할 이사의 성명과 주민등록번호
5. 존속하는 법인에 감사를 두기로 한 경우로서 취임할 감사를 정한 경우에는 그 성명과 주민등록번호
② 합병으로 법인을 설립하는 경우에는 합병계약서에 다음 각 호의 사항을 기재하여야 한다.
1. 설립되는 법인의 정관에 기재할 사항
2. 제96조의3제2항의 합병승인을 위한 각 법인의 회의예정일
3. 합병을 할 날
4. 설립되는 법인의 이사의 성명 및 주민등록번호
5. 감사를 두기로 한 경우로서 취임할 감사를 정한 경우에는 그 성명과 주민등록번호
〈신 설〉	제96조의5 (분할계획서의 기재사항) ① 분할에 의하여 법인을 설립하는 경우에는 분할계획서에 다음 각 호의 사항을 기재하여야 한다.
1. 설립되는 법인의 정관에 기재할 사항
2. 설립되는 법인에 이전될 재산과 그 가액

	3. 설립되는 법인의 이사의 성명과 주민등록번호
4. 설립되는 법인에 감사를 두기로 한 경우로서 취임할 감사를 정한 경우에는 그 성명과 주민등록번호
② 분할 후 법인이 존속하는 경우에는 존속하는 법인에 관하여 분할계획서에 다음 각 호의 사항을 기재하여야 한다.
1. 분할로 설립되는 법인에 이전할 재산과 그 가액
2. 정관을 변경하여야 하는 그 밖의 사항
〈신 설〉	제96조의6 (합병계약서 등의 공시) ① 법인은 제96조의3제2항의 승인을 위한 회의예정일의 2주일 전부터 합병·분할의 효력이 발생한 날 이후 6개월이 경과하는 날까지 다음 각 호의 서류를 주된 사무소에 갖추어두어야 한다.
1. 합병계약서 또는 분할계획서
2. 각 법인의 최종의 재산목록과 대차대조표
② 사원 또는 법인의 채권자는 업무시간 안에는 언제든지 제1항 각 호의 서류의 열람을 청구하거나, 법인이 정한 비용을 지급하고 그 등본 또는 초본의 교부를 청구할 수 있다.

〈신　설〉	제96조의7 (채권자보호) ① 법인은 주무관청으로부터 합병의 인가를 받은 날부터 2주일 안에 채권자에 대하여 합병에 이의가 있으면 일정한 기간 안에 이의를 제출할 것을 공고하고, 알고 있는 채권자에 대하여는 이를 개별적으로 최고하여야 한다. 이 경우 공고와 최고의 기간은 2개월 이상이어야 한다. ② 채권자가 제1항의 기간 안에 이의를 제출하지 아니한 때에는 합병을 승인한 것으로 본다. ③ 이의를 제출한 채권자가 있는 때에는 법인은 그 채권자에 대하여 채무를 변제하거나 상당한 담보를 제공하여야 한다.
〈신　설〉	제96조의8 (합병·분할의 등기) ① 합병의 경우에는 제96조의7에 따른 절차가 종료된 날부터 3주일 안에 주된 사무소 및 분사무소 소재지에서 합병의 등기를 하여야 한다. 이 경우 합병으로 존속하는 법인은 변경등기를, 소멸하는 법인은 해산등기를, 신설되는 법인은 설립등기를 하여야 한다. ② 분할의 경우에는 분할인가를 받은 날부터 3주일 안에 주된 사무소 및 분사무소 소재지에서 분할의 등기를 하여야 한다. 이 경우 분할로 인하여 소멸하는 법인은 해산등기를, 분할 후에도 계속 존속하는 법

	인은 변경등기를, 분할 후에 신설된 법인은 설립등기를 하여야 한다.
〈신　설〉	제96조의9 (합병·분할의 효력발생) 법인의 합병은 합병 후 존속하는 법인 또는 합병으로 신설되는 법인이, 법인의 분할은 분할 후에 존속하는 법인 또는 분할로 신설된 법인이 그 주된 사무소 소재지에서 제96조의8에 따른 등기를 함으로써 그 효력이 생긴다.
〈신　설〉	제96조의10 (합병·분할의 효과) ① 합병 후 존속하는 법인 또는 합병으로 인하여 신설된 법인은 합병으로 인하여 소멸된 법인의 권리와 의무를 승계한다. ② 분할로 인하여 신설된 법인 또는 존속하는 법인은 분할되는 법인의 권리와 의무를 분할계획서가 정하는 바에 따라 승계한다. ③ 분할로 신설되는 법인 또는 존속하는 법인은 분할 전의 법인채무를 연대하여 변제할 책임이 있다.
〈신　설〉	제96조의11 (합병·분할무효의 소) ① 합병 또는 분할의 무효는 각 법인의 사원·이사·감사·청산인·관리인·파산관재인 또는 합병을 승인하지 아니한 채권자에 한정하여 소(訴)로써만 주장할 수 있다. ② 제1항의 소는 제96조의8에 따라 등기한 날부터 6개월 안에 제기하여야 한다.

	③ 제1항의 소는 법인의 주된 사무소 소재지의 지방법원의 관할에 전속한다.
〈신 설〉	제96조의12 (합병·분할무효의 등기) 합병 또는 분할을 무효로 한 판결이 확정된 때에는 주된 사무소 소재지 및 분사무소 소재지에서 합병이나 분할 후 존속한 법인의 변경등기, 합병이나 분할로 소멸된 법인의 회복등기, 합병이나 분할로 신설된 법인의 해산등기를 하여야 한다.
〈신 설〉	제96조의13 (합병무효판결확정의 효과) ① 법인의 합병을 무효로 한 판결이 확정된 경우에는 합병 후 존속법인이나 신설법인이 부담한 채무에 대하여는 합병 전의 상태로 복귀한 법인이 연대하여 변제할 책임이 있다. ② 합병 후 존속법인이나 신설법인이 취득한 재산은 합병 전의 상태로 복귀한 법인의 공유로 한다. ③ 제1항 및 제2항의 경우에 각 법인의 협의로 그 부담부분 또는 지분을 정하지 못한 경우에는 법원은 그 청구에 따라 합병한 때의 각 법인의 재산상태 그 밖의 사정을 참작하여 이를 정한다.
〈신 설〉	제96조의14 (분할무효판결확정의 효과) ① 법인의 분할을 무효로 한 판결이 확정된 경우에는 분할 후 존속법인이나 신설법인이 부담한 채무에 대

〈신　설〉	하여는 분할 전의 상태로 복귀한 법인이 변제할 책임이 있다. ② 분할 후 존속법인이나 신설법인이 취득한 재산은 분할 전의 상태로 복귀한 법인에게 귀속한다. 제96조의15 (판결의 효력) ① 합병 또는 분할무효의 판결은 제3자에 대하여도 그 효력이 있다. ② 제1항의 판결은 그 확정 전에 생긴 법인과 사원 및 제3자 사이의 권리·의무에 영향을 미치지 아니한다.
제5절 벌칙	제5절 벌칙
제97조 (벌칙)　법인의 이사, 감사 또는 청산인은 다음 각호의 경우에는 500만원 이하의 과태료에 처한다. 〈개정 2007.12.21〉 　1. 본장에 규정한 등기를 해태한 때 　2. 제55조의 규정에 위반하거나 재산목록 또는 사원명부에 부정기재를 한 때 　3. 제37조, 제95조에 규정한 검사, 감독을 방해한 때 　4. 주무관청 또는 총회에 대하여 사실아닌 신고를 하거나 사실을 은폐한 때 　5. 제76조와 제90조의 규정에 위반한 때 　6. 제79조, 제93조의 규정에 위반하여 파산선고의 신청을 해태한 때 　7. 제88조, 제93조에 정한 공고를 해태하거나 부정한 공고를 한 때	제97조 (벌칙)　법인의 이사, 감사 또는 청산인이 다음 각 호의 어느 하나에 해당하는 경우에는 500만원 이하의 과태료를 부과한다. 　1. 이 장(章)에 규정한 등기를 해태(懈怠)한 경우 　2. 제55조를 위반하거나 재산목록 또는 사원명부에 부정기재를 한 경우 　3. 제37조 또는 제95조에 규정한 검사, 감독을 방해한 경우 　4. 주무관청 또는 총회에 대하여 사실 아닌 신고를 하거나 사실을 은폐한 경우 　5. 제76조 또는 제90조를 위반한 경우 　6. 제79조를 위반하여 회생절차개시신청 또는 파산신청을 해태한 경우

7. 제93조를 위반하여 파산신청을 해태한 경우 8. 제88조, 제93조 또는 제96조의7에 정한 공고를 해태하거나 부정한 공고를 한 경우	
제4장 물건	〈현행유지〉
제98조 (물건의 정의) 본법에서 물건이라 함은 유체물 및 전기 기타 관리할 수 있는 자연력을 말한다.	〈현행유지〉
제99조 (부동산, 동산) ①토지 및 그 정착물은 부동산이다. ②부동산이외의 물건은 동산이다.	〈현행유지〉
제100조 (주물, 종물) ①물건의 소유자가 그 물건의 상용에 공하기 위하여 자기소유인 다른 물건을 이에 부속하게 한 때에는 그 부속물은 종물이다. ②종물은 주물의 처분에 따른다.	〈현행유지〉
제101조 (천연과실, 법정과실) ①물건의 용법에 의하여 수취하는 산출물은 천연과실이다. ②물건의 사용대가로 받는 금전 기타의 물건은 법정과실로 한다.	〈현행유지〉
제102조 (과실의 취득) ①천연과실은 그 원물로부터 분리하는 때에 이를 수취할 권리자에게 속한다. ②법정과실은 수취할 권리의 존속기간일수의 비율로 취득한다.	〈현행유지〉
제5장 법률행위	〈현행유지〉
제1절 총칙	〈현행유지〉
제103조 (반사회질서의 법률행위) 선량한 풍속 기타 사	〈현행유지〉

회질서에 위반한 사항을 내용으로 하는 법률행위는
무효로 한다.

제104조 (불공정한 법률행위) 당사자의 궁박, 경솔 또는 〈현행유지〉
무경험으로 인하여 현저하게 공정을 잃은 법률행위
는 무효로 한다.

제105조 (임의규정) 법률행위의 당사자가 법령중의 선 〈현행유지〉
량한 풍속 기타 사회질서에 관계없는 규정과 다른
의사를 표시한 때에는 그 의사에 의한다.

제106조 (사실인 관습) 법령중의 선량한 풍속 기타 사회질 〈현행유지〉
서에 관계없는 규정과 다른 관습이 있는 경우에 당사자
의 의사가 명확하지 아니한 때에는 그 관습에 의한다.

제2절 의사표시 〈현행유지〉

제107조 (진의 아닌 의사표시) ①의사표시는 표의자가 〈현행유지〉
진의아님을 알고한 것이라도 그 효력이 있다. 그러
나 상대방이 표의자의 진의아님을 알았거나 이를 알
수 있었을 경우에는 무효로 한다.
②전항의 의사표시의 무효는 선의의 제삼자에게 대
항하지 못한다.

제108조 (통정한 허위의 의사표시) ①상대방과 통정한 허 〈현행유지〉
위의 의사표시는 무효로 한다.
②전항의 의사표시의 무효는 선의의 제삼자에게 대
항하지 못한다.

제109조 (착오로 인한 의사표시) ①의사표시는 법률행위 〈현행유지〉
의 내용의 중요부분에 착오가 있는 때에는 취소할
수 있다. 그러나 그 착오가 표의자의 중대한 과실로
인한 때에는 취소하지 못한다.
②전항의 의사표시의 취소는 선의의 제삼자에게 대
항하지 못한다.

제110조 (사기, 강박에 의한 의사표시) ①사기나 강박에 의한 의사표시는 취소할 수 있다.
②상대방있는 의사표시에 관하여 제삼자가 사기나 강박을 행한 경우에는 상대방이 그 사실을 알았거나 알 수 있었을 경우에 한하여 그 의사표시를 취소할 수 있다.
③전2항의 의사표시의 취소는 선의의 제삼자에게 대항하지 못한다.

〈현행유지〉

제111조 (의사표시의 효력발생시기) ① 상대방이 있는 의사표시는 상대방에게 도달한 때에 그 효력이 생긴다.
② 의사표시자가 그 통지를 발송한 후 사망하거나 제한능력자가 되어도 의사표시의 효력에 영향을 미치지 아니한다.
[전문개정 2011.3.7]
[시행일 : 2013.7.1]

〈현행유지〉

제112조 (제한능력자에 대한 의사표시의 효력) 의사표시의 상대방이 의사표시를 받은 때에 제한능력자인 경우에는 의사표시자는 그 의사표시로써 대항할 수 없다. 다만, 그 상대방의 법정대리인이 의사표시가 도달한 사실을 안 후에는 그러하지 아니하다.
[전문개정 2011.3.7]
[시행일 : 2013.7.1]

〈현행유지〉

제113조 (의사표시의 공시송달) 표의자가 과실없이 상대방을 알지 못하거나 상대방의 소재를 알지 못하는 경우에는 의사표시는 민사소송법공시송달의 규정에 의하여 송달할 수 있다.

〈현행유지〉

제3절 대리

〈현행유지〉

제114조 (대리행위의 효력) ①대리인이 그 권한내에서 본인을 위한 것임을 표시한 의사표시는 직접본인에게 대하여 효력이 생긴다.

〈현행유지〉

②전항의 규정은 대리인에게 대한 제삼자의 의사표시에 준용한다.

제115조 (본인을 위한 것임을 표시하지 아니한 행위) 대리인이 본인을 위한 것임을 표시하지 아니한 때에는 그 의사표시는 자기를 위한 것으로 본다. 그러나 상대방이 대리인으로서 한 것임을 알았거나 알 수 있었을 때에는 전조제1항의 규정을 준용한다. 〈현행유지〉

제116조 (대리행위의 하자) ①의사표시의 효력이 의사의 흠결, 사기, 강박 또는 어느 사정을 알았거나 과실로 알지 못한 것으로 인하여 영향을 받을 경우에 그 사실의 유무는 대리인을 표준하여 결정한다.
②특정한 법률행위를 위임한 경우에 대리인이 본인의 지시에 좇아 그 행위를 한 때에는 본인은 자기가 안 사정 또는 과실로 인하여 알지 못한 사정에 관하여 대리인의 부지를 주장하지 못한다. 〈현행유지〉

제117조 (대리인의 행위능력) 대리인은 행위능력자임을 요하지 아니한다. 〈현행유지〉

제118조 (대리권의 범위) 권한을 정하지 아니한 대리인은 다음 각호의 행위만을 할 수 있다.
 1. 보존행위
 2. 대리의 목적인 물건이나 권리의 성질을 변하지 아니하는 범위에서 그 이용 또는 개량하는 행위 〈현행유지〉

제119조 (각자대리) 대리인이 수인인 때에는 각자가 본인을 대리한다. 그러나 법률 또는 수권행위에 다른 정한 바가 있는 때에는 그러하지 아니하다. 〈현행유지〉

제120조 (임의대리인의 복임권) 대리권이 법률행위에 의하여 부여된 경우에는 대리인은 본인의 승낙이 있거나 부득이한 사유있는 때가 아니면 복대리인을 선임하지 못한다. 〈현행유지〉

제121조 (임의대리인의 복대리인선임의 책임) ①전조의 규정에 의하여 대리인이 복대리인을 선임한 때에는 본인에게 대하여 그 선임감독에 관한 책임이 있다.
②대리인이 본인의 지명에 의하여 복대리인을 선임한 경우에는 그 부적임 또는 불성실함을 알고 본인에게 대한 통지나 그 해임을 태만한 때가 아니면 책임이 없다.

〈현행유지〉

제122조 (법정대리인의 복임권과 그 책임) 법정대리인은 그 책임으로 복대리인을 선임할 수 있다. 그러나 부득이한 사유로 인한 때에는 전조제1항에 정한 책임만이 있다.

〈현행유지〉

제123조 (복대리인의 권한) ①복대리인은 그 권한내에서 본인을 대리한다.
②복대리인은 본인이나 제삼자에 대하여 대리인과 동일한 권리의무가 있다.

〈현행유지〉

제124조 (자기계약, 쌍방대리) 대리인은 본인의 허락이 없으면 본인을 위하여 자기와 법률행위를 하거나 동일한 법률행위에 관하여 당사자쌍방을 대리하지 못한다. 그러나 채무의 이행은 할 수 있다.

〈현행유지〉

제125조 (대리권수여의 표시에 의한 표현대리) 제삼자에 대하여 타인에게 대리권을 수여함을 표시한 자는 그 대리권의 범위내에서 행한 그 타인과 그 제삼자간의 법률행위에 대하여 책임이 있다. 그러나 제삼자가 대리권없음을 알았거나 알 수 있었을 때에는 그러하지 아니하다.

〈현행유지〉

제126조 (권한을 넘은 표현대리) 대리인이 그 권한외의 법률행위를 한 경우에 제삼자가 그 권한이 있다고 믿을 만한 정당한 이유가 있는 때에는 본인은 그 행위에 대하여 책임이 있다.

〈현행유지〉

제127조 (대리권의 소멸사유) 대리권은 다음 각 호의 어느 하나에 해당하는 사유가 있으면 소멸된다. 　1. 본인의 사망 　2. 대리인의 사망, 성년후견의 개시 또는 파산 [전문개정 2011.3.7] [시행일 : 2013.7.1]	〈현행유지〉
제128조 (임의대리의 종료) 법률행위에 의하여 수여된 대리권은 전조의 경우 외에 그 원인된 법률관계의 종료에 의하여 소멸한다. 법률관계의 종료 전에 본인이 수권행위를 철회한 경우에도 같다.	〈현행유지〉
제129조 (대리권소멸후의 표현대리) 대리권의 소멸은 선의의 제삼자에게 대항하지 못한다. 그러나 제삼자가 과실로 인하여 그 사실을 알지 못한 때에는 그러하지 아니하다.	〈현행유지〉
제130조 (무권대리) 대리권없는 자가 타인의 대리인으로 한 계약은 본인이 이를 추인하지 아니하면 본인에 대하여 효력이 없다.	〈현행유지〉
제131조 (상대방의 최고권) 대리권없는 자가 타인의 대리인으로 계약을 한 경우에 상대방은 상당한 기간을 정하여 본인에게 그 추인여부의 확답을 최고할 수 있다. 본인이 그 기간내에 확답을 발하지 아니한 때에는 추인을 거절한 것으로 본다.	〈현행유지〉
제132조 (추인, 거절의 상대방) 추인 또는 거절의 의사표시는 상대방에 대하여 하지 아니하면 그 상대방에 대항하지 못한다. 그러나 상대방이 그 사실을 안 때에는 그러하지 아니하다.	〈현행유지〉
제133조 (추인의 효력) 추인은 다른 의사표시가 없는 때에는 계약시에 소급하여 그 효력이 생긴다. 그러나 제삼자의 권리를 해하지 못한다.	〈현행유지〉

제134조 (상대방의 철회권) 대리권없는 자가 한 계약은 본인의 추인이 있을 때까지 상대방은 본인이나 그 대리인에 대하여 이를 철회할 수 있다. 그러나 계약 당시에 상대방이 대리권 없음을 안 때에는 그러하지 아니하다. 〈현행유지〉

제135조 (상대방에 대한 무권대리인의 책임) ① 다른 자의 대리인으로서 계약을 맺은 자가 그 대리권을 증명하지 못하고 또 본인의 추인을 받지 못한 경우에는 그는 상대방의 선택에 따라 계약을 이행할 책임 또는 손해를 배상할 책임이 있다.
② 대리인으로서 계약을 맺은 자에게 대리권이 없다는 사실을 상대방이 알았거나 알 수 있었을 때 또는 대리인으로서 계약을 맺은 사람이 제한능력자일 때에는 제1항을 적용하지 아니한다.
[전문개정 2011.3.7]
[시행일 : 2013.7.1] 〈현행유지〉

제136조 (단독행위와 무권대리) 단독행위에는 그 행위당시에 상대방이 대리인이라 칭하는 자의 대리권없는 행위에 동의하거나 그 대리권을 다투지 아니한 때에 한하여 전6조의 규정을 준용한다. 대리권 없는 자에 대하여 그 동의를 얻어 단독행위를 한 때에도 같다. 〈현행유지〉

제4절 무효와 취소

〈현행유지〉

제137조 (법률행위의 일부무효) 법률행위의 일부분이 무효인 때에는 그 전부를 무효로 한다. 그러나 그 무효부분이 없더라도 법률행위를 하였을 것이라고 인정될 때에는 나머지 부분은 무효가 되지 아니한다.	제137조(법률행위의 일부무효) 법률행위의 일부분이 무효인 <u>때에도 나머지 부분은 효력이 있다.</u> 그러나 그 <u>나머지 부분만으로는 법률행위를 하지 아니하였을 것이라고 인정될 때에는 전부를 무효로 한다.</u>
제138조 (무효행위의 전환) 무효인 법률행위가 다른 법	제138조 (무효행위의 전환) 무효인 법

률행위의 요건을 구비하고 당사자가 그 무효를 알았더라면 다른 법률행위를 하는 것을 의욕하였으리라고 인정될 때에는 다른 법률행위로서 효력을 가진다.	률행위가 다른 법률행위의 요건을 갖추고 당사자가 그 무효를 알았더라면 다른 법률행위를 하였을 것으로 인정될 때에는 그 다른 법률행위로서 효력을 가진다.
제139조 (무효행위의 추인) 무효인 법률행위는 추인하여도 그 효력이 생기지 아니한다. 그러나 당사자가 그 무효임을 알고 추인한 때에는 새로운 법률행위로 본다.	제139조 (무효행위의 추인) 무효인 법률행위는 추인하여도 그 효력이 생기지 않는다. 그러나 당사자가 그 무효임을 알고 추인한 때에는 새로운 법률행위를 한 것으로 본다.
〈신설〉	제139조의2 (무권리자의 처분) ① 무권리자가 권리자의 동의를 얻어 한 처분은 효력이 있다. ② 권리자가 무권리자의 처분을 추인하면 그 처분은 소급하여 효력이 있다. 그러나 제3자의 권리를 해치지 못한다.
제140조 (법률행위의 취소권자) 취소할 수 있는 법률행위는 제한능력자, 착오로 인하거나 사기·강박에 의하여 의사표시를 한 자, 그의 대리인 또는 승계인만이 취소할 수 있다. [전문개정 2011.3.7] [시행일 : 2013.7.1]	제140조 (법률행위의 취소권자) 취소할 수 있는 법률행위는 제한능력자, 착오로 인한 의사표시를 한 자, 사기나 강박에 의한 의사표시를 한 자, 그 대리인 또는 승계인에 한하여 취소할 수 있다.
제141조 (취소의 효과) 취소된 법률행위는 처음부터 무효인 것으로 본다. 다만, 제한능력자는 그 행위로 인하여 받은 이익이 현존하는 한도에서 상환(償還)할 책임이 있다. [전문개정 2011.3.7] [시행일 : 2013.7.1]	제141조 (취소의 효과) ① 취소한 법률행위는 처음부터 무효인 것으로 본다. 그러나 제한능력자는 그 행위로 인하여 받은 이익이 현존하는 한도에서 상환할 책임이 있다. ② 법률행위의 일부분에만 취소의 원인이 있는 때에는 취소권이 행사되어

	도 나머지 부분은 효력이 있다. 그러나 그 나머지 부분만으로는 법률행위를 하지 아니하였을 것이라고 인정될 때에는 그 전부를 무효로 한다.
제142조 (취소의 상대방) 취소할 수 있는 법률행위의 상대방이 확정한 경우에는 그 취소는 그 상대방에 대한 의사표시로 하여야 한다.	제142조 (취소의 상대방) 취소할 수 있는 법률행위의 상대방이 확정되어 있는 경우에는 취소는 그 상대방에 대한 의사표시로 하여야 한다.
제143조 (추인의 방법, 효과) ①취소할 수 있는 법률행위는 제140조에 규정한 자가 추인할 수 있고 추인후에는 취소하지 못한다. ②전조의 규정은 전항의 경우에 준용한다.	제143조 (추인의 방법, 효과) ① 취소할 수 있는 법률행위는 취소권자가 추인할 수 있고, 추인한 후에는 취소하지 못한다. ② 제142조는 제1항의 경우에 준용한다.
제144조 (추인의 요건) ① 추인은 취소의 원인이 소멸된 후에 하여야만 효력이 있다. ② 제1항은 법정대리인 또는 후견인이 추인하는 경우에는 적용하지 아니한다. [전문개정 2011.3.7] [시행일 : 2013.7.1]	제144조 (추인의 요건) ① 추인은 취소의 원인이 소멸한 후 추인권자가 취소권을 행사할 수 있음을 알고 하지 아니하면 효력이 없다. ② 법정대리인은 취소의 원인이 소멸하기 전에도 추인할 수 있다.

제145조 (법정추인) 취소할 수 있는 법률행위에 관하여 전조의 규정에 의하여 추인할 수 있는 후에 다음 각호의 사유가 있으면 추인한 것으로 본다. 그러나 이의를 보류한 때에는 그러하지 아니하다.
  1. 전부나 일부의 이행
  2. 이행의 청구
  3. 경개
  4. 담보의 제공
  5. 취소할 수 있는 행위로 취득한 권리의 전부나 일부의 양도
	〈현행유지〉

6. 강제집행

제146조 (취소권의 소멸) 취소권은 추인할 수 있는 날로 〈현행유지〉
부터 3년내에 법률행위를 한 날로부터 10년내에 행
사하여야 한다.

제5절 조건과 기한 〈현행유지〉

제147조 (조건성취의 효과) ①정지조건있는 법률행위는 〈현행유지〉
조건이 성취한 때로부터 그 효력이 생긴다.
②해제조건 있는 법률행위는 조건이 성취한 때로부
터 그 효력을 잃는다.
③당사자가 조건성취의 효력을 그 성취전에 소급하
게 할 의사를 표시한 때에는 그 의사에 의한다.

제148조 (조건부권리의 침해금지) 조건있는 법률행위의 〈현행유지〉
당사자는 조건의 성부가 미정한 동안에 조건의 성취
로 인하여 생길 상대방의 이익을 해하지 못한다.

제149조 (조건부권리의 처분등) 조건의 성취가 미정한 〈현행유지〉
권리의무는 일반규정에 의하여 처분, 상속, 보존 또
는 담보로 할 수 있다.

제150조 (조건성취, 불성취에 대한 반신의행위) ①조건의 〈현행유지〉
성취로 인하여 불이익을 받을 당사자가 신의성실에
반하여 조건의 성취를 방해한 때에는 상대방은 그
조건이 성취한 것으로 주장할 수 있다.
②조건의 성취로 인하여 이익을 받을 당사자가 신의
성실에 반하여 조건을 성취시킨 때에는 상대방은 그
조건이 성취하지 아니한 것으로 주장할 수 있다.

제151조 (불법조건, 기성조건) ①조건이 선량한 풍속 기 〈현행유지〉
타 사회질서에 위반한 것인 때에는 그 법률행위는
무효로 한다.
②조건이 법률행위의 당시 이미 성취한 것인 경우에

는 그 조건이 정지조건이면 조건없는 법률행위로 하고 해제조건이면 그 법률행위는 무효로 한다.
③조건이 법률행위의 당시에 이미 성취할 수 없는 것인 경우에는 그 조건이 해제조건이면 조건없는 법률행위로 하고 정지조건이면 그 법률행위는 무효로 한다.

제152조 (기한도래의 효과) ①시기있는 법률행위는 기한이 도래한 때로부터 그 효력이 생긴다.
②종기있는 법률행위는 기한이 도래한 때로부터 그 효력을 잃는다. 〈현행유지〉

제153조 (기한의 이익과 그 포기) ①기한은 채무자의 이익을 위한 것으로 추정한다.
②기한의 이익은 이를 포기할 수 있다. 그러나 상대방의 이익을 해하지 못한다. 〈현행유지〉

제154조 (기한부권리와 준용규정) 제148조와 제149조의 규정은 기한있는 법률행위에 준용한다. 〈현행유지〉

제6장 기간 〈현행유지〉

제155조 (본장의 적용범위) 기간의 계산은 법령, 재판상의 처분 또는 법률행위에 다른 정한 바가 없으면 본장의 규정에 의한다. 〈현행유지〉

제156조 (기간의 기산점) 기간을 시, 분, 초로 정한 때에는 즉시로부터 기산한다. 〈현행유지〉

제157조 (기간의 기산점) 기간을 일, 주, 월 또는 연으로 정한 때에는 기간의 초일은 산입하지 아니한다. 그러나 그 기간이 오전영시로부터 시작하는 때에는 그러하지 아니하다. 〈현행유지〉

제158조 (연령의 기산점) 연령계산에는 출생일을 산입한다. 〈현행유지〉

제159조 (기간의 만료점) 기간을 일, 주, 월 또는 연으로 정한 때에는 기간말일의 종료로 기간이 만료한다.

〈현행유지〉

제160조 (역에 의한 계산) ①기간을 주, 월 또는 연으로 정한 때에는 역에 의하여 계산한다.
②주, 월 또는 연의 처음으로부터 기간을 기산하지 아니하는 때에는 최후의 주, 월 또는 연에서 그 기산일에 해당한 날의 전일로 기간이 만료한다.
③월 또는 연으로 정한 경우에 최종의 월에 해당일이 없는 때에는 그 월의 말일로 기간이 만료한다.

〈현행유지〉

제161조 (공휴일 등과 기간의 만료점) 기간의 말일이 토요일 또는 공휴일에 해당한 때에는 기간은 그 익일로 만료한다. 〈개정 2007.12.21〉
[제목개정 2007.12.21]

〈현행유지〉

제7장 소멸시효

제162조 (채권, 재산권의 소멸시효) ①채권은 10년간 행사하지 아니하면 소멸시효가 완성한다.
②채권 및 소유권이외의 재산권은 20년간 행사하지 아니하면 소멸시효가 완성한다.

제7장 소멸시효

제162조 (채권의 소멸시효기간) ① 채권은 채권자가 권리를 행사할 수 있다는 사실과 채무자를 안 때부터 5년 동안 행사하지 아니하면 소멸시효가 완성된다.
② 부작위를 목적으로 하는 채권의 소멸시효는 채권자가 위반행위와 채무자를 안 때부터 진행된다.
③ 권리를 행사할 수 있는 때 또는 위반행위를 한 때부터 10년이 지나면 제1항 및 제2항에도 불구하고 소멸시효가 완성된다.

제162조의2 (그 밖의 재산권의 소멸시효기간) 채권과 소유권을 제외한 다른

〈신　설〉

	재산권은 권리를 행사할 수 있는 때부터 20년 동안 행사하지 아니하면 소멸시효가 완성된다.
제163조 (3년의 단기소멸시효) 다음 각호의 채권은 3년간 행사하지 아니하면 소멸시효가 완성한다. 〈개정 1997.12.13〉 　1. 이자, 부양료, 급료, 사용료 기타 1년이내의 기간으로 정한 금전 또는 물건의 지급을 목적으로 한 채권 　2. 의사, 조산사, 간호사 및 약사의 치료, 근로 및 조제에 관한 채권 　3. 도급받은 자, 기사 기타 공사의 설계 또는 감독에 종사하는 자의 공사에 관한 채권 　4. 변호사, 변리사, 공증인, 공인회계사 및 법무사에 대한 직무상 보관한 서류의 반환을 청구하는 채권 　5. 변호사, 변리사, 공증인, 공인회계사 및 법무사의 직무에 관한 채권 　6. 생산자 및 상인이 판매한 생산물 및 상품의 대가 　7. 수공업자 및 제조자의 업무에 관한 채권	〈삭　제〉
제164조 (1년의 단기소멸시효) 다음 각호의 채권은 1년간 행사하지 아니하면 소멸시효가 완성한다. 　1. 여관, 음식점, 대석, 오락장의 숙박료, 음식료, 대석료, 입장료, 소비물의 대가 및 체당금의 채권 　2. 의복, 침구, 장구 기타 동산의 사용료의 채권 　3. 노역인, 연예인의 임금 및 그에 공급한 물건의 대금채권 　4. 학생 및 수업자의 교육, 의식 및 유숙에 관한 교주, 숙주, 교사의 채권	〈삭　제〉
제165조 (판결등에 의하여 확정된 채권의 소멸시효) ①판결에 의하여 확정된 채권은 단기의 소멸시효에 해당	제165조 (판결 등으로 확정된 채권의 소멸시효기간) ① 판결에 의하여 확정

한 것이라도 그 소멸시효는 10년으로 한다.
②파산절차에 의하여 확정된 채권 및 재판상의 화해, 조정 기타 판결과 동일한 효력이 있는 것에 의하여 확정된 채권도 전항과 같다.
③전2항의 규정은 판결확정당시에 변제기가 도래하지 아니한 채권에 적용하지 아니한다.

	된 채권은 그 판결이 확정된 때부터 10년 동안 행사하지 아니하면 소멸시효가 완성된다. ② 회생절차, 파산절차, 개인회생절차에 의하여 확정된 채권과 재판상의 화해절차, 조정(調停)절차, 그 밖에 판결과 동일한 효력이 생기는 절차에 의하여 확정된 채권도 제1항과 같다. ③ 판결 등의 확정 당시에 변제기(辨濟期)가 되지 아니한 채권에 대하여는 제1항과 제2항을 적용하지 아니한다.

제166조 (소멸시효의 기산점) ①소멸시효는 권리를 행사할 수 있는 때로부터 진행한다.
②부작위를 목적으로 하는 채권의 소멸시효는 위반행위를 한 때로부터 진행한다.

〈삭 제〉

제167조 (소멸시효의 소급효) 소멸시효는 그 기산일에 소급하여 효력이 생긴다.

제167조 (소멸시효의 소급효) 소멸시효는 그 기산일로 소급하여 효력이 생긴다.

제168조 (소멸시효의 중단사유) 소멸시효는 다음 각호의 사유로 인하여 중단된다.
  1. 청구
  2. 압류 또는 가압류, 가처분
  3. 승인

제168조 (재판상 권리행사 등과 소멸시효의 정지) 소멸시효는 다음 각 호의 어느 하나의 사유가 있으면 그 진행이 정지된다.
  1. 재판상의 권리행사
  2. 지급명령의 신청
  3. 제소 전 화해절차, 조정절차, 중재절차, 그 밖에 판결과 동일한 효력이 생기는 절차에서의 권리행사
  4. 회생절차, 파산절차 또는 개인회생절차 참가

제169조 (시효중단의 효력) 시효의 중단은 당사자 및 그 승계인간에만 효력이 있다.	제169조 (소멸시효 정지의 효력) 소멸시효가 정지되는 경우에는 그 절차가 진행되는 동안은 시효기간의 계산에 넣지 아니한다.
제170조 (재판상의 청구와 시효중단) ①재판상의 청구는 소송의 각하, 기각 또는 취하의 경우에는 시효중단의 효력이 없다. ②전항의 경우에 6월내에 재판상의 청구, 파산절차참가, 압류 또는 가압류, 가처분을 한 때에는 시효는 최초의 재판상청구로 인하여 중단된 것으로 본다.	제170조 (보전처분과 소멸시효의 정지 및 완성유예) ① 가압류나 가처분이 신청된 경우에는 소멸시효가 정지되며, 가압류 또는 가처분 결정이 있는 때부터 1년 안에는 시효가 완성되지 아니한다. ② 가압류나 가처분은 소멸시효의 이익을 받을 자에 대하여 하지 아니한 경우에는 그 사실을 그에게 통지하지 아니하면 시효정지 및 완성유예의 효력이 없다.
제171조 (파산절차참가와 시효중단) 파산절차참가는 채권자가 이를 취소하거나 그 청구가 각하된 때에는 시효중단의 효력이 없다.	제171조 (혼인관계 등으로 인한 소멸시효의 정지 및 완성유예) ① 부부 중 한 쪽이 다른 쪽에 대하여 가지는 권리는 혼인 중에는 소멸시효가 정지되며, 혼인이 종료된 때부터 1년 안에는 시효가 완성되지 아니한다. ② 미성년인 자녀가 아버지나 어머니에 대하여 가지는 권리는 자녀가 미성년인 동안에는 소멸시효가 정지되며, 성년자로 된 때부터 1년 안에는 시효가 완성되지 아니한다. ③ 재산을 관리하는 후견인에 대하여 가지는 제한능력자의 권리는 그가 능력자가 될 때 또는 후임 후견인이 취임할 때까지 소멸시효가 정지되며, 능력자가 된 때 또는 후임

| | 후견인이 취임한 때부터 1년 안에는 시효가 완성되지 아니한다.
④ 미성년자의 법정대리인과 제779조제1항에 따른 가족관계 또는 그에 준하는 관계에 있는 자에 대하여 미성년자가 가지는 권리는 그가 성년자로 될 때 또는 그 관계가 해소될 때까지 소멸시효가 정지되며, 성년자로 된 때 또는 그 관계가 해소된 때부터 1년 안에는 시효가 완성되지 아니한다. |

| 제172조 (지급명령과 시효중단) 지급명령은 채권자가 법정기간내에 가집행신청을 하지 아니함으로 인하여 그 효력을 잃은 때에는 시효중단의 효력이 없다. | 제172조 (협의로 인한 소멸시효의 정지 및 완성유예) ① 권리자와 의무자 사이에 권리에 대하여 또는 권리를 발생시키는 사정에 대하여 협의(協議)가 진행 중인 동안에는 소멸시효가 정지된다.
② 당사자 한쪽이 협의를 거절하거나 3개월이 지나도록 합의가 이루어지지 아니한 때에는 협의는 종료된 것으로 본다.
③ 협의가 종료된 후 6개월 안에는 소멸시효가 완성되지 아니한다. |

| 제173조 (화해를 위한 소환, 임의출석과 시효중단) 화해를 위한 소환은 상대방이 출석하지 아니 하거나 화해가 성립되지 아니한 때에는 1월내에 소를 제기하지 아니하면 시효중단의 효력이 없다. 임의출석의 경우에 화해가 성립되지 아니한 때에도 그러하다. | 제173조 (최고에 따른 소멸시효의 완성유예) ① 소멸시효기간이 만료되기 전 6개월 안에 최고(催告)가 있는 경우에는 그 때부터 6개월 안에는 시효가 완성되지 아니한다.
② 제1항의 최고가 여러 차례 있는 경우에는 완성유예의 효력은 최후의 최고에 의하여 생긴다. |

| 제174조 (최고와 시효중단) 최고는 6월내에 재판상의 청구, 파산절차참가, 화해를 위한 소환, 임의출석, 압류 또는 가압류, 가처분을 하지 아니하면 시효중단의 효력이 없다. | 제174조 (불가항력으로 인한 소멸시효의 완성유예) 권리자가 불가항력으로 인하여 권리행사를 방해받는 경우에는 그 사유가 종료된 때부터 6개월 안에는 소멸시효가 완성되지 아니한다. |

| 제175조 (압류, 가압류, 가처분과 시효중단) 압류, 가압류 및 가처분은 권리자의 청구에 의하여 또는 법률의 규정에 따르지 아니함으로 인하여 취소된 때에는 시효중단의 효력이 없다. | 제175조 (제한능력자와 소멸시효의 완성유예) 소멸시효기간이 만료되기 전 6개월 안에 제한능력자에게 법정대리인이 없는 경우에는 제한능력자의 권리 또는 제한능력자에 대한 권리는 그가 능력자가 되거나 법정대리인이 취임한 때부터 6개월 안에는 시효가 완성되지 아니한다. |

| 제176조 (압류, 가압류, 가처분과 시효중단) 압류, 가압류 및 가처분은 시효의 이익을 받은 자에 대하여 하지 아니한 때에는 이를 그에게 통지한 후가 아니면 시효중단의 효력이 없다. | 제176조 (상속재산에 관한 권리와 소멸시효의 완성유예) 상속재산에 속한 권리나 상속재산에 대한 권리는 상속인의 확정, 상속재산관리인의 선임 또는 상속재산에 대한 파산선고가 있는 때부터 6개월 안에는 소멸시효가 완성되지 아니한다. |

| 제177조 (승인과 시효중단) 시효중단의 효력있는 승인에는 상대방의 권리에 관한 처분의 능력이나 권한있음을 요하지 아니한다. | 제177조 (승인과 소멸시효의 재개시) ① 일부이행, 이자지급, 그 밖의 방법으로 권리자에게 권리를 승인한 때에는 소멸시효는 새로 진행된다.
② 제1항의 승인에는 상대방의 권리에 관한 처분의 능력이나 권한이 필요하지 아니하다. |

| 제178조 (중단후의 시효진행) ①시효가 중단된 때에는 중단까지에 경과한 시효기간은 이를 산입하지 아니 | 제178조 (민사집행과 소멸시효의 정지 및 재개시) ① 민사집행(재산명시 또는 |

하고 중단사유가 종료한 때로부터 새로이 진행한다. ② 재판상의 청구로 인하여 중단한 시효는 전항의 규정에 의하여 재판이 확정된 때로부터 새로이 진행한다.	채무불이행자 명부 등재를 포함한다)이 신청된 경우에는 소멸시효가 정지되며, 집행이 완료된 때에 시효가 새로 진행된다. ② 재산명시 또는 채무불이행자 명부 등재의 신청에 따른 소멸시효의 정지 및 재개시는 모두 합하여 1회에 한정된다. ③ 민사집행은 소멸시효의 이익을 받을 자에 대하여 하지 아니한 경우에는 그 사실을 그에게 통지하지 아니하면 시효의 정지 및 재개시의 효력이 없다.
〈신　설〉	제178조의2 (소멸시효의 정지, 완성유예 및 재개시의 상대적 효력) 소멸시효의 정지, 완성유예 및 재개시는 당사자와 그의 승계인 사이에서만 효력이 있다.
제179조 (제한능력자의 시효정지) 소멸시효의 기간만료 전 6개월 내에 제한능력자에게 법정대리인이 없는 경우에는 그가 능력자가 되거나 법정대리인이 취임한 때부터 6개월 내에는 시효가 완성되지 아니한다. [전문개정 2011.3.7] [시행일 : 2013.7.1]	〈삭　제〉
제180조 (재산관리자에 대한 제한능력자의 권리, 부부 사이의 권리와 시효정지) ① 재산을 관리하는 아버지, 어머니 또는 후견인에 대한 제한능력자의 권리는 그가 능력자가 되거나 후임 법정대리인이 취임한 때부터 6개월 내에는 소멸시효가 완성되지 아니한다.	〈삭　제〉

② 부부 중 한쪽이 다른 쪽에 대하여 가지는 권리는 혼인관계가 종료된 때부터 6개월 내에는 소멸시효가 완성되지 아니한다.
[전문개정 2011.3.7]
[시행일 : 2013.7.1]

제181조 (상속재산에 관한 권리와 시효정지) 상속재산에 속한 권리나 상속재산에 대한 권리는 상속인의 확정, 관리인의 선임 또는 파산선고가 있는 때로부터 6월 내에는 소멸시효가 완성하지 아니한다.	<삭 제>
제182조 (천재 기타 사변과 시효정지) 천재 기타 사변으로 인하여 소멸시효를 중단할 수 없을 때에는 그 사유가 종료한 때로부터 1월내에는 시효가 완성하지 아니한다.	<삭 제>
제183조 (종속된 권리에 대한 소멸시효의 효력) 주된 권리의 소멸시효가 완성한 때에는 종속된 권리에 그 효력이 미친다.	제183조 (소멸시효 완성의 효력) ① 소멸시효가 완성된 때에는 그 권리의 소멸로 인하여 이익을 받을 자는 그 권리의 소멸을 주장할 수 있다. ② 주된 권리의 소멸시효가 완성된 경우에는 종속된 권리에 그 효력이 미친다.
제184조 (시효의 이익의 포기 기타) ①소멸시효의 이익은 미리 포기하지 못한다. ②소멸시효는 법률행위에 의하여 이를 배제, 연장 또는 가중할 수 없으나 이를 단축 또는 경감할 수 있다.	제184조 (소멸시효 이익의 포기 등) ① 소멸시효의 이익은 미리 포기하지 못한다. ② 소멸시효는 법률행위로써 배제하거나 연장하거나 가중할 수 없으나, 단축하거나 경감할 수는 있다.

제2편 물권 〈현행유지〉

제1장 총칙 〈현행유지〉

제185조 (물권의 종류) 물권은 법률 또는 관습법에 의하는 외에는 임의로 창설하지 못한다. 〈현행유지〉

제186조 (부동산물권변동의 효력) 부동산에 관한 법률행위로 인한 물권의 득실변경은 등기하여야 그 효력이 생긴다. 〈논의중〉

제187조 (등기를 요하지 아니하는 부동산물권취득) 상속, 공용징수, 판결, 경매 기타 법률의 규정에 의한 부동산에 관한 물권의 취득은 등기를 요하지 아니한다. 그러나 등기를 하지 아니하면 이를 처분하지 못한다. 〈논의중〉

제188조 (동산물권양도의 효력, 간이인도) ①동산에 관한 물권의 양도는 그 동산을 인도하여야 효력이 생긴다. ②양수인이 이미 그 동산을 점유한 때에는 당사자의 의사표시만으로 그 효력이 생긴다. 〈논의중〉

제189조 (점유개정) 동산에 관한 물권을 양도하는 경우에 당사자의 계약으로 양도인이 그 동산의 점유를 계속하는 때에는 양수인이 인도받은 것으로 본다. 〈논의중〉

제190조 (목적물반환청구권의 양도) 제삼자가 점유하고 있는 동산에 관한 물권을 양도하는경우에는 양도인이 그 제삼자에 대한 반환청구권을 양수인에게 양도함으로써 동산을 인도한 것으로 본다. 〈논의중〉

제191조 (혼동으로 인한 물권의 소멸) ①동일한 물건에 대한 소유권과 다른 물권이 동일한 사람에게 귀속한 때에는 다른 물권은 소멸한다. 그러나 그 물권이 제삼자의 권리의 목적이 된 때에는 소멸하지 아니한다. ②전항의 규정은 소유권이외의 물권과 그를 목적으로 하는 다른 권리가 동일한 사람에게 귀속한 경우 〈현행유지〉

에 준용한다.
③점유권에 관하여는 전2항의 규정을 적용하지 아니한다.

제2장 점유권 〈현행유지〉

제192조 (점유권의 취득과 소멸) ①물건을 사실상 지배하는 자는 점유권이 있다.
②점유자가 물건에 대한 사실상의 지배를 상실한 때에는 점유권이 소멸한다. 그러나 제204조의 규정에 의하여 점유를 회수한 때에는 그러하지 아니하다.
〈현행유지〉

제193조 (상속으로 인한 점유권의 이전) 점유권은 상속인에 이전한다.
〈현행유지〉

제194조 (간접점유) 지상권, 전세권, 질권, 사용대차, 임대차, 임치 기타의 관계로 타인으로 하여금 물건을 점유하게 한 자는 간접으로 점유권이 있다.
〈현행유지〉

제195조 (점유보조자) 가사상, 영업상 기타 유사한 관계에 의하여 타인의 지시를 받아 물건에 대한 사실상의 지배를 하는 때에는 그 타인만을 점유자로 한다.
〈현행유지〉

제196조 (점유권의 양도) ①점유권의 양도는 점유물의 인도로 그 효력이 생긴다.
②전항의 점유권의 양도에는 제188조제2항, 제189조, 제190조의 규정을 준용한다.
〈현행유지〉

제197조 (점유의 태양) ①점유자는 소유의 의사로 선의, 평온 및 공연하게 점유한 것으로 추정한다.
②선의의 점유자라도 본권에 관한 소에 패소한 때에는 그 소가 제기된 때로부터 악의의 점유자로 본다.

제197조 (점유의 모습) ① 점유자는 선의로 평온하고 공연하게 점유한 것으로 추정한다.
② 선의의 점유자라도 본권에 관한 소에 패소한 때에는 그 소가 제기된 때부터 악의의 점유자로 본다.

제198조 (점유계속의 추정) 전후양시에 점유한 사실이 있는 때에는 그 점유는 계속한 것으로 추정한다.	〈현행유지〉
제199조 (점유의 승계의 주장과 그 효과) ①점유자의 승계인은 자기의 점유만을 주장하거나 자기의 점유와 전점유자의 점유를 아울러 주장할 수 있다. ②전점유자의 점유를 아울러 주장하는 경우에는 그 하자도 계승한다.	〈현행유지〉
제200조 (권리의 적법의 추정) 점유자가 점유물에 대하여 행사하는 권리는 적법하게 보유한 것으로 추정한다.	〈현행유지〉
제201조 (점유자와 과실) ①선의의 점유자는 점유물의 과실을 취득한다. ②악의의 점유자는 수취한 과실을 반환하여야 하며 소비하였거나 과실로 인하여 훼손 또는 수취하지 못한 경우에는 그 과실의 대가를 보상하여야 한다. ③전항의 규정은 폭력 또는 은비에 의한 점유자에 준용한다.	〈논의중〉
제202조 (점유자의 회복자에 대한 책임) 점유물이 점유자의 책임있는 사유로 인하여 멸실 또는 훼손한 때에는 악의의 점유자는 그 손해의 전부를 배상하여야 하며 선의의 점유자는 이익이 현존하는 한도에서 배상하여야 한다. 소유의 의사가 없는 점유자는 선의인 경우에도 손해의 전부를 배상하여야 한다.	〈현행유지〉
제203조 (점유자의 상환청구권) ①점유자가 점유물을 반환할 때에는 회복자에 대하여 점유물을 보존하기 위하여 지출한 금액 기타 필요비의 상환을 청구할 수 있다. 그러나 점유자가 과실을 취득한 경우에는 통상의 필요비는 청구하지 못한다. ②점유자가 점유물을 개량하기 위하여 지출한 금액 기타 유익비에 관하여는 그 가액의 증가가 현존한 경우에 한하여 회복자의 선택에 좇아 그 지출금액이	〈논의중〉

나 증가액의 상환을 청구할 수 있다.
③전항의 경우에 법원은 회복자의 청구에 의하여 상당한 상환기간을 허여할 수 있다.

제204조 (점유의 회수) ①점유자가 점유의 침탈을 당한 때에는 그 물건의 반환 및 손해의 배상을 청구할 수 있다.
②전항의 청구권은 침탈자의 특별승계인에 대하여는 행사하지 못한다. 그러나 승계인이 악의인 때에는 그러하지 아니하다.
③제1항의 청구권은 침탈을 당한 날로부터 1년내에 행사하여야 한다.

〈현행유지〉

제205조 (점유의 보유) ①점유자가 점유의 방해를 받은 때에는 그 방해의 제거 및 손해의 배상을 청구할 수 있다.
②전항의 청구권은 방해가 종료한 날로부터 1년내에 행사하여야 한다.
③공사로 인하여 점유의 방해를 받은 경우에는 공사 착수후 1년을 경과하거나 그 공사가 완성한 때에는 방해의 제거를 청구하지 못한다.

〈현행유지〉

제206조 (점유의 보전) ①점유자가 점유의 방해를 받을 염려가 있는 때에는 그 방해의 예방 또는 손해배상의 담보를 청구할 수 있다.
②공사로 인하여 점유의 방해를 받을 염려가 있는 경우에는 전조제3항의 규정을 준용한다.

〈현행유지〉

제207조 (간접점유의 보호) ①전3조의 청구권은 제194조의 규정에 의한 간접점유자도 이를 행사할 수 있다.
②점유자가 점유의 침탈을 당한 경우에 간접점유자는 그 물건을 점유자에게 반환할 것을 청구할 수 있고 점유자가 그 물건의 반환을 받을 수 없거나 이를 원하지 아니하는 때에는 자기에게 반환할 것을 청구할 수 있다.

〈현행유지〉

제208조 (점유의 소와 본권의 소와의 관계) ①점유권에 기인한 소와 본권에 기인한 소는 서로 영향을 미치지 아니한다.
②점유권에 기인한 소는 본권에 관한 이유로 재판하지 못한다.

〈현행유지〉

제209조 (자력구제) ①점유자는 그 점유를 부정히 침탈 또는 방해하는 행위에 대하여 자력으로써 이를 방위할 수 있다.
②점유물이 침탈되었을 경우에 부동산일 때에는 점유자는 침탈후 직시 가해자를 배제하여 이를 탈환할 수 있고 동산일 때에는 점유자는 현장에서 또는 추적하여 가해자로부터 이를 탈환할 수 있다.

〈현행유지〉

제210조 (준점유) 본장의 규정은 재산권을 사실상 행사하는 경우에 준용한다.

〈현행유지〉

제3장 소유권

〈현행유지〉

제1절 소유권의 한계

〈현행유지〉

제211조 (소유권의 내용) 소유자는 법률의 범위내에서 그 소유물을 사용, 수익, 처분할 권리가 있다.

〈현행유지〉

제212조 (토지소유권의 범위) 토지의 소유권은 정당한 이익있는 범위내에서 토지의 상하에 미친다.

〈현행유지〉

제213조 (소유물반환청구권) 소유자는 그 소유에 속한 물건을 점유한 자에 대하여 반환을 청구할 수 있다. 그러나 점유자가 그 물건을 점유할 권리가 있는 때에는 반환을 거부할 수 있다.

〈현행유지〉

제214조 (소유물방해제거, 방해예방청구권) 소유자는 소유권을 방해하는 자에 대하여 방해의 제거를 청구할 수 있고 소유권을 방해할 염려있는 행위를 하는 자에 대하여 그 예방이나 손해배상의 담보를 청구할 수 있다.

〈현행유지〉

제215조 (건물의 구분소유) ①수인이 한채의 건물을 구분하여 각각 그 일부분을 소유한 때에는 건물과 그 부속물중 공용하는 부분은 그의 공유로 추정한다.
②공용부분의 보존에 관한 비용 기타의 부담은 각자의 소유부분의 가액에 비례하여 분담한다.

〈현행유지〉

제216조 (인지사용청구권) ①토지소유자는 경계나 그 근방에서 담 또는 건물을 축조하거나 수선하기 위하여 필요한 범위내에서 이웃토지의 사용을 청구할 수 있다. 그러나 이웃사람의 승낙이 없으면 그 주거에 들어가지 못한다.
②전항의 경우에 이웃사람이 손해를 받은 때에는 보상을 청구할 수 있다.

〈현행유지〉

제217조 (매연등에 의한 인지에 대한 방해금지) ①토지소유자는 매연, 열기체, 액체, 음향, 진동 기타 이에 유사한 것으로 이웃토지의 사용을 방해하거나 이웃거주자의 생활에 고통을 주지 아니하도록 적당한 조처를 할 의무가 있다.
②이웃거주자는 전항의 사태가 이웃 토지의 통상의 용도에 적당한 것인 때에는 이를 인용할 의무가 있다.

제217조 (매연 등에 의한 이웃 토지에 대한 방해금지) ①토지소유자는 매연, 증기, 액체, 먼지, 냄새, 소음, 진동, 빛 그 밖에 이와 유사한 것으로 이웃 토지의 사용을 방해하거나 이웃 거주자의 생활에 고통을 주지 아니하도록 적당한 조치를 할 의무가 있다.
②제1항의 방해 또는 고통이 토지의 통상 용도에 따른 사용에 의하여 발생하고, 그 방지에 과다한 비용을 요하는 경우에는 이웃 토지소유자나 거주자는 이를 인용하여야 한다.
③제2항의 경우에 손해를 입은 이웃 토지소유자나 거주자는 상당한 보상을 청구할 수 있다.

제218조 (수도등 시설권) ①토지소유자는 타인의 토지를 통과하지 아니하면 필요한 수도, 소수관, 까스관, 전선등을 시설할 수 없거나 과다한 비용을 요하는

〈현행유지〉

경우에는 타인의 토지를 통과하여 이를 시설할 수 있다. 그러나 이로 인한 손해가 가장 적은 장소와 방법을 선택하여 이를 시설할 것이며 타토지의 소유자의 청구에 의하여 손해를 보상하여야 한다.
②전항에 의한 시설을 한 후 사정의 변경이 있는 때에는 타토지의 소유자는 그 시설의 변경을 청구할 수 있다. 시설변경의 비용은 토지소유자가 부담한다.

제219조 (주위토지통행권) ①어느 토지와 공로사이에 그 토지의 용도에 필요한 통로가 없는 경우에 그 토지소유자는 주위의 토지를 통행 또는 통로로 하지 아니하면 공로에 출입할 수 없거나 과다한 비용을 요하는 때에는 그 주위의 토지를 통행할 수 있고 필요한 경우에는 통로를 개설할 수 있다. 그러나 이로 인한 손해가 가장 적은 장소와 방법을 선택하여야 한다.
②전항의 통행권자는 통행지 소유자의 손해를 보상하여야 한다.

제220조 (분할, 일부양도와 주위통행권) ①분할로 인하여 공로에 통하지 못하는 토지가 있는 때에는 그 토지소유자는 공로에 출입하기 위하여 다른 분할자의 토지를 통행할 수 있다. 이 경우에는 보상의 의무가 없다.
②전항의 규정은 토지소유자가 그 토지의 일부를 양도한 경우에 준용한다.

<u>제219조 (주위**토지통행권**) ① 어느 토지와 공로와의 사이에 그 토지의 용도에 필요한 통로가 없는 그 토지소유자는 주위의 토지를 통행 또는 통로로 하지 아니하면 공로에 출입할 수 없거나 과다한 비용을 요하는 때에는 그 주위의 토지를 통행할 수 있고 필요한 경우에는 통로를 개설할 수 있다. 그러나 이로 인한 손해가 가장 적은 장소와 방법을 선택하여야 한다.
② 제1항의 토지소유자는 주위토지소유자의 손해를 보상하여야 한다.</u>

<u>제220조 (분할, 일부양도와 주위통행권) ① 분할로 인하여 공로에 통하지 못하는 토지가 있는 때에는 그 토지소유자는 공로에 출입하기 위하여 다른 분할자의 토지를 통할 수 있다. 이 경우에는 보상의 의무가 없다.
② 제1항의 규정은 토지소유자가 그 토지의 일부를 양도한 경우에 준용한다.
③ 제1항과 제2항은 각 토지의 소유권을 취득한 제3자에 대하여도 적용한다. 그러나 제3자가 주위토지의</u>

	소유권을 취득한 때에 토지소유자가 주위토지를 통행하고 있지 않은 때에는 그러하지 아니하다.
제221조 (자연유수의 승수의무와 권리) ①토지소유자는 이웃토지로부터 자연히 흘러오는 물을 막지 못한다. ②고지소유자는 이웃저지에 자연히 흘러내리는 이웃저지에서 필요한 물을 자기의 정당한 사용범위를 넘어서 이를 막지 못한다.	〈현행유지〉
제222조 (소통공사권) 흐르는 물이 저지에서 폐색된 때에는 고지소유자는 자비로 소통에 필요한 공사를 할 수 있다.	〈현행유지〉
제223조 (저수, 배수, 인수를 위한 공작물에 대한 공사청구권) 토지소유자가 저수, 배수 또는 인수하기 위하여 공작물을 설치한 경우에 공작물의 파손 또는 폐색으로 타인의 토지에 손해를 가하거나 가할 염려가 있는 때에는 타인은 그 공작물의 보수, 폐색의 소통 또는 예방에 필요한 청구를 할 수 있다.	〈현행유지〉
제224조 (관습에 의한 비용부담) 전2조의 경우에 비용부담에 관한 관습이 있으면 그 관습에 의한다.	〈현행유지〉
제225조 (처마물에 대한 시설의무) 토지소유자는 처마물이 이웃에 직접 낙하하지 아니하도록 적당한 시설을 하여야 한다.	〈현행유지〉
제226조 (여수소통권) ①고지소유자는 침수지를 건조하기 위하여 또는 가용이나 농, 공업용의 여수를 소통하기 위하여 공로, 공류 또는 하수도에 달하기까지 저지에 물을 통과하게 할 수 있다. ②전항의 경우에는 저지의 손해가 가장 적은 장소와 방법을 선택하여야 하며 손해를 보상하여야 한다.	〈현행유지〉
제227조 (유수용공작물의 사용권) ①토지소유자는 그 소	〈현행유지〉

유지의 물을 소통하기 위하여 이웃토지소유자의 시설한 공작물을 사용할 수 있다.
②전항의 공작물을 사용하는 자는 그 이익을 받는 비율로 공작물의 설치와 보존의 비용을 분담하여야 한다.

제228조 (여수급여청구권) 토지소유자는 과다한 비용이나 노력을 요하지 아니하고는 가용이나 토지이용에 필요한 물을 얻기 곤란한 때에는 이웃토지소유자에게 보상하고 여수의 급여를 청구할 수 있다. 〈현행유지〉

제229조 (수류의 변경) ①구거 기타 수류지의 소유자는 대안의 토지가 타인의 소유인 때에는 그 수로나 수류의 폭을 변경하지 못한다.
②양안의 토지가 수류지소유자의 소유인 때에는 소유자는 수로와 수류의 폭을 변경할 수 있다. 그러나 하류는 자연의 수로와 일치하도록 하여야 한다.
③전2항의 규정은 다른 관습이 있으면 그 관습에 의한다. 〈현행유지〉

제230조 (언의 설치, 이용권) ①수류지의 소유자가 언을 설치할 필요가 있는 때에는 그 언을 대안에 접촉하게 할 수 있다. 그러나 이로 인한 손해를 보상하여야 한다.
②대안의 소유자는 수류지의 일부가 자기소유인 때에는 그 언을 사용할 수 있다. 그러나 그 이익을 받는 비율로 언의 설치, 보존의 비용을 분담하여야 한다. 〈현행유지〉

제231조 (공유하천용수권) ①공유하천의 연안에서 농, 공업을 경영하는 자는 이에 이용하기 위하여 타인의 용수를 방해하지 아니하는 범위내에서 필요한 인수를 할 수 있다.
②전항의 인수를 하기 위하여 필요한 공작물을 설치할 수 있다. 〈현행유지〉

제232조 (하류연안의 용수권보호) 전조의 인수나 공작물로 〈현행유지〉

인하여 하류연안의 용수권을 방해하는 때에는 그 용수권자는 방해의 제거 및 손해의 배상을 청구할 수 있다.

제233조 (용수권의 승계) 농, 공업의 경영에 이용하는 수로 기타 공작물의 소유자나 몽리자의 특별승계인은 그 용수에 관한 전소유자나 몽리자의 권리의무를 승계한다. 〈현행유지〉

제234조 (용수권에 관한 다른 관습) 전3조의 규정은 다른 관습이 있으면 그 관습에 의한다. 〈현행유지〉

제235조 (공용수의 용수권) 상린자는 그 공용에 속하는 원천이나 수도를 각수요의 정도에 응하여 타인의 용수를 방해하지 아니하는 범위내에서 각각 용수할 권리가 있다. 〈현행유지〉

제236조 (용수장해의 공사와 손해배상, 원상회복) ①필요한 용도나 수익이 있는 원천이나 수도가 타인의 건축 기타 공사로 인하여 단수, 감수 기타 용도에 장해가 생긴 때에는 용수권자는 손해배상을 청구할 수 있다. ②전항의 공사로 인하여 음료수 기타 생활상 필요한 용수에 장해가 있을 때에는 원상회복을 청구할 수 있다. 〈현행유지〉

제237조 (경계표, 담의 설치권) ①인접하여 토지를 소유한 자는 공동비용으로 통상의 경계표나 담을 설치할 수 있다. ②전항의 비용은 쌍방이 절반하여 부담한다. 그러나 측량비용은 토지의 면적에 비례하여 부담한다. ③전2항의 규정은 다른 관습이 있으면 그 관습에 의한다. 〈현행유지〉

제238조 (담의 특수시설권) 인지소유자는 자기의 비용으로 담의 재료를 통상보다 양호한 것으로 할 수 있으며 그 높이를 통상 보다 높게 할 수 있고 또는 방화벽 기타 특수시설을 할 수 있다. 〈현행유지〉

제239조 (경계표등의 공유추정) 경계에 설치된 경계표, 담, 구거등은 상린자의 공유로 추정한다. 그러나 경계표, 담, 구거등이 상린자일방의 단독비용으로 설치되었거나 담이 건물의 일부인 경우에는 그러하지 아니하다.	〈현행유지〉
제240조 (수지, 목근의 제거권) ①인접지의 수목가지가 경계를 넘은 때에는 그 소유자에 대하여 가지의 제거를 청구할 수 있다. ②전항의 청구에 응하지 아니한 때에는 청구자가 그 가지를 제거할 수 있다. ③인접지의 수목 뿌리가 경계를 넘은 때에는 임의로 제거할 수 있다.	〈현행유지〉
제241조 (토지의 심굴금지) 토지소유자는 인접지의 지반이 붕괴할 정도로 자기의 토지를 심굴하지 못한다. 그러나 충분한 방어공사를 한 때에는 그러하지 아니하다.	〈현행유지〉
제242조 (경계선부근의 건축) ①건물을 축조함에는 특별한 관습이 없으면 경계로부터 반미터이상의 거리를 두어야 한다. ②인접지소유자는 전항의 규정에 위반한 자에 대하여 건물의 변경이나 철거를 청구할 수 있다. 그러나 건축에 착수한 후 1년을 경과하거나 건물이 완성된 후에는 손해배상만을 청구할 수 있다.	〈현행유지〉
〈신 설〉	제242조의2 (경계를 침범한 건축) ①건축주가 고의 또는 과실 없이 이웃 토지의 경계를 침범하여 건물을 건축하는 경우에 이웃 토지소유자가 이를 알고 3년 내에 이의를 제기하지 아니하거나 건물이 완성된 후 10년이 경과한 때에는 이를 인용하여야 한다. ②제1항의 경우에 이웃 토지소유자는 건물소유자에게 침범된 토지부

제243조 (차면시설의무) 경계로부터 2미터이내의 거리에서 이웃 주택의 내부를 관망할 수 있는 창이나 마루를 설치하는 경우에는 적당한 차면시설을 하여야 한다.

제244조 (지하시설등에 대한 제한) ①우물을 파거나 용수, 하수 또는 오물 등을 저치할 지하시설을 하는 때에는 경계로부터 2미터이상의 거리를 두어야 하며 저수지, 구거 또는 지하실공사에는 경계로부터 그 깊이의 반이상의 거리를 두어야 한다.
②전항의 공사를 함에는 토사가 붕괴하거나 하수 또는 오액이 이웃에 흐르지 아니하도록 적당한 조처를 하여야 한다.

제2절 소유권의 취득

제245조 (점유로 인한 부동산소유권의 취득기간) ①20년간 소유의 의사로 평온, 공연하게 부동산을 점유하는 자는 등기함으로써 그 소유권을 취득한다.
②부동산의 소유자로 등기한 자가 10년간 소유의 의사로 평온, 공연하게 선의이며 과실 없이 그 부동산을 점유한 때에는 소유권을 취득한다.

제246조 (점유로 인한 동산소유권의 취득기간) ①10년간 소유의 의사로 평온, 공연하게 동산을 점유한 자는 그 소유권을 취득한다.
②전항의 점유가 선의이며 과실없이 개시된 경우에는 5년을 경과함으로써 그 소유권을 취득한다.

분에 대하여 지료상당의 보상 또는 그 매수를 청구할 수 있다.

〈현행유지〉

〈현행유지〉

제2절 소유권의 취득

제245조 (부동산소유권의 취득시효) ① 20년 동안 소유의 의사로 평온하고 공연하게 선의로 과실(過失) 없이 그 부동산을 점유하여 온 자는 등기함으로써 그 소유권을 취득한다.
② 부동산의 소유자로 등기된 자가 10년 동안 소유의 의사로 평온하고 공연하게 선의로 과실 없이 그 부동산을 점유하여 온 경우에는 그 소유권을 취득한다.

제246조 (동산소유권의 취득시효) ① 10년 동안 소유의 의사로 평온하고 공연하게 동산을 점유한 자는 그 소유권을 취득한다.
② 제1항의 점유가 선의로 과실 없

제247조 (소유권취득의 소급효, 중단사유) ①전2조의 규정에 의한 소유권취득의 효력은 점유를 개시한 때에 소급한다. ②소멸시효의 중단에 관한 규정은 전2조의 소유권취득기간에 준용한다.	제247조 (소유권 취득의 소급효) 제245조 및 제246조에 따른 소유권 취득의 효력은 점유를 개시한 때로 소급한다.
〈신　설〉	제247조의2 (취득시효의 정지 및 완성유예) 취득시효의 정지 및 완성유예에 관하여는 소멸시효의 정지 및 완성유예에 관한 규정을 준용한다.
〈신　설〉	제247조의3 (점유상실로 인한 취득시효의 중단) 취득시효는 점유를 상실한 경우에는 중단된다. 다만, 점유자가 그의 의사에 의하지 아니하고 점유를 상실한 후 1년 안에 점유를 회수하거나 제192조제2항 단서에 해당하는 때에는 그러하지 아니하다.
〈신　설〉	제247조의4 (민사집행으로 인한 취득시효의 중단) ① 법원에 민사집행이 신청된 경우에는 취득시효는 중단된다. ② 제1항에 따른 취득시효 중단의 효력에 관하여는 제178조제3항 및 제178조의2를 준용한다.
제248조 (소유권이외의 재산권의 취득시효) 전3조의 규정은 소유권이외의 재산권의 취득에 준용한다.	〈현행유지〉
제249조 (선의취득) 평온, 공연하게 동산을 양수한 자가 선의이며 과실없이 그 동산을 점유한 경우에는 양도인이 정당한 소유자가 아닌 때에도 즉시 그 동산의 소유권을 취득한다.	〈논의중〉

(앞 칸 상단 이어짐) 이 개시된 경우에는 5년을 경과함으로써 그 소유권을 취득한다.

제250조 (도품, 유실물에 대한 특례) 전조의 경우에 그 동산이 도품이나 유실물인 때에는 피해자 또는 유실자는 도난 또는 유실한 날로부터 2년내에 그 물건의 반환을 청구할 수 있다. 그러나 도품이나 유실물이 금전인 때에는 그러하지 아니하다.	〈논의중〉
제251조 (도품, 유실물에 대한 특례) 양수인이 도품 또는 유실물을 경매나 공개시장에서 또는 동종류의 물건을 판매하는 상인에게서 선의로 매수한 때에는 피해자 또는 유실자는 양수인이 지급한 대가를 변상하고 그 물건의 반환을 청구할 수 있다.	〈논의중〉
제252조 (무주물의 귀속) ①무주의 동산을 소유의 의사로 점유한 자는 그 소유권을 취득한다. ②무주의 부동산은 국유로 한다. ③야생하는 동물은 무주물로 하고 사양하는 야생동물도 다시 야생상태로 돌아가면 무주물로 한다.	〈현행유지〉
제253조 (유실물의 소유권취득) 유실물은 법률에 정한 바에 의하여 공고한 후 6개월 내에 그 소유자가 권리를 주장하지 아니하면 습득자가 그 소유권을 취득한다. [전문개정: 2012.4.5] [시행일: 2013.7.1]	〈현행유지〉
제254조 (매장물의 소유권취득) 매장물은 법률에 정한 바에 의하여 공고한 후 1년내에 그 소유자가 권리를 주장하지 아니하면 발견자가 그 소유권을 취득한다. 그러나 타인의 토지 기타 물건으로부터 발견한 매장물은 그 토지 기타 물건의 소유자와 발견자가 절반하여 취득한다.	〈현행유지〉
제255조 (문화재의 국유) ①학술, 기예 또는 고고의 중요한 재료가 되는 물건에 대하여는 제252조제1항 및 전2조의 규정에 의하지 아니하고 국유로 한다. ②전항의 경우에 습득자, 발견자 및 매장물이 발견	〈현행유지〉

된 토지 기타 물건의 소유자는 국가에 대하여 적당한 보상을 청구할 수 있다.

제256조 (부동산에의 부합) 부동산의 소유자는 그 부동산에 부합한 물건의 소유권을 취득한다. 그러나 타인의 권원에 의하여 부속된 것은 그러하지 아니하다. 〈현행유지〉

제257조 (동산간의 부합) 동산과 동산이 부합하여 훼손하지 아니하면 분리할 수 없거나 그 분리에 과다한 비용을 요할 경우에는 그 합성물의 소유권은 주된 동산의 소유자에게 속한다. 부합한 동산의 주종을 구별할 수 없는 때에는 동산의 소유자는 부합당시의 가액의 비율로 합성물을 공유한다. 〈현행유지〉

제258조 (혼화) 전조의 규정은 동산과 동산이 혼화하여 식별할 수 없는 경우에 준용한다. 〈현행유지〉

제259조 (가공) ①타인의 동산에 가공한 때에는 그 물건의 소유권은 원재료의 소유자에게 속한다. 그러나 가공으로 인한 가액의 증가가 원재료의 가액보다 현저히 다액인 때에는 가공자의 소유로 한다.
②가공자가 재료의 일부를 제공하였을 때에는 그 가액은 전항의 증가액에 가산한다. 〈현행유지〉

제260조 (첨부의 효과) ①전4조의 규정에 의하여 동산의 소유권이 소멸한 때에는 그 동산을 목적으로 한 다른 권리도 소멸한다.
②동산의 소유자가 합성물, 혼화물 또는 가공물의 단독소유자가 된 때에는 전항의 권리는 합성물, 혼화물 또는 가공물에 존속하고 그 공유자가 된 때에는 그 지분에 존속한다. 〈현행유지〉

제261조 (첨부로 인한 구상권) 전5조의 경우에 손해를 받은 자는 부당이득에 관한 규정에 의하여 보상을 청구할 수 있다. 〈현행유지〉

제3절 공동소유 〈현행유지〉

제262조 (물건의 공유) ①물건이 지분에 의하여 수인의 소유로 된 때에는 공유로 한다.
②공유자의 지분은 균등한 것으로 추정한다. 〈현행유지〉

제263조 (공유지분의 처분과 공유물의 사용, 수익) 공유자는 그 지분을 처분할 수 있고 공유물 전부를 지분의 비율로 사용, 수익할 수 있다. 〈현행유지〉

제264조 (공유물의 처분, 변경) 공유자는 다른 공유자의 동의없이 공유물을 처분하거나 변경하지 못한다. 〈현행유지〉

제265조 (공유물의 관리, 보존) 공유물의 관리에 관한 사항은 공유자의 지분의 과반수로써 결정한다. 그러나 보존행위는 각자가 할 수 있다. 〈현행유지〉

제266조 (공유물의 부담) ①공유자는 그 지분의 비율로 공유물의 관리비용 기타 의무를 부담한다.
②공유자가 1년이상 전항의 의무이행을 지체한 때에는 다른 공유자는 상당한 가액으로 지분을 매수할 수 있다. 〈현행유지〉

제267조 (지분포기등의 경우의 귀속) 공유자가 그 지분을 포기하거나 상속인없이 사망한 때에는 그 지분은 다른 공유자에게 각지분의 비율로 귀속한다. 〈현행유지〉

제268조 (공유물의 분할청구) ①공유자는 공유물의 분할을 청구할 수 있다. 그러나 5년내의 기간으로 분할하지 아니할 것을 약정할 수 있다.
②전항의 계약을 갱신한 때에는 그 기간은 갱신한 날로부터 5년을 넘지 못한다.
③전2항의 규정은 제215조, 제239조의 공유물에는 적용하지 아니한다. 〈현행유지〉

제269조 (분할의 방법) ①분할의 방법에 관하여 협의가 성립되지 아니한 때에는 공유자는 법원에 그 분할을 〈현행유지〉

청구할 수 있다.
②현물로 분할할 수 없거나 분할로 인하여 현저히 그 가액이 감손될 염려가 있는 때에는 법원은 물건의 경매를 명할 수 있다.

제270조 (분할로 인한 담보책임) 공유자는 다른 공유자가 분할로 인하여 취득한 물건에 대하여 그 지분의 비율로 매도인과 동일한 담보책임이 있다. 〈현행유지〉

제271조 (물건의 합유) ①법률의 규정 또는 계약에 의하여 수인이 조합체로서 물건을 소유하는 때에는 합유로 한다. 합유자의 권리는 합유물 전부에 미친다.
②합유에 관하여는 전항의 규정 또는 계약에 의하는 외에 다음 3조의 규정에 의한다. 〈논의중〉

제272조 (합유물의 처분, 변경과 보존) 합유물을 처분 또는 변경함에는 합유자 전원의 동의가 있어야 한다. 그러나 보존행위는 각자가 할 수 있다. 〈논의중〉

제273조 (합유지분의 처분과 합유물의 분할금지) ①합유자는 전원의 동의없이 합유물에 대한 지분을 처분하지 못한다.
②합유자는 합유물의 분할을 청구하지 못한다. 〈현행유지〉

제274조 (합유의 종료) ①합유는 조합체의 해산 또는 합유물의 양도로 인하여 종료한다.
②전항의 경우에 합유물의 분할에 관하여는 공유물의 분할에 관한 규정을 준용한다. 〈논의중〉

제275조 (물건의 총유) ①법인이 아닌 사단의 사원이 집합체로서 물건을 소유할 때에는 총유로 한다.
②총유에 관하여는 사단의 정관 기타 계약에 의하는 외에 다음 2조의 규정에 의한다. 〈논의중〉

제276조 (총유물의 관리, 처분과 사용, 수익) ①총유물의 관리 및 처분은 사원총회의 결의에 의한다. 〈논의중〉

②각사원은 정관 기타의 규약에 좇아 총유물을 사용, 수익할 수 있다.

제277조 (총유물에 관한 권리의무의 특상) 총유물에 관한 사원의 권리의무는 사원의 지위를 취득상실함으로써 취득상실된다. 〈논의중〉

제278조 (준공동소유) 본절의 규정은 소유권이외의 재산권에 준용한다. 그러나 다른 법률에 특별한 규정이 있으면 그에 의한다. 〈현행유지〉

제4장 지상권 〈현행유지〉

제279조 (지상권의 내용) 지상권자는 타인의 토지에 건물 기타 공작물이나 수목을 소유하기 위하여 그 토지를 사용하는 권리가 있다. 〈현행유지〉

제280조 (존속기간을 약정한 지상권) ①계약으로 지상권의 존속기간을 정하는 경우에는 그 기간은 다음 연한보다 단축하지 못한다. 〈현행유지〉
  1. 석조, 석회조, 연와조 또는 이와 유사한 견고한 건물이나 수목의 소유를 목적으로 하는 때에는 30년
  2. 전호이외의 건물의 소유를 목적으로 하는 때에는 15년
  3. 건물이외의 공작물의 소유를 목적으로 하는 때에는 5년
②전항의 기간보다 단축한 기간을 정한 때에는 전항의 기간까지 연장한다.

제281조 (존속기간을 약정하지 아니한 지상권) ①계약으로 지상권의 존속기간을 정하지 아니한 때에는 그 기간은 전조의 최단존속기간으로 한다. 〈현행유지〉
②지상권설정당시에 공작물의 종류와 구조를 정하

지 아니한 때에는 지상권은 전조제2호의 건물의 소유를 목적으로 한 것으로 본다.

제282조 (지상권의 양도, 임대) 지상권자는 타인에게 그 권리를 양도하거나 그 권리의 존속기간내에서 그 토지를 임대할 수 있다.

〈현행유지〉

제283조 (지상권자의 갱신청구권, 매수청구권) ①지상권이 소멸한 경우에 건물 기타 공작물이나 수목이 현존한 때에는 지상권자는 계약의 갱신을 청구할 수 있다.
②지상권설정자가 계약의 갱신을 원하지 아니하는 때에는 지상권자는 상당한 가액으로 전항의 공작물이나 수목의 매수를 청구할 수 있다.

〈현행유지〉

제284조 (갱신과 존속기간) 당사자가 계약을 갱신하는 경우에는 지상권의 존속기간은 갱신한 날로부터 제280조의 최단존속기간보다 단축하지 못한다. 그러나 당사자는 이보다 장기의 기간을 정할 수 있다.

〈논의중〉
제284조 (갱신과 존속기간) 당사자가 계약을 갱신하는 경우에는 <u>제280조를 적용하지 아니한다.</u>

제285조 (수거의무, 매수청구권) ①지상권이 소멸한 때에는 지상권자는 건물 기타 공작물이나 수목을 수거하여 토지를 원상에 회복하여야 한다.
②전항의 경우에 지상권설정자가 상당한 가액을 제공하여 그 공작물이나 수목의 매수를 청구한 때에는 지상권자는 정당한 이유없이 이를 거절하지 못한다.

〈현행유지〉

제286조 (지료증감청구권) 지료가 토지에 관한 조세 기타 부담의 증감이나 지가의 변동으로 인하여 상당하지 아니하게 된 때에는 당사자는 그 증감을 청구할 수 있다.

〈현행유지〉

제287조 (지상권소멸청구권) 지상권자가 2년이상의 지료를 지급하지 아니한 때에는 지상권설정자는 지상권의 소멸을 청구할 수 있다.

〈현행유지〉

제288조 (지상권소멸청구와 저당권자에 대한 통지) 지상권이 저당권의 목적인 때 또는 그 토지에 있는 건물,

〈현행유지〉

수목이 저당권의 목적이 된 때에는 전조의 청구는 저당권자에게 통지한 후 상당한 기간이 경과함으로써 그 효력이 생긴다.

제289조 (강행규정) 제280조 내지 제287조의 규정에 위반되는 계약으로 지상권자에게 불리한 것은 그 효력이 없다. 〈현행유지〉

제289조의2 (구분지상권) ①지하 또는 지상의 공간은 상하의 범위를 정하여 건물 기타 공작물을 소유하기 위한 지상권의 목적으로 할 수 있다. 이 경우 설정행위로써 지상권의 행사를 위하여 토지의 사용을 제한할 수 있다.
②제1항의 규정에 의한 구분지상권은 제3자가 토지를 사용·수익할 권리를 가진 때에도 그 권리자 및 그 권리를 목적으로 하는 권리를 가진 자 전원의 승낙이 있으면 이를 설정할 수 있다. 이 경우 토지를 사용·수익할 권리를 가진 제3자는 그 지상권의 행사를 방해하여서는 아니된다.
[본조신설 1984.4.10] 〈현행유지〉

〈신 설〉

〈논의중: 지상권의 존속기간 제한이 필요하다는 의견 다수〉

제289조의3 (법정지상권) ① 동일인이 소유하던 토지와 그 지상건물이 경매, 공매, 그 밖의 법률행위 이외의 사유로 서로 다른 소유자에게 속하게 된 경우, 토지소유자는 건물소유자에 대하여 지상권을 설정한 것으로 본다. 다만 저당권실행에 의한 경매에 있어서는 저당권을 설정할 당시 토지와 그 지상건물을 동일이 소유하여야 한다.

	② 제1항의 경우 지상권의 존속기간과 지료는 당사자의 청구에 의하여 법원이 정하며, 제280조, 제281조 및 제283조는 적용하지 아니한다. ③제1항에 의하여 등기된 지상권은 건물의 소유권에 부종하여 이전하며, 건물의 소유권과 분리하여 양도하거나 다른 권리의 목적으로 하지 못한다.
제290조 (준용규정) ①제213조, 제214조, 제216조 내지 제244조의 규정은 지상권자간 또는 지상권자와 인지소유자간에 이를 준용한다. ②제280조 내지 제289조 및 제1항의 규정은 제289조의2의 규정에 의한 구분지상권에 관하여 이를 준용한다. 〈신설 1984.4.10〉	〈현행유지〉

제5장 지역권

〈현행유지〉

제291조 (지역권의 내용) 지역권자는 일정한 목적을 위하여 타인의 토지를 자기토지의 편익에 이용하는 권리가 있다.	제291조 (지역권의 내용) 지역권자는 일정한 목적을 위하여 타인의 토지(승역지: 承役地)를 자기 토지(요역지: 要役地)의 편익에 이용하는 권리가 있다.
제292조 (부종성) ①지역권은 요역지소유권에 부종하여 이전하며 또는 요역지에 대한 소유권이외의 권리의 목적이 된다. 그러나 다른 약정이 있는 때에는 그 약정에 의한다. ②지역권은 요역지와 분리하여 양도하거나 다른 권리의 목적으로 하지 못한다.	제292조 (부종성) ①지역권은 요역지소유권에 부종하여 이전하며, 요역지에 대한 소유권이외의 권리의 목적이 된다. 그러나 다른 약정이 있는 때에는 그 약정에 의한다. 〈현행유지〉
제293조 (공유관계, 일부양도와 불가분성) ①토지공유자	〈현행유지〉

의 1인은 지분에 관하여 그 토지를 위한 지역권 또는 그 토지가 부담한 지역권을 소멸하게 하지 못한다.
②토지의 분할이나 토지의 일부양도의 경우에는 지역권은 요역지의 각부분을 위하여 또는 그 승역지의 각부분에 존속한다. 그러나 지역권이 토지의 일부분에만 관한 것인 때에는 다른 부분에 대하여는 그러하지 아니하다.

제294조 (지역권취득기간)　지역권은 계속되고 표현된 것에 한하여 제245조의 규정을 준용한다.

제295조 (취득과 불가분성)　①공유자의 1인이 지역권을 취득한 때에는 다른 공유자도 이를 취득한다.
②점유로 인한 지역권취득기간의 중단은 지역권을 행사하는 모든 공유자에 대한 사유가 아니면 그 효력이 없다.

제296조 (소멸시효의 중단, 정지와 불가분성)　요역지가 수인의 공유인 경우에 그 1인에 의한 지역권소멸시효의 중단 또는 정지는 다른 공유자를 위하여 효력이 있다.

제297조 (용수지역권)　①용수승역지의 수량이 요역지 및 승역지의 수요에 부족한 때에는 그 수요정도에 의하여 먼저 가용에 공급하고 다른 용도에 공급하여야 한다. 그러나 설정행위에 다른 약정이 있는 때에는 그 약정에 의한다.
②승역지에 수개의 용수지역권이 설정된 때에는 후순위의 지역권자는 선순위의 지역권자의 용수를 방해하지 못한다.

제294조 (지역권취득시효)　지역권은 계속되고 표현된 것에 한정하여 제245조를 준용한다.

제295조 (취득과 불가분성)　① (현행과 같음)
② 지역권취득시효의 정지, 완성유예, 중단은 지역권을 행사하는 모든 공유자에 대한 사유가 아니면 그 효력이 없다.

제296조 (소멸시효의 정지, 완성유예, 재개시와 불가분성)　요역지가 수인의 공유인 경우에 그 1인에 의한 지역권소멸시효의 정지, 완성유예 또는 재개시는 다른 공유자를 위하여 효력이 있다.

〈현행유지〉

제298조 (승역지소유자의 의무와 승계) 계약에 의하여 승역지소유자가 자기의 비용으로 지역권의 행사를 위하여 공작물의 설치 또는 수선의 의무를 부담한 때에는 승역지소유자의 특별승계인도 그 의무를 부담한다.	제298조 (공작물 설치의무의 승계 및 소멸) <u>① 계약에 의하여 승역지 소유자가 지역권자를 위하여 자기의 비용으로 공작물의 설치 또는 수선의 의무를 부담한 때에는 승역지 소유자의 특별승계인도 그 의무를 부담한다.</u> <u>② 승역지 소유자는 지역권에 필요한 부분의 토지소유권을 지역권자에게 이전하는 의사를 표시하고 그 이행을 제공함으로써 제1항의 의무를 면할 수 있다.</u>
제299조 (위기에 의한 부담면제) 승역지의 소유자는 지역권에 필요한 부분의 토지소유권을 지역권자에게 위기하여 전조의 부담을 면할 수 있다.	〈삭 제〉
제300조 (공작물의 공동사용) ①승역지의 소유자는 지역권의 행사를 방해하지 아니하는 범위내에서 지역권자가 지역권의 행사를 위하여 승역지에 설치한 공작물을 사용할 수 있다. ②전항의 경우에 승역지의 소유자는 수익정도의 비율로 공작물의 설치, 보존의 비용을 분담하여야 한다.	〈현행유지〉
제301조 (준용규정) 제214조의 규정은 지역권에 준용한다.	〈현행유지〉
제302조 (특수지역권) 어느 지역의 주민이 집합체의 관계로 각자가 타인의 토지에서 초목, 야생물 및 토사의 채취, 방목 기타의 수익을 하는 권리가 있는 경우에는 관습에 의하는 외에 본장의 규정을 준용한다.	〈삭 제〉
제6장 전세권	〈현행유지〉
제303조 (전세권의 내용) ①전세권자는 전세금을 지급하고 타인의 부동산을 점유하여 그 부동산의 용도에	〈현행유지〉

좇아 사용·수익하며, 그 부동산 전부에 대하여 후순위권리자 기타 채권자보다 전세금의 우선변제를 받을 권리가 있다. 〈개정 1984.4.10〉
②농경지는 전세권의 목적으로 하지 못한다.

제304조 (건물의 전세권, 지상권, 임차권에 대한 효력) ① 타인의 토지에 있는 건물에 전세권을 설정한 때에는 전세권의 효력은 그 건물의 소유를 목적으로 한 지상권 또는 임차권에 미친다.
②전항의 경우에 전세권설정자는 전세권자의 동의없이 지상권 또는 임차권을 소멸하게 하는 행위를 하지 못한다.   〈현행유지〉

제305조 (건물의 전세권과 법정지상권) ①대지와 건물이 동일한 소유자에 속한 경우에 건물에 전세권을 설정한 때에는 그 대지소유권의 특별승계인은 전세권설정자에 대하여 지상권을 설정한 것으로 본다. 그러나 지료는 당사자의 청구에 의하여 법원이 이를 정한다.
②전항의 경우에 대지소유자는 타인에게 그 대지를 임대하거나 이를 목적으로 한 지상권 또는 전세권을 설정하지 못한다.   〈논의중〉

제306조 (전세권의 양도, 임대등) 전세권자는 전세권을 타인에게 양도 또는 담보로 제공할 수 있고 그 존속기간내에서 그 목적물을 타인에게 전전세 또는 임대할 수 있다. 그러나 설정행위로 이를 금지한 때에는 그러하지 아니하다.   〈현행유지〉

제307조 (전세권양도의 효력) 전세권양수인은 전세권설정자에 대하여 전세권양도인과 동일한 권리의무가 있다.   〈현행유지〉

제308조 (전전세등의 경우의 책임) 전세권의 목적물을 전전세 또는 임대한 경우에는 전세권자는 전전세 또는 임대하지 아니하였으면 면할 수 있는 불가항력으로 인한 손해에 대하여 그 책임을 부담한다.   〈논의중〉

제309조 (전세권자의 유지, 수선의무) 전세권자는 목적물의 현상을 유지하고 그 통상의 관리에 속한 수선을 하여야 한다. 〈논의중〉

제310조 (전세권자의 상환청구권) ①전세권자가 목적물을 개량하기 위하여 지출한 금액 기타 유익비에 관하여는 그 가액의 증가가 현존한 경우에 한하여 소유자의 선택에 좇아 그 지출액이나 증가액의 상환을 청구할 수 있다. 〈논의중〉
②전항의 경우에 법원은 소유자의 청구에 의하여 상당한 상환기간을 허여할 수 있다.

제311조 (전세권의 소멸청구) ①전세권자가 전세권설정계약 또는 그 목적물의 성질에 의하여 정하여진 용법으로 이를 사용, 수익하지 아니한 경우에는 전세권설정자는 전세권의 소멸을 청구할 수 있다. 〈논의중〉
②전항의 경우에 전세권설정자는 전세권자에 대하여 원상회복 또는 손해배상을 청구할 수 있다.

제312조 (전세권의 존속기간) ①전세권의 존속기간은 10년을 넘지 못한다. 당사자의 약정기간이 10년을 넘는 때에는 이를 10년으로 단축한다. 〈논의중〉
②건물에 대한 전세권의 존속기간을 1년미만으로 정한 때에는 이를 1년으로 한다. 〈신설 1984.4.10〉
③전세권의 설정은 이를 갱신할 수 있다. 그 기간은 갱신한 날로부터 10년을 넘지 못한다.
④건물의 전세권설정자가 전세권의 존속기간 만료전 6월부터 1월까지 사이에 전세권자에 대하여 갱신거절의 통지 또는 조건을 변경하지 아니하면 갱신하지 아니한다는 뜻의 통지를 하지 아니한 경우에는 그 기간이 만료된 때에 전전세권과 동일한 조건으로 다시 전세권을 설정한 것으로 본다. 이 경우 전세권의 존속기간은 그 정함이 없는 것으로 본다. 〈신설 1984.4.10〉

제312조의2 (전세금 증감청구권) 전세금이 목적 부동산에 관한 조세·공과금 기타 부담의 증감이나 경제사정의 변동으로 인하여 상당하지 아니하게 된 때에는 당사자는 장래에 대하여 그 증감을 청구할 수 있다. 그러나 증액의 경우에는 대통령령이 정하는 기준에 따른 비율을 초과하지 못한다. [본조신설 1984.4.10]	〈현행유지〉
제313조 (전세권의 소멸통고) 전세권의 존속기간을 약정하지 아니한 때에는 각 당사자는 언제든지 상대방에 대하여 전세권의 소멸을 통고할 수 있고 상대방이 이 통고를 받은 날로부터 6월이 경과하면 전세권은 소멸한다.	〈논의중〉
제314조 (불가항력으로 인한 멸실) ①전세권의 목적물의 전부 또는 일부가 불가항력으로 인하여 멸실된 때에는 그 멸실된 부분의 전세권은 소멸한다. ②전항의 일부멸실의 경우에 전세권자가 그 잔존부분으로 전세권의 목적을 달성할 수 없는 때에는 전세권설정자에 대하여 전세권 전부의 소멸을 통고하고 전세금의 반환을 청구할 수 있다.	〈논의중〉
제315조 (전세권자의 손해배상책임) ①전세권의 목적물의 전부 또는 일부가 전세권자에 책임있는 사유로 인하여 멸실된 때에는 전세권자는 손해를 배상할 책임이 있다. ②전항의 경우에 전세권설정자는 전세권이 소멸된 후 전세금으로써 손해의 배상에 충당하고 잉여가 있으면 반환하여야 하며 부족이 있으면 다시 청구할 수 있다.	〈논의중〉
제316조 (원상회복의무, 매수청구권) ①전세권이 그 존속기간의 만료로 인하여 소멸한 때에는 전세권자는 그 목적물을 원상에 회복하여야 하며 그 목적물에 부속시킨 물건은 수거할 수 있다. 그러나 전세권설정자	〈논의중〉

가 그 부속물건의 매수를 청구한 때에는 전세권자는 정당한 이유없이 거절하지 못한다.

②전항의 경우에 그 부속물건이 전세권설정자의 동의를 얻어 부속시킨 것인 때에는 전세권자는 전세권설정자에 대하여 그 부속물건의 매수를 청구할 수 있다. 그 부속물건이 전세권설정자로부터 매수한 것인 때에도 같다.

제317조 (전세권의 소멸과 동시이행) 전세권이 소멸한 때에는 전세권설정자는 전세권자로부터 그 목적물의 인도 및 전세권설정등기의 말소등기에 필요한 서류의 교부를 받는 동시에 전세금을 반환하여야 한다. 〈논의중〉

제318조 (전세권자의 경매청구권) 전세권설정자가 전세금의 반환을 지체한 때에는 전세권자는 민사집행법의 정한 바에 의하여 전세권의 목적물의 경매를 청구할 수 있다. 〈개정 1997.12.13, 2001.12.29〉 〈논의중〉

제319조 (준용규정) 제213조, 제214조, 제216조 내지 제244조의 규정은 전세권자간 또는 전세권자와 인지소유자 및 지상권자간에 이를 준용한다. 〈논의중〉

제7장 유치권

〈현행유지〉

제320조 (유치권의 내용) ①타인의 물건 또는 유가증권을 점유한 자는 그 물건이나 유가증권에 관하여 생긴 채권이 변제기에 있는 경우에는 변제를 받을 때까지 그 물건 또는 유가증권을 유치할 권리가 있다.

제320조 (유치권의 내용) ① 타인의 동산을 점유한 자는 그 동산에 대한 비용지출로 인한 채권 또는 그 동산으로 인한 손해배상채권이 변제기에 있는 경우에는 변제를 받을 때까지 그 동산을 유치할 권리가 있다. 유가증권의 경우에도 이와 같다.

〈신설〉

② 타인의 미등기 부동산을 점유한 자에 대해서도 제1항을 준용한다. 이

	경우 그 부동산에 제1항의 채권을 담보하기 위하여 제372조의2에 따른 <u>저당권설정등기를 한 때 또는 저당권설정등기를 청구할 수 있는 권리가 소멸된 때에는 유치권이 소멸한다.</u>
②전항의 규정은 그 점유가 불법행위로 인한 경우에 적용하지 아니한다.	③ <u>제1항과 제2항의</u> 규정은 그 점유가 불법행위로 인한 경우에<u>는</u> 적용하지 아니한다.
제321조 (유치권의 불가분성) 유치권자는 채권전부의 변제를 받을 때까지 유치물전부에 대하여 그 권리를 행사할 수 있다.	〈현행유지〉
제322조 (경매, 간이변제충당) ①유치권자는 채권의 변제를 받기 위하여 유치물을 경매할 수 있다. ②정당한 이유있는 때에는 유치권자는 감정인의 평가에 의하여 유치물로 직접변제에 충당할 것을 법원에 청구할 수 있다. 이 경우에는 유치권자는 미리 채무자에게 통지하여야 한다.	〈현행유지〉
제323조 (과실수취권) ①유치권자는 유치물의 과실을 수취하여 다른 채권보다 먼저 그 채권의 변제에 충당할 수 있다. 그러나 과실이 금전이 아닌 때에는 경매하여야 한다. ②과실은 먼저 채권의 이자에 충당하고 그 잉여가 있으면 원본에 충당한다.	〈현행유지〉
제324조 (유치권자의 선관의무) ①유치권자는 선량한 관리자의 주의로 유치물을 점유하여야 한다. ②유치권자는 채무자의 승낙없이 유치물의 사용, 대여 또는 담보제공을 하지 못한다. 그러나 유치물의 보존에 필요한 사용은 그러하지 아니하다. ③유치권자가 전2항의 규정에 위반한 때에는 채무자는 유치권의 소멸을 청구할 수 있다.	〈현행유지〉

제325조 (유치권자의 상환청구권) ①유치권자가 유치물에 관하여 필요비를 지출한 때에는 소유자에게 그 상환을 청구할 수 있다. 〈현행유지〉
②유치권자가 유치물에 관하여 유익비를 지출한 때에는 그 가액의 증가가 현존한 경우에 한하여 소유자의 선택에 좇아 그 지출한 금액이나 증가액의 상환을 청구할 수 있다. 그러나 법원은 소유자의 청구에 의하여 상당한 상환기간을 허여할 수 있다.

제326조 (피담보채권의 소멸시효) 유치권의 행사는 채권의 소멸시효의 진행에 영향을 미치지 아니한다. 〈현행유지〉

제327조 (타담보제공과 유치권소멸) 채무자는 상당한 담보를 제공하고 유치권의 소멸을 청구할 수 있다. 〈현행유지〉

제328조 (점유상실과 유치권소멸) 유치권은 점유의 상실로 인하여 소멸한다. 〈현행유지〉

제8장 질권 〈현행유지〉

제1절 동산질권 〈현행유지〉

제329조 (동산질권의 내용) 동산질권자는 채권의 담보로 채무자 또는 제삼자가 제공한 동산을 점유하고 그 동산에 대하여 다른 채권자보다 자기채권의 우선변제를 받을 권리가 있다. 〈현행유지〉

제330조 (설정계약의 요물성) 질권의 설정은 질권자에게 목적물을 인도함으로써 그 효력이 생긴다. 제330조 (<u>질권의 설정</u>) 〈현행과 같음〉

제331조 (질권의 목적물) 질권은 양도할 수 없는 물건을 목적으로 하지 못한다. 〈현행유지〉

제332조 (설정자에 의한 대리점유의 금지) 질권자는 설정자로 하여금 질물의 점유를 하게 하지 못한다. 〈현행유지〉

제333조 (동산질권의 순위) 수개의 채권을 담보하기 위하여 동일한 동산에 수개의 질권을 설정한 때에는 그 순위는 설정의 선후에 의한다. 〈현행유지〉

제334조 (피담보채권의 범위) 질권은 원본, 이자, 위약금, 질권실행의 비용, 질물보존의 비용 및 채무불이행 또는 질물의 하자로 인한 손해배상의 채권을 담보한다. 그러나 다른 약정이 있는 때에는 그 약정에 의한다. 〈현행유지〉

제335조 (유치적 효력) 질권자는 전조의 채권의 변제를 받을 때까지 질물을 유치할 수 있다. 그러나 자기보다 우선권이 있는 채권자에게 대항하지 못한다. 〈현행유지〉

제336조 (전질권) 질권자는 그 권리의 범위내에서 자기의 책임으로 질물을 전질할 수 있다. 이 경우에는 전질을 하지 아니하였으면 면할 수 있는 불가항력으로 인한 손해에 대하여도 책임을 부담한다. 〈현행유지〉

제337조 (전질의 대항요건) ①전조의 경우에 질권자가 채무자에게 전질의 사실을 통지하거나 채무자가 이를 승낙함이 아니면 전질로써 채무자, 보증인, 질권설정자 및 그 승계인에게 대항하지 못한다.
②채무자가 전항의 통지를 받거나 승낙을 한 때에는 전질권자의 동의없이 질권자에게 채무를 변제하여도 이로써 전질권자에게 대항하지 못한다. 〈현행유지〉

제338조 (경매, 간이변제충당) ①질권자는 채권의 변제를 받기 위하여 질물을 경매할 수 있다.
②정당한 이유있는 때에는 질권자는 감정인의 평가에 의하여 질물로 직접변제에 충당할 것을 법원에 청구할 수 있다. 이 경우에는 질권자는 미리 채무자 및 질권설정자에게 통지하여야 한다. 〈현행유지〉

제339조 (유질계약의 금지) 질권설정자는 채무변제기전의 계약으로 질권자에게 변제에 가름하여 질물의 소 〈현행유지〉

유권을 취득하게 하거나 법률에 정한 방법에 의하지
아니하고 질물을 처분할 것을 약정하지 못한다.

제340조 (질물이외의 재산으로부터의 변제) ①질권자는 질물에 의하여 변제를 받지 못한 부분의 채권에 한하여 채무자의 다른 재산으로부터 변제를 받을 수 있다. ②전항의 규정은 질물보다 먼저 다른 재산에 관한 배당을 실시하는 경우에는 적용하지 아니한다. 그러나 다른 채권자는 질권자에게 그 배당금액의 공탁을 청구할 수 있다. 〈현행유지〉

제341조 (물상보증인의 구상권) 타인의 채무를 담보하기 위한 질권설정자가 그 채무를 변제하거나 질권의 실행으로 인하여 질물의 소유권을 잃은 때에는 보증채무에 관한 규정에 의하여 채무자에 대한 구상권이 있다. 〈현행유지〉

제342조 (물상대위) 질권은 질물의 멸실, 훼손 또는 공용징수로 인하여 질권설정자가 받을 금전 기타 물건에 대하여도 이를 행사할 수 있다. 이 경우에는 그 지급 또는 인도전에 압류하여야 한다.

제342조 (물상대위) ① 질권자는 목적물의 멸실, 훼손 또는 공용징수로 인하여 질권설정자가 받을 보험금 그 밖의 금전이나 물건에 대하여도 질권을 행사할 수 있다.
② 질권설정자에 대한 제1항의 의무자는 질권자가 그 권리있음을 통지하기까지는 질권설정자에게 보험금 그 밖의 금전을 지급하거나 물건을 인도할 수 있다. 그러나 의무자가 질권자에게 권리있음을 안 때에는 그러하지 아니하다.
③ 제2항에 의한 지급 또는 인도는 질권자의 질권설정자 및 다른 제3자에 대한 지위에 영향을 미치지 아니한다.

제343조 (준용규정) 제249조 내지 제251조, 제321조 내지 제325조의 규정은 동산질권에 준용한다. 〈현행유지〉

제344조 (타법률에 의한 질권) 본절의 규정은 다른 법률의 규정에 의하여 설정된 질권에 준용한다.	〈현행유지〉
제2절 권리질권	〈현행유지〉
제345조 (권리질권의 목적) 질권은 재산권을 그 목적으로 할 수 있다. 그러나 부동산의 사용, 수익을 목적으로 하는 권리는 그러하지 아니하다.	〈현행유지〉
제346조 (권리질권의 설정방법) 권리질권의 설정은 법률에 다른 규정이 없으면 그 권리의 양도에 관한 방법에 의하여야 한다.	〈현행유지〉
제347조 (설정계약의 요물성) 채권을 질권의 목적으로 하는 경우에 채권증서가 있는 때에는 질권의 설정은 그 증서를 질권자에게 교부함으로써 그 효력이 생긴다.	〈삭 제〉
제348조 (저당채권에 대한 질권과 부기등기) 저당권으로 담보한 채권을 질권의 목적으로 한 때에는 그 저당권등기에 질권의 부기등기를 하여야 그 효력이 저당권에 미친다.	제348조 (저당채권에 대한 질권) ① 저당권으로 담보한 채권을 질권의 목적으로 한 때에는 그 저당권등기에 질권의 부기등기를 하여야 그 효력이 저당권에 미친다. ② 저당권등기에 대한 질권의 부기등기가 있는 때에는 질권자는 질권을 채무자 이외의 제3자에게 대항할 수 있다.
제349조 (지명채권에 대한 질권의 대항요건) ①지명채권을 목적으로 한 질권의 설정은 설정자가 제450조의 규정에 의하여 제삼채무자에게 질권설정의 사실을 통지하거나 제삼채무자가 이를 승낙함이 아니면 이로써 제삼채무자 기타 제삼자에게 대항하지 못한다. ②제451조의 규정은 전항의 경우에 준용한다.	〈현행유지〉
제350조 (지시채권에 대한 질권의 설정방법) 지시채권을	〈현행유지〉

질권의 목적으로한 질권의 설정은 증서에 배서하여 질권자에게 교부함으로써 그 효력이 생긴다.	
제351조 (무기명채권에 대한 질권의 설정방법) 무기명채권을 목적으로한 질권의 설정은 증서를 질권자에게 교부함으로써 그 효력이 생긴다.	〈현행유지〉
제352조 (질권설정자의 권리처분제한) 질권설정자는 질권자의 동의없이 질권의 목적된 권리를 소멸하게 하거나 질권자의 이익을 해하는 변경을 할 수 없다.	〈현행유지〉
제353조 (질권의 목적이 된 채권의 실행방법) ①질권자는 질권의 목적이 된 채권을 직접 청구할 수 있다. ②채권의 목적물이 금전인 때에는 질권자는 자기채권의 한도에서 직접 청구할 수 있다. ③전항의 채권의 변제기가 질권자의 채권의 변제기보다 먼저 도래한 때에는 질권자는 제삼채무자에 대하여 그 변제금액의 공탁을 청구할 수 있다. 이 경우에 질권은 그 공탁금에 존재한다. ④채권의 목적물이 금전이외의 물건인 때에는 질권자는 그 변제를 받은 물건에 대하여 질권을 행사할 수 있다.	제353조 (**채권질권의 실행방법**) 〈현행과 같음〉
제354조 (동전) 질권자는 전조의 규정에 의하는 외에 민사집행법에 정한 집행방법에 의하여 질권을 실행할 수 있다. 〈개정 2001.12.29〉	〈현행유지〉
제355조 (준용규정) 권리질권에는 본절의 규정외에 동산질권에 관한 규정을 준용한다.	〈현행유지〉
## 제9장 저당권	〈현행유지〉
제356조 (저당권의 내용) 저당권자는 채무자 또는 제삼자가 점유를 이전하지 아니하고 채무의 담보로 제공한 부동산에 대하여 다른 채권자보다 자기채권의 우선변제를 받을 권리가 있다.	〈현행유지〉

제357조 (근저당) ①저당권은 그 담보할 채무의 최고액만을 정하고 채무의 확정을 장래에 보류하여 이를 설정할 수 있다. 이 경우에는 그 확정될 때까지의 채무의 소멸 또는 이전은 저당권에 영향을 미치지 아니한다. ②전항의 경우에는 채무의 이자는 최고액중에 산입한 것으로 본다.	제357조 (근저당권) 〈현행과 같음〉
〈신　설〉	제357조의2 (채권최고액 등의 변경) ① 근저당권의 채권최고액은 이해관계인의 승낙을 얻어 변경할 수 있다. ② 원본이 확정되기 전에는 피담보채권의 범위 또는 채무자를 변경할 수 있다. 이 경우에는 이해관계인의 승낙을 요하지 아니한다.
〈신　설〉	제357조의4 (근저당권의 공동귀속) ① 근저당권이 수인에 속하는 경우에 근저당권자는 그 채권액의 비율에 따라 변제를 받는다. 그러나 원본의 확정 전에 변제를 받을 비율·순위 그 밖의 근저당권의 행사에 관하여 달리 약정한 때에는 그 약정에 따른다. ② 근저당권이 수인에 속하는 경우에 각 근저당권자는 다른 근저당권자의 동의를 얻어 제357조의3 제1항의 규정에 따라 그 권리를 양도할 수 있다.
〈신　설〉	제357조의5 (채권양도, 채무인수 등과 근저당권) ① 원본의 확정 전에 근저당권자로부터 채권을 취득한 자는 그 채권에 관하여 근저당권을 행사할 수 없다. 원본의 확정 전에 채무

를 변제하여 채권자를 대위하는 자도 또한 같다.
② 원본의 확정 전에 채무의 인수가 있는 때에는 근저당권자는 인수인의 채무에 관하여 근저당권을 행사할 수 없다.

〈신　설〉

제357조의6 (상속과 근저당권) ① 원본의 확정 전에 근저당권자에 대하여 상속이 개시된 때에는 근저당권은 이미 존재하는 채권을 담보한다. 상속인과 근저당권설정자는 상속인이 상속개시 후에 취득하는 채권도 담보하는 것으로 약정할 수 있다.
② 원본의 확정 전에 채무자에 대하여 상속이 개시된 때에는 근저당권은 이미 존재하는 채무를 담보한다. 근저당권자와 근저당권설정자는 상속인이 상속개시 후에 부담하는 채무도 담보하는 것으로 약정할 수 있다.
③ 제1항 및 제2항의 약정에는 이해관계인의 승낙을 요하지 아니한다.
④ 제1항 및 제2항의 약정에 관하여 상속개시 후 6개월 이내에 이를 등기하지 아니한 때에는 담보할 원본은 상속이 개시된 때에 확정된 것으로 본다.

〈신　설〉

제357조의7 (합병과 근저당권) ① 원본의 확정 전에 근저당권자인 법인에 합병이 있는 때에는 근저당권은 이미 존재하는 채권 외에 합병 후 존속하는

법인 또는 합병에 의하여 설립되는 법인이 취득하는 채권을 담보한다.
② 원본의 확정 전에 채무자인 법인에 합병이 있는 때에는 근저당권은 이미 존재하는 채무 외에 합병 후 존속하는 법인 또는 합병에 의하여 설립되는 법인이 부담하는 채무를 담보한다.
③ 제1항, 제2항의 경우에 근저당권설정자는 부담할 원본의 확정을 청구할 수 있다. 그러나 채무자인 근저당권설정자의 합병이 있는 때에는 그러하지 아니하다.
④ 제3항의 청구가 있는 때에는 부담할 원본은 합병시에 확정된 것으로 본다.
⑤ 제3항의 청구는 근저당권설정자가 합병이 있음을 안 날부터 2주일이 경과한 때에는 이를 할 수 없다. 합병이 있는 날로부터 1개월이 경과한 때에도 같다.

제357조의8 (법인의 분할과 근저당권) ① 원본의 확정 전에 근저당권자인 법인을 분할하는 때에는 근저당권은 분할시에 존재하는 채권 외에 분할되는 법인, 설립되는 법인 또는 권리의무를 승계하는 법인이 분할 후에 취득하는 채권을 담보한다.
② 원본의 확정 전에 채무자인 법인을 분할하는 때에는 근저당권은 분할시에 존재하는 채무 외에 분할되

〈신　설〉

는 법인, 설립되는 법인 또는 권리의무를 승계하는 법인이 분할 후에 부담하는 채무를 담보한다.
③ 제357조의 7 제3항 내지 제5항의 규정은 제1항, 제2항의 경우에 이를 준용한다.

〈신　설〉

제357조의9 (원본의 확정청구) ① 근저당권설정자는 근저당권설정시부터 3년이 경과한 때에는 원본의 확정을 청구할 수 있다. 이 경우에 원본은 그 청구시부터 2주일이 경과한 때에 확정된다.
② 근저당권자는 언제든지 원본의 확정을 청구할 수 있다. 이 경우 원본은 그 청구시에 확정된다.
③ 제1항의 확정청구권은 미리 포기하지 못한다.
④ 제1항, 제2항은 원본의 확정시기를 약정한 경우에는 적용하지 아니한다.

〈신　설〉

제357조의10 (원본의 확정사유) ① 근저당권이 담보할 원본은 다음 각호의 경우에 확정된다.
 1. 근저당권자가 저당부동산에 대하여 경매 또는 제370조에 의하여 준용되는 제342조에 의한 압류를 신청한 때. 다만 경매절차의 개시 또는 압류가 있는 때에 한한다.
 2. 근저당권자가 저당부동산에 대

	하여 체납처분으로 인한 압류를 한 때
	3. 근저당권자가 저당부동산에 대한 경매절차의 개시 또는 체납처분으로 인한 압류가 있음을 안 날부터 2주일이 경과한 때
	4. 채무자 또는 근저당권자가 파산선고 또는 회생절차의 개시결정을 받은 때
	② 제1항 제3호의 경매절차의 개시 또는 압류나 제4호의 파산선고 또는 회생절차의 개시결정이 그 효력을 잃은 때에는 원본은 확정되지 않은 것으로 본다. 그러나 원본이 확정된 것으로 하여 그 근저당권을 취득한 자가 있는 때에는 그러하지 아니하다.
〈신　설〉	제357조의11 (채권최고액의 감액청구) 원본의 확정후에 근저당권설정자는 채권최고액을 현존하는 채무액과 이후 2년간 발생할 이자, 위약금 및 채구불이행으로 인한 손해배상액의 범위로 감액할 것을 청구할 수 있다.
〈신　설〉	제357조의12 (물상보증인의 근저당권소멸청구권) ① 타인의 채무를 담보하기 위한 근저당권설정자는 그 채무가 확정된 후에 근저당권자에게 최고액의 한도에서 그 채무를 변제하고 근저당권의 소멸을 청구할 수 있다. ② 제1항은 근저당부동산에 대하여 소유권, 지상권 또는 전세권을 취득

	한 제3자가 있는 경우에 이를 준용한다.
제358조 (저당권의 효력의 범위) 저당권의 효력은 저당부동산에 부합된 물건과 종물에 미친다. 그러나 법률에 특별한 규정 또는 설정행위에 다른 약정이 있으면 그러하지 아니하다.	〈현행유지〉
제359조 (과실에 대한 효력) 저당권의 효력은 저당부동산에 대한 압류가 있은 후에 저당권설정자가 그 부동산으로부터 수취한 과실 또는 수취할 수 있는 과실에 미친다. 그러나 저당권자가 그 부동산에 대한 소유권, 지상권 또는 전세권을 취득한 제삼자에 대하여는 압류한 사실을 통지한 후가 아니면 이로써 대항하지 못한다.	〈현행유지〉
제360조 (피담보채권의 범위) 저당권은 원본, 이자, 위약금, 채무불이행으로 인한 손해배상 및 저당권의 실행비용을 담보한다. 그러나 지연배상에 대하여는 원본의 이행기일을 경과한 후의 1년분에 한하여 저당권을 행사할 수 있다.	〈현행유지〉
제361조 (저당권의 처분제한) 저당권은 그 담보한 채권과 분리하여 타인에게 양도하거나 다른 채권의 담보로 하지 못한다.	제361조 (저당권의 이전) ① 저당권은 그 담보한 채권과 함께만 타인에게 양도하거나 다른 채권의 담보로 제공할 수 있다. ② 저당권과 그 피담보채권을 함께 양도하는 경우에는 저당권 이전의 부기등기를 하여야 저당권이전의 효력이 발생한다. ③ 제2항의 경우 저당권 이전의 부기등기를 하기 전에는 양수인이 저당권에 의하여 담보되지 않은 채권을 취득한다.

	④ 저당권 이전의 부기등기가 있는 때에는 양수인은 담보한 채권의 양도를 채무자 이외의 제3자에게 대항할 수 있다.
제362조 (저당물의 보충) 저당권설정자의 책임있는 사유로 인하여 저당물의 가액이 현저히 감소된 때에는 저당권자는 저당권설정자에 대하여 그 원상회복 또는 상당한 담보제공을 청구할 수 있다.	〈현행유지〉
〈신 설〉	제362조의2 (저당권에 기한 방해제거 및 예방청구권) 저당권자는 저당물의 가액을 현저히 감소하게 하거나 저당권의 실행을 어렵게 하는 등 저당권을 방해하는 자에 대하여 방해의 제거를 청구할 수 있고, 그와 같은 염려가 있는 행위를 하는 자에 대하여 그 중지 그밖에 필요한 조치를 청구할 수 있다.
〈신 설〉	제362조의3 (종물의 훼손) 저당권의 효력이 미치는 종물에 대하여도 제362조, 제362조의2를 준용한다.
제363조 (저당권자의 경매청구권, 경매인) ①저당권자는 그 채권의 변제를 받기 위하여 저당물의 경매를 청구할 수 있다. ②저당물의 소유권을 취득한 제삼자도 경매인이 될 수 있다.	〈현행유지〉
제364조 (제삼취득자의 변제) 저당부동산에 대하여 소유권, 지상권 또는 전세권을 취득한 제삼자는 저당권자에게 그 부동산으로 담보된 채권을 변제하고 저당권의 소멸을 청구할 수 있다.	〈현행유지〉

제365조 (저당지상의 건물에 대한 경매청구권) 토지를 목적으로 저당권을 설정한 후 그 설정자가 그 토지에 건물을 축조한 때에는 저당권자는 토지와 함께 그 건물에 대하여도 경매를 청구할 수 있다. 그러나 그 건물의 경매대가에 대하여는 우선변제를 받을 권리가 없다.	제365조 (일괄경매청구권) ① 토지를 목적으로 저당권을 설정한 후 <u>그 토지에 건물이 축조된 때에는</u> 저당권자는 토지와 함께 그 건물에 대하여도 경매를 청구할 수 있다. 그러나 그 건물의 경매대가에 대하여는 우선변제를 받을 권리가 없다. ② 제1항의 규정은 그 건물의 소유자가 저당권자에 대하여 토지를 점유할 권리를 주장할 수 있는 때에는 적용하지 아니한다.
제366조 (법정지상권) 저당물의 경매로 인하여 토지와 그 지상건물이 다른 소유자에 속한 경우에는 토지소유자는 건물소유자에 대하여 지상권을 설정한 것으로 본다. 그러나 지료는 당사자의 청구에 의하여 법원이 이를 정한다.	제366조 (법정지상권)* ① <u>저당권의 설정 당시 동일인이 소유하던 토지와 그 지상건물이 저당물의 경매로 인하여 서로 다른 소유자에게 속하게 된 경우에는</u> 토지소유자는 건물소유자에 대하여 지상권을 설정한 것으로 본다. 그러나 지료는 당사자의 청구에 의하여 법원이 이를 정한다. ② <u>제1항의 규정은 동일인이 소유하는 토지와 그 지상건물에 동일한 채권의 담보로 저당권이 설정되고 그 지상건물이 개축 또는 재축된 경우에는 적용하지 아니한다.</u>
제367조 (제삼취득자의 비용상환청구권) 저당물의 제삼취득자가 그 부동산의 보존, 개량을 위하여 필요비 또는 유익비를 지출한 때에는 제203조제1항, 제2항의 규정에 의하여 저당물의 경매대가에서 우선상환을 받을 수 있다.	〈현행유지〉

* 　법정지상권 규정은 관습법상 법정지상권에 관한 개정시안이 확정되는 대로 재정비될 예정이다.

제368조 (공동저당과 대가의 배당, 차순위자의 대위) ①동일한 채권의 담보로 수개의 부동산에 저당권을 설정한 경우에 그 부동산의 경매대가를 동시에 배당하는 때에는 각부동산의 경매대가에 비례하여 그 채권의 분담을 정한다. ②전항의 저당부동산중 일부의 경매대가를 먼저 배당하는 경우에는 그 대가에서 그 채권전부의 변제를 받을 수 있다. 이 경우에 그 경매한 부동산의 차순위저당권자는 선순위저당권자가 전항의 규정에 의하여 다른 부동산의 경매대가에서 변제를 받을 수 있는 금액의 한도에서 선순위자를 대위하여 저당권을 행사할 수 있다.	〈현행유지〉
제369조 (부종성) 저당권으로 담보한 채권이 시효의 완성 기타 사유로 인하여 소멸한 때에는 저당권도 소멸한다.	〈현행유지〉
제370조 (준용규정) 제214조, 제321조, 제333조, 제340조, 제341조 및 제342조의 규정은 저당권에 준용한다.	〈현행유지〉
제371조 (지상권, 전세권을 목적으로 하는 저당권) ①본장의 규정은 지상권 또는 전세권을 저당권의 목적으로 한 경우에 준용한다. ②지상권 또는 전세권을 목적으로 저당권을 설정한 자는 저당권자의 동의없이 지상권 또는 전세권을 소멸하게 하는 행위를 하지 못한다.	〈논의중〉
제372조 (타법률에 의한 저당권) 본장의 규정은 다른 법률에 의하여 설정된 저당권에 준용한다.	〈현행유지〉
〈신 설〉	제372조의2 (부동산 유치권자의 저당권설정청구권) ① 제320조 제2항에 의한 부동산 유치권자는 그 부동산이 등기된 때에는 부동산 소유자에 대해서 그 피담보채권을 담보하기

〈신　설〉

위하여 그 부동산을 목적으로 한 저당권의 설정을 청구할 수 있다. 유치권이 성립한 후 부동산의 소유권을 취득한 자에 대해서도 또한 같다.
② 제1항의 권리는 채권자가 그 부동산이 등기된 날로부터 6개월 내에 소로써 행사하지 아니하면 소멸한다.
③ 제1항에 따른 저당권은 그 채권의 변제기에 설정된 것으로 본다.

제372조의3 (유치권자 아닌 채권자의 저당권설정청구권) ① 등기된 부동산에 대한 비용지출로 인한 채권 또는 그 부동산으로 인한 손해배상채권을 가진 채권자는 그 채권을 담보하기 위하여 변제기가 도래하지 않은 경우에도 부동산 소유자에 대해서 그 부동산을 목적으로 한 저당권의 설정을 청구할 수 있다. 그러나 저당권설정청구권이 성립한 후 부동산소유권을 취득한 제3자에 대해서는 그러하지 아니하다.
② 부동산이 등기된 후 제320조 제2항 또는 제328조에 의하여 유치권을 상실한 채권자도 제1항의 권리를 행사할 수 있다.

제3편 채권 〈현행유지〉

제1장 총칙 〈현행유지〉

제1절 채권의 목적 〈현행유지〉

제373조 (채권의 목적) 금전으로 가액을 산정할 수 없는 것이라도 채권의 목적으로 할 수 있다. 〈현행유지〉

제374조 (특정물인도채무자의 선관의무) 특정물의 인도가 채권의 목적인 때에는 채무자는 그 물건을 인도하기까지 선량한 관리자의 주의로 보존하여야 한다. 〈현행유지〉

제375조 (종류채권) ①채권의 목적을 종류로만 지정한 경우에 법률행위의 성질이나 당사자의 의사에 의하여 품질을 정할 수 없는 때에는 채무자는 중등품질의 물건으로 이행하여야 한다.
②전항의 경우에 채무자가 이행에 필요한 행위를 완료하거나 채권자의 동의를 얻어 이행할 물건을 지정한 때에는 그때로부터 그 물건을 채권의 목적물로 한다. 〈현행유지〉

제376조 (금전채권) 채권의 목적이 어느 종류의 통화로 지급할 것인 경우에 그 통화가 변제기에 강제통용력을 잃은 때에는 채무자는 다른 통화로 변제하여야 한다. 〈현행유지〉

제377조 (외화채권) ①채권의 목적이 다른나라 통화로 지급할 것인 경우에는 채무자는 자기가 선택한 그 나라의 각종류의 통화로 변제할 수 있다.
②채권의 목적이 어느 종류의 다른나라 통화로 지급할 것인 경우에 그 통화가 변제기에 강제통용력을 잃은 때에는 그 나라의 다른 통화로 변제하여야 한다. 〈현행유지〉

제378조 (동전) 채권액이 다른나라 통화로 지정된 때에는 채무자는 지급할 때에 있어서의 이행지의 환금시가에 의하여 우리나라 통화로 변제할 수 있다. 〈현행유지〉

제379조 (법정이율) 이자있는 채권의 이율은 다른 법률의 규정이나 당사자의 약정이 없으면 연 5분으로 한다. 〈논의중〉

제380조 (선택채권) 채권의 목적이 수개의 행위중에서 선택에 좇아 확정될 경우에 다른 법률의 규정이나 당사자의 약정이 없으면 선택권은 채무자에게 있다. 〈현행유지〉

제381조 (선택권의 이전) ①선택권행사의 기간이 있는 경우에 선택권자가 그 기간내에 선택권을 행사하지 아니하는 때에는 상대방은 상당한 기간을 정하여 그 선택을 최고할 수 있고 선택권자가 그 기간내에 선택하지 아니하면 선택권은 상대방에게 있다.
②선택권행사의 기간이 없는 경우에 채권의 기한이 도래한 후 상대방이 상당한 기간을 정하여 그 선택을 최고하여도 선택권자가 그 기간내에 선택하지 아니할 때에도 전항과 같다. 〈현행유지〉

제382조 (당사자의 선택권의 행사) ①채권자나 채무자가 선택하는 경우에는 그 선택은 상대방에 대한 의사표시로 한다.
②전항의 의사표시는 상대방의 동의가 없으면 철회하지 못한다. 〈현행유지〉

제383조 (제삼자의 선택권의 행사) ①제삼자가 선택하는 경우에는 그 선택은 채무자 및 채권자에 대한 의사표시로 한다.
②전항의 의사표시는 채권자 및 채무자의 동의가 없으면 철회하지 못한다. 〈현행유지〉

제384조 (제삼자의 선택권의 이전) ①선택할 제삼자가 선택할 수 없는 경우에는 선택권은 채무자에게 있다.
②제삼자가 선택하지 아니하는 경우에는 채권자나 채무자는 상당한 기간을 정하여 그 선택을 최고할 수 있고 제삼자가 그 기간내에 선택하지 아니하면 선택권은 채무자에게 있다. 〈현행유지〉

제385조 (불능으로 인한 선택채권의 특정) ①채권의 목적으로 선택할 수개의 행위중에 처음부터 불능한 것이나 또는 후에 이행불능하게 된 것이 있으면 채권의 목적은 잔존한 것에 존재한다.
②선택권없는 당사자의 과실로 인하여 이행불능이 된 때에는 전항의 규정을 적용하지 아니한다.

〈현행유지〉

제386조 (선택의 소급효) 선택의 효력은 그 채권이 발생한 때에 소급한다. 그러나 제삼자의 권리를 해하지 못한다.

〈현행유지〉

제2절 채권의 효력

〈현행유지〉

제387조 (이행기와 이행지체) ①채무이행의 확정한 기한이 있는 경우에는 채무자는 기한이 도래한 때로부터 지체책임이 있다. 채무이행의 불확정한 기한이 있는 경우에는 채무자는 기한이 도래함을 안 때로부터 지체책임이 있다.
②채무이행의 기한이 없는 경우에는 채무자는 이행청구를 받은 때로부터 지체책임이 있다.

〈현행유지〉

제388조 (기한의 이익의 상실) 채무자는 다음 각호의 경우에는 기한의 이익을 주장하지 못한다.
 1. 채무자가 담보를 손상, 감소 또는 멸실하게 한 때
 2. 채무자가 담보제공의 의무를 이행하지 아니한 때

〈현행유지〉

제389조 (강제이행) ①채무자가 임의로 채무를 이행하지 아니한 때에는 채권자는 그 강제이행을 법원에 청구할 수 있다. 그러나 채무의 성질이 강제이행을 하지 못할 것인 때에는 그러하지 아니하다.
②전항의 채무가 법률행위를 목적으로 한 때에는 채무자의 의사표시에 가름할 재판을 청구할 수 있고 채무자의 일신에 전속하지 아니한 작위를 목적으로 한 때에는 채무자의 비용으로 제삼자에게 이를 하게 할 것을 법원에 청구할 수 있다.

〈현행유지〉

③그 채무가 부작위를 목적으로 한 경우에 채무자가 이에 위반한 때에는 채무자의 비용으로써 그 위반한 것을 제각하고 장래에 대한 적당한 처분을 법원에 청구할 수 있다.
④전3항의 규정은 손해배상의 청구에 영향을 미치지 아니한다.

제390조 (채무불이행과 손해배상) 채무자가 채무의 내용에 좇은 이행을 하지 아니한 때에는 채권자는 손해배상을 청구할 수 있다. 그러나 채무자의 고의나 과실없이 이행할 수 없게 된 때에는 그러하지 아니하다. 〈논의중〉

제391조 (이행보조자의 고의, 과실) 채무자의 법정대리인이 채무자를 위하여 이행하거나 채무자가 타인을 사용하여 이행하는 경우에는 법정대리인 또는 피용자의 고의나 과실은 채무자의 고의나 과실로 본다. 〈현행유지〉

제392조 (이행지체중의 손해배상) 채무자는 자기에게 과실이 없는 경우에도 그 이행지체중에 생긴 손해를 배상하여야 한다. 그러나 채무자가 이행기에 이행하여도 손해를 면할 수 없는 경우에는 그러하지 아니하다. 〈현행유지〉

제393조 (손해배상의 범위) ①채무불이행으로 인한 손해배상은 통상의 손해를 그 한도로 한다.
②특별한 사정으로 인한 손해는 채무자가 그 사정을 알았거나 알 수 있었을 때에 한하여 배상의 책임이 있다. 〈논의중〉

제394조 (손해배상의 방법) 다른 의사표시가 없으면 손해는 금전으로 배상한다. 〈현행유지〉

제395조 (이행지체와 전보배상) 채무자가 채무의 이행을 지체한 경우에 채권자가 상당한 기간을 정하여 이행을 최고하여도 그 기간내에 이행하지 아니하거나 지체후의 이행이 채권자에게 이익이 없는 때에는 채권 〈현행유지〉

자는 수령을 거절하고 이행에 가름한 손해배상을 청구할 수 있다.	
제396조 (과실상계) 채무불이행에 관하여 채권자에게 과실이 있는 때에는 법원은 손해배상의 책임 및 그 금액을 정함에 이를 참작하여야 한다.	〈논의중〉
제397조 (금전채무불이행에 대한 특칙) ①금전채무불이행의 손해배상액은 법정이율에 의한다. 그러나 법령의 제한에 위반하지 아니한 약정이율이 있으면 그 이율에 의한다. ②전항의 손해배상에 관하여는 채권자는 손해의 증명을 요하지 아니하고 채무자는 과실없음을 항변하지 못한다.	〈현행유지〉
제398조 (배상액의 예정) ①당사자는 채무불이행에 관한 손해배상액을 예정할 수 있다. ②손해배상의 예정액이 부당히 과다한 경우에는 법원은 적당히 감액할 수 있다. ③손해배상액의 예정은 이행의 청구나 계약의 해제에 영향을 미치지 아니한다. ④위약금의 약정은 손해배상액의 예정으로 추정한다. ⑤당사자가 금전이 아닌 것으로써 손해의 배상에 충당할 것을 예정한 경우에도 전4항의 규정을 준용한다.	〈현행유지〉
제399조 (손해배상자의 대위) 채권자가 그 채권의 목적인 물건 또는 권리의 가액전부를 손해배상으로 받은 때에는 채무자는 그 물건 또는 권리에 관하여 당연히 채권자를 대위한다.	〈현행유지〉
<u>〈신　설〉</u>	〈논의중〉 <u>제399조의2[대상청구권(代償請求權)]</u> <u>① 채무의 이행을 불가능하게 한 사유로 채무자가 채권의 목적인 물건이나 권리를 갈음하는 이익을 얻은</u>

경우에는 채권자는 그 이익의 상환을 청구할 수 있다.
② 채권자가 채무불이행을 이유로 손해배상을 청구하는 경우에, 제1항에 따라 이익의 상환을 받는 때에는 손해배상액은 그 이익의 가액만큼 감액된다.

제400조 (채권자지체) 채권자가 이행을 받을 수 없거나 받지 아니한 때에는 이행의 제공있는 때로부터 지체책임이 있다.	〈현행유지〉
제401조 (채권자지체와 채무자의 책임) 채권자지체중에는 채무자는 고의 또는 중대한 과실이 없으면 불이행으로 인한 모든 책임이 없다.	〈현행유지〉
제402조 (동전) 채권자지체중에는 이자있는 채권이라도 채무자는 이자를 지급할 의무가 없다.	〈현행유지〉
제403조 (채권자지체와 채권자의 책임) 채권자지체로 인하여 그 목적물의 보관 또는 변제의 비용이 증가된 때에는 그 증가액은 채권자의 부담으로 한다.	〈현행유지〉
제404조 (채권자대위권) ①채권자는 자기의 채권을 보전하기 위하여 채무자의 권리를 행사할 수 있다. 그러나 일신에 전속한 권리는 그러하지 아니하다. ②채권자는 그 채권의 기한이 도래하기 전에는 법원의 허가없이 전항의 권리를 행사하지 못한다. 그러나 보전행위는 그러하지 아니하다.	〈논의중〉
제405조 (채권자대위권행사의 통지) ①채권자가 전조제1항의 규정에 의하여 보전행위이외의 권리를 행사한 때에는 채무자에게 통지하여야 한다. ②채무자가 전항의 통지를 받은 후에는 그 권리를 처분하여도 이로써 채권자에게 대항하지 못한다.	〈논의중〉

제406조 (채권자취소권) ①채무자가 채권자를 해함을 알고 재산권을 목적으로 한 법률행위를 한 때에는 채권자는 그 취소 및 원상회복을 법원에 청구할 수 있다. 그러나 그 행위로 인하여 이익을 받은 자나 전득한 자가 그 행위 또는 전득당시에 채권자를 해함을 알지 못한 경우에는 그러하지 아니하다.
②전항의 소는 채권자가 취소원인을 안 날로부터 1년, 법률행위있은 날로부터 5년내에 제기하여야 한다.   〈논의중〉

제407조 (채권자취소의 효력) 전조의 규정에 의한 취소와 원상회복은 모든 채권자의 이익을 위하여 그 효력이 있다.   〈논의중〉

제3절 수인의 채권자 및 채무자   〈현행유지〉

제1관 총칙   〈현행유지〉

제408조 (분할채권관계) 채권자나 채무자가 수인인 경우에 특별한 의사표시가 없으면 각채권자 또는 각채무자는 균등한 비율로 권리가 있고 의무를 부담한다.   〈논의중〉

제2관 불가분채권과 불가분채무   〈현행유지〉

제409조 (불가분채권) 채권의 목적이 그 성질 또는 당사자의 의사표시에 의하여 불가분인 경우에 채권자가 수인인 때에는 각채권자는 모든 채권자를 위하여 이행을 청구할 수 있고 채무자는 모든 채권자를 위하여 각채권자에게 이행할 수 있다.   〈논의중〉

제410조 (1인의 채권자에 생긴 사항의 효력) ①전조의 규정에 의하여 모든 채권자에게 효력이 있는 사항을 제외하고는 불가분채권자중 1인의 행위나 1인에 관한 사항은 다른 채권자에게 효력이 없다.
②불가분채권자중의 1인과 채무자간에 경개나 면제   〈현행유지〉

있는 경우에 채무전부의 이행을 받은 다른 채권자는
그 1인이 권리를 잃지 아니하였으면 그에게 분급할
이익을 채무자에게 상환하여야 한다.

제411조 (불가분채무와 준용규정) 수인이 불가분채무를 〈현행유지〉
부담한 경우에는 제413조 내지 제415조, 제422조, 제
424조 내지 제427조 및 전조의 규정을 준용한다.

제412조 (가분채권, 가분채무에의 변경) 불가분채권이나 〈현행유지〉
불가분채무가 가분채권 또는 가분채무로 변경된 때
에는 각채권자는 자기부분만의 이행을 청구할 권리
가 있고 각채무자는 자기부담부분만을 이행할 의무
가 있다.

제3관 연대채무 〈현행유지〉

제413조 (연대채무의 내용) 수인의 채무자가 채무 전부 〈논의중〉
를 각자 이행할 의무가 있고 채무자1인의 이행으로
다른 채무자도 그 의무를 면하게 되는 때에는 그 채
무는 연대채무로 한다.

제414조 (각연대채무자에 대한 이행청구) 채권자는 어느 〈현행유지〉
연대채무자에 대하여 또는 동시나 순차로 모든 연대
채무자에 대하여 채무의 전부나 일부의 이행을 청구
할 수 있다.

제415조 (채무자에 생긴 무효, 취소) 어느 연대채무자에 〈현행유지〉
대한 법률행위의 무효나 취소의 원인은 다른 연대채
무자의 채무에 영향을 미치지 아니한다.

제416조 (이행청구의 절대적 효력) 어느 연대채무자에 대 〈현행유지〉
한 이행청구는 다른 연대채무자에게도 효력이 있다.

제417조 (경개의 절대적 효력) 어느 연대채무자와 채권 〈현행유지〉
자간에 채무의 경개가 있는 때에는 채권은 모든 연
대채무자의 이익을 위하여 소멸한다.

제418조 (상계의 절대적 효력) ①어느 연대채무자가 채권자에 대하여 채권이 있는 경우에 그 채무자가 상계한 때에는 채권은 모든 연대채무자의 이익을 위하여 소멸한다. ②상계할 채권이 있는 연대채무자가 상계하지 아니한 때에는 그 채무자의 부담부분에 한하여 다른 연대채무자가 상계할 수 있다.	〈현행유지〉
제419조 (면제의 절대적 효력) 어느 연대채무자에 대한 채무면제는 그 채무자의 부담부분에 한하여 다른 연대채무자의 이익을 위하여 효력이 있다.	〈현행유지〉
제420조 (혼동의 절대적 효력) 어느 연대채무자와 채권자간에 혼동이 있는 때에는 그 채무자의 부담부분에 한하여 다른 연대채무자도 의무를 면한다.	〈현행유지〉
제421조 (소멸시효의 절대적 효력) 어느 연대채무자에 대하여 소멸시효가 완성한 때에는 그 부담부분에 한하여 다른 연대채무자도 의무를 면한다.	〈현행유지〉
제422조 (채권자지체의 절대적 효력) 어느 연대채무자에 대한 채권자의 지체는 다른 연대채무자에게도 효력이 있다.	〈현행유지〉
제423조 (효력의 상대성의 원칙) 전7조의 사항외에는 어느 연대채무자에 관한 사항은 다른 연대채무자에게 효력이 없다.	〈현행유지〉
제424조 (부담부분의 균등) 연대채무자의 부담부분은 균등한 것으로 추정한다.	〈현행유지〉
제425조 (출재채무자의 구상권) ①어느 연대채무자가 변제 기타 자기의 출재로 공동면책이 된 때에는 다른 연대채무자의 부담부분에 대하여 구상권을 행사할 수 있다. ②전항의 구상권은 면책된 날 이후의 법정이자 및 피할 수 없는 비용 기타 손해배상을 포함한다.	〈현행유지〉

제426조 (구상요건으로서의 통지) ①어느 연대채무자가 다른 연대채무자에게 통지하지 아니하고 변제 기타 자기의 출재로 공동면책이 된 경우에 다른 연대채무자가 채권자에게 대항할 수 있는 사유가 있었을 때에는 그 부담부분에 한하여 이 사유로 면책행위를 한 연대채무자에게 대항할 수 있고 그 대항사유가 상계인 때에는 상계로 소멸할 채권은 그 연대채무자에게 이전된다. ②어느 연대채무자가 변제 기타 자기의 출재로 공동면책되었음을 다른 연대채무자에게 통지하지 아니한 경우에 다른 연대채무자가 선의로 채권자에게 변제 기타 유상의 면책행위를 한 때에는 그 연대채무자는 자기의 면책행위의 유효를 주장할 수 있다.	〈현행유지〉
제427조 (상환무자력자의 부담부분) ①연대채무자중에 상환할 자력이 없는 자가 있는 때에는 그 채무자의 부담부분은 구상권자 및 다른 자력이 있는 채무자가 그 부담부분에 비례하여 분담한다. 그러나 구상권자에게 과실이 있는 때에는 다른 연대채무자에 대하여 분담을 청구하지 못한다. ②전항의 경우에 상환할 자력이 없는 채무자의 부담부분을 분담할 다른 채무자가 채권자로부터 연대의 면제를 받은 때에는 그 채무자의 분담할 부분은 채권자의 부담으로 한다.	〈현행유지〉
제4관 보증채무	〈현행유지〉
제428조 (보증채무의 내용) ①보증인은 주채무자가 이행하지 아니하는 채무를 이행할 의무가 있다. ②보증은 장래의 채무에 대하여도 할 수 있다.	〈현행유지〉
〈신 설〉	제428조의2 (보증의 방식) ①보증은 그 의사가 보증인의 기명날인 또는 서명이 있는 서면으로 표시되어야 효

	력이 발생한다. ②보증채무를 보증인에게 불리하게 변경하는 경우에도 제1항과 같다. ③보증인이 보증채무를 이행한 경우에는 그 한도에서 제1항 및 제2항이 정한 방식의 하자를 이유로 보증의 무효를 주장할 수 없다.
제429조 (보증채무의 범위) ①보증채무는 주채무의 이자, 위약금, 손해배상 기타 주채무에 종속한 채무를 포함한다. ②보증인은 그 보증채무에 관한 위약금 기타 손해배상액을 예정할 수 있다.	〈현행유지〉
제430조 (목적, 형태상의 부종성) 보증인의 부담이 주채무의 목적이나 형태보다 중한 때에는 주채무의 한도로 감축한다.	〈현행유지〉
제431조 (보증인의 조건) ①채무자가 보증인을 세울 의무가 있는 경우에는 그 보증인은 행위능력 및 변제자력이 있는 자로 하여야 한다. ②보증인이 변제자력이 없게 된 때에는 채권자는 보증인의 변경을 청구할 수 있다. ③채권자가 보증인을 지명한 경우에는 전2항의 규정을 적용하지 아니한다.	〈현행유지〉
제432조 (타담보의 제공) 채무자는 다른 상당한 담보를 제공함으로써 보증인을 세울 의무를 면할 수 있다.	〈현행유지〉
제433조 (보증인과 주채무자 항변권) ①보증인은 주채무자의 항변으로 채권자에게 대항할 수 있다. ②주채무자의 항변포기는 보증인에게 효력이 없다.	〈현행유지〉
제434조 (보증인과 주채무자 상계권) 보증인은 주채무자의 채권에 의한 상계로 채권자에게 대항할 수 있다.	〈현행유지〉

제435조 (보증인과 주채무자의 취소권등) 주채무자가 채권자에 대하여 취소권 또는 해제권이나 해지권이 있는 동안은 보증인은 채권자에 대하여 채무의 이행을 거절할 수 있다.	〈현행유지〉
제436조 (취소할 수 있는 채무의 보증) 취소의 원인있는 채무를 보증한 자가 보증계약당시에 그 원인있음을 안 경우에 주채무의 불이행 또는 취소가 있는 때에는 주채무와 동일한 목적의 독립채무를 부담한 것으로 본다.	〈삭 제〉
〈신 설〉	제436조의2 (보증채권자의 정보제공의무, 통지의무) ① 채권자는 보증계약 체결시 보증계약의 체결 여부 및 내용에 영향을 미칠 수 있는 주채무자의 채무관련 신용정보를 보유하고 있거나 알고 있는 경우에는 보증인에게 이를 알려야 한다. 보증계약을 갱신할 때에도 또한 같다. ② 채권자는 보증계약 체결 후 주채무자가 원본, 이자, 위약금, 손해배상 기타 주채무에 종속한 채무를 3개월 이상 이행하지 아니하는 경우 또는 주채무자가 이행기에 이행할 수 없음을 미리 안 경우에는 지체없이 보증인에게 이를 알려야 한다. 주채무자의 채무관련 신용정보에 중대한 변화가 생겼음을 채권자가 알게 된 경우에도 그와 같다. ③ 채권자는 보증인의 청구가 있으면 주채무의 내용 및 그 이행 여부를 알려야 한다. ④ 채권자가 제1항 내지 제3항의 규

	정에 의한 의무를 위반하여 보증인이 손해를 입은 경우 법원은 그 내용과 정도 등을 참작하여 보증채무를 감경 또는 면제할 수 있다.
제437조 (보증인의 최고, 검색의 항변) 채권자가 보증인에게 채무의 이행을 청구한 때에는 보증인은 주채무자의 변제자력이 있는 사실 및 그 집행이 용이할 것을 증명하여 먼저 주채무자에게 청구할 것과 그 재산에 대하여 집행할 것을 항변할 수 있다. 그러나 보증인이 주채무자와 연대하여 채무를 부담한 때에는 그러하지 아니하다.	〈현행유지〉
제438조 (최고, 검색의 해태의 효과) 전조의 규정에 의한 보증인의 항변에 불구하고 채권자의 해태로 인하여 채무자로부터 전부나 일부의 변제를 받지 못한 경우에는 채권자가 해태하지 아니하였으면 변제받았을 한도에서 보증인은 그 의무를 면한다.	〈현행유지〉
제439조 (공동보증의 분별의 이익) 수인의 보증인이 각자의 행위로 보증채무를 부담한 경우에도 제408조의 규정을 적용한다.	〈현행유지〉
제440조 (시효중단의 보증인에 대한 효력) 주채무자에 대한 시효의 중단은 보증인에 대하여 그 효력이 있다.	제440조 (시효의 정지, 완성유예, 재개시의 보증인에 대한 효력) 주채무자에 대한 시효의 정지, 완성유예 또는 재개시는 보증인에 대하여 그 효력이 있다. 다만, 제171조, 제174조, 제175조, 제176조에 따른 시효의 정지 또는 완성유예는 그러하지 아니하다.
제441조 (수탁보증인의 구상권) ①주채무자의 부탁으로 보증인이 된 자가 과실없이 변제 기타의 출재로 주채무를 소멸하게 한 때에는 주채무자에 대하여 구상권이 있다. ②제425조제2항의 규정은 전항의 경우에 준용한다.	〈현행유지〉

제442조 (수탁보증인의 사전구상권) ①주채무자의 부탁으로 보증인이 된 자는 다음 각호의 경우에 주채무자에 대하여 미리 구상권을 행사할 수 있다.
1. 보증인이 과실없이 채권자에게 변제할 재판을 받은 때
2. 주채무자가 파산선고를 받은 경우에 채권자가 파산재단에 가입하지 아니한 때
3. 채무의 이행기가 확정되지 아니하고 그 최장기도 확정할 수 없는 경우에 보증계약후 5년을 경과한 때
4. 채무의 이행기가 도래한 때

②전항제4호의 경우에는 보증계약후에 채권자가 주채무자에게 허여한 기한으로 보증인에게 대항하지 못한다.

〈현행유지〉

제443조 (주채무자의 면책청구) 전조의 규정에 의하여 주채무자가 보증인에게 배상하는 경우에 주채무자는 자기를 면책하게 하거나 자기에게 담보를 제공할 것을 보증인에게 청구할 수 있고 또는 배상할 금액을 공탁하거나 담보를 제공하거나 보증인을 면책하게 함으로써 그 배상의무를 면할 수 있다.

〈현행유지〉

제444조 (부탁없는 보증인의 구상권) ①주채무자의 부탁없이 보증인이 된 자가 변제 기타 자기의 출재로 주채무를 소멸하게 한 때에는 주채무자는 그 당시에 이익을 받은 한도에서 배상하여야 한다.
②주채무자의 의사에 반하여 보증인이 된 자가 변제 기타 자기의 출재로 주채무를 소멸하게 한 때에는 주채무자는 현존 이익의 한도에서 배상하여야 한다.
③전항의 경우에 주채무자가 구상한 날 이전에 상계원인이 있음을 주장한 때에는 그 상계로 소멸할 채권은 보증인에게 이전된다.

〈현행유지〉

제445조 (구상요건으로서의 통지) ①보증인이 주채무자

〈현행유지〉

에게 통지하지 아니하고 변제 기타 자기의 출재로 주채무를 소멸하게 한 경우에 주채무자가 채권자에게 대항할 수 있는 사유가 있었을 때에는 이 사유로 보증인에게 대항할 수 있고 그 대항사유가 상계인 때에는 상계로 소멸할 채권은 보증인에게 이전된다.
②보증인이 변제 기타 자기의 출재로 면책되었음을 주채무자에게 통지하지 아니한 경우에 주채무자가 선의로 채권자에게 변제 기타 유상의 면책행위를 한 때에는 주채무자는 자기의 면책행위의 유효를 주장할 수 있다.

제446조 (주채무자의 보증인에 대한 면책통지의무) 주채무자가 자기의 행위로 면책하였음을 그 부탁으로 보증인이 된 자에게 통지하지 아니한 경우에 보증인이 선의로 채권자에게 변제 기타 유상의 면책행위를 한 때에는 보증인은 자기의 면책행위의 유효를 주장할 수 있다. 〈현행유지〉

제447조 (연대, 불가분채무의 보증인의 구상권) 어느 연대채무자나 어느 불가분채무자를 위하여 보증인이 된 자는 다른 연대채무자나 다른 불가분채무자에 대하여 그 부담부분에 한하여 구상권이 있다. 〈현행유지〉

제448조 (공동보증인간의 구상권) ①수인의 보증인이 있는 경우에 어느 보증인이 자기의 부담부분을 넘은 변제를 한 때에는 제444조의 규정을 준용한다.
②주채무가 불가분이거나 각보증인이 상호연대로 또는 주채무자와 연대로 채무를 부담한 경우에 어느 보증인이 자기의 부담부분을 넘은 변제를 한 때에는 제425조 내지 제427조의 규정을 준용한다. 〈현행유지〉

〈신 설〉

제448조의2 (근보증) 보증은 불확정 다수의 채무에 대하여도 이를 할 수 있다. 그 경우에는 그 보증하는 채무의 최고액을 정하여야 하며, 제

	428조의2 제1항에서 규정하는 서면에 이를 기재하여야 한다.
제4절 채권의 양도	〈현행유지〉
제449조 (채권의 양도성) ①채권은 양도할 수 있다. 그러나 채권의 성질이 양도를 허용하지 아니하는 때에는 그러하지 아니하다. ②채권은 당사자가 반대의 의사를 표시한 경우에는 양도하지 못한다. 그러나 그 의사표시로써 선의의 제삼자에게 대항하지 못한다.	제449조 (채권의 양도성) ① 채권은 양도할 수 있다. 그러나 채권의 성질이 양도를 허용하지 아니하는 때에는 그러하지 아니하다. ② 장래에 발생할 채권도 양도할 수 있다.
〈신 설〉	제449조의2 (채권양도 금지의 약정의 효력) 채권양도를 금지하거나 제한하는 약정은 그에 반하여 행해진 채권양도의 효력에 영향을 미치지 아니한다. 다만, 양수인이 그 약정이 있음을 안 경우에는 양수인에게 대항할 수 있다.
제450조 (지명채권양도의 대항요건) ①지명채권의 양도는 양도인이 채무자에게 통지하거나 채무자가 승낙하지 아니하면 채무자 기타 제삼자에게 대항하지 못한다. ②전항의 통지나 승낙은 확정일자 있는 증서에 의하지 아니하면 채무자이외의 제삼자에게 대항하지 못한다.	제450조 (지명채권양도의 대항요건) ① 지명채권의 양도는 양도인이나 양수인이 채무자에게 통지하거나 채무자가 승낙하지 아니하면 채무자 기타 제3자에게 대항하지 못한다. 다만, 양수인은 정당한 양수인임을 증명하여 통지하여야 한다. ② 제1항의 통지나 승낙은 확정일자 있는 증서에 의하지 아니하면 채무자 이외의 제3자에게 대항하지 못한다.
〈신 설〉	제450조의2 (채권의 순차양도) 채권이 순차로 양도된 때에는 후의 양도에 대한 통지 또는 승낙이 있으면 그

	전의 모든 양도에 대하여도 양수인에 의한 통지가 있는 것으로 본다. 이 경우에 그 전의 모든 양도에 대한 증명은 후의 양도인 또는 후의 양수인이 할 수 있다.
제451조 (승낙, 통지의 효과) ①채무자가 이의를 보류하지 아니하고 전조의 승낙을 한 때에는 양도인에게 대항할 수 있는 사유로써 양수인에게 대항하지 못한다. 그러나 채무자가 채무를 소멸하게 하기 위하여 양도인에게 급여한 것이 있으면 이를 회수할 수 있고 양도인에 대하여 부담한 채무가 있으면 그 성립되지 아니함을 주장할 수 있다. ②양도인이 양도통지만을 한 때에는 채무자는 그 통지를 받은 때까지 양도인에 대하여 생긴 사유로써 양수인에게 대항할 수 있다.	제451조 (승낙, 통지의 효과) ① 채무자가 이의를 보류하지 아니하고 제450조의 승낙을 한 때에는 양도인에게 대항할 수 있는 사유로써 양수인에게 대항하지 못한다. 그러나 채무자가 채무를 소멸하게 하기 위하여 양도인에게 급여한 것이 있으면 이를 회수할 수 있고, 양도인에 대하여 부담한 채무가 있으면 그 채무가 성립되지 아니함을 주장할 수 있다. ② 양도인 또는 양수인이 양도통지만을 한 때에는 채무자는 그 통지를 받은 때까지 양도인에 대하여 생긴 사유로써 양수인에게 대항할 수 있다.
〈신 설〉	제451조의2 (채무자의 상계권) ① 채무자는 양도통지를 받은 때에 양도인에 대한 채권이 아직 이행기에 이르지 아니하였더라도 그 이행기가 양도된 채권의 이행기 이전에 도래한 경우에는 양도인에게 행사할 수 있었던 상계권을 양수인에게도 행사할 수 있다. ② 채무자는 양도인에 대한 채권이 양도된 채권과의 사이에 동시이행의 항변권 등 밀접한 관련이 있는 경우에는 양도인에 대한 채권이 양

	도통지 후에 발생한 때에도 <u>양도인에게 행사할 수 있었던 상계권을 양수인에게도 행사할 수 있다.</u>
제452조 (양도통지와 금반언) ①양도인이 채무자에게 채권양도를 통지한 때에는 아직 양도하지 아니하였거나 그 양도가 무효인 경우에도 선의인 채무자는 양수인에게 대항할 수 있는 사유로 양도인에게 대항할 수 있다. ②전항의 통지는 양수인의 동의가 없으면 철회하지 못한다.	〈현행유지〉

제5절 채무의 인수

	〈현행유지〉
제453조 (채권자와의 계약에 의한 채무인수) ①제삼자는 채권자와의 계약으로 채무를 인수하여 채무자의 채무를 면하게 할 수 있다. 그러나 채무의 성질이 인수를 허용하지 아니하는 때에는 그러하지 아니하다. ②이해관계없는 제삼자는 채무자의 의사에 반하여 채무를 인수하지 못한다.	〈현행유지〉
제454조 (채무자와의 계약에 의한 채무인수) ①제삼자가 채무자와의 계약으로 채무를 인수한 경우에는 채권자의 승낙에 의하여 그 효력이 생긴다. ②채권자의 승낙 또는 거절의 상대방은 채무자나 제삼자이다.	〈현행유지〉
제455조 (승낙여부의 최고) ①전조의 경우에 제삼자나 채무자는 상당한 기간을 정하여 승낙여부의 확답을 채권자에게 최고할 수 있다. ②채권자가 그 기간내에 확답을 발송하지 아니한 때에는 거절한 것으로 본다.	〈현행유지〉
제456조 (채무인수의 철회, 변경) 제삼자와 채무자간의	〈현행유지〉

계약에 의한 채무인수는 채권자의 승낙이 있을 때까지 당사자는 이를 철회하거나 변경할 수 있다.

제457조 (채무인수의 소급효) 채권자의 채무인수에 대한 승낙은 다른 의사표시가 없으면 채무를 인수한 때에 소급하여 그 효력이 생긴다. 그러나 제삼자의 권리를 침해하지 못한다. 〈현행유지〉

제458조 (전채무자의 항변사유) 인수인은 전채무자의 항변할 수 있는 사유로 채권자에게 대항할 수 있다. 〈현행유지〉

제459조 (채무인수와 보증, 담보의 소멸) 전채무자의 채무에 대한 보증이나 제삼자가 제공한 담보는 채무인수로 인하여 소멸한다. 그러나 보증인이나 제삼자가 채무인수에 동의한 경우에는 그러하지 아니하다. 〈현행유지〉

제6절 채권의 소멸 〈현행유지〉

제1관 변제 〈현행유지〉

제460조 (변제제공의 방법) 변제는 채무내용에 좇은 현실제공으로 이를 하여야 한다. 그러나 채권자가 미리 변제 받기를 거절하거나 채무의 이행에 채권자의 행위를 요하는 경우에는 변제준비의 완료를 통지하고 그 수령을 최고하면 된다. 〈논의중〉

제461조 (변제제공의 효과) 변제의 제공은 그 때로부터 채무불이행의 책임을 면하게 한다. 〈현행유지〉

제462조 (특정물의 현상인도) 특정물의 인도가 채권의 목적인 때에는 채무자는 이행기의 현상대로 그 물건을 인도하여야 한다. 〈논의중〉

제463조 (변제로서의 타인의 물건의 인도) 채무의 변제로 타인의 물건을 인도한 채무자는 다시 유효한 변제를 하지 아니하면 그 물건의 반환을 청구하지 못한다. 〈논의중〉

제464조 (양도능력없는 소유자의 물건인도) 양도할 능력 없는 소유자가 채무의 변제로 물건을 인도한 경우에는 그 변제가 취소된 때에도 다시 유효한 변제를 하지 아니하면 그 물건의 반환을 청구하지 못한다.	〈논의중〉
제465조 (채권자의 선의소비, 양도와 구상권) ①전2조의 경우에 채권자가 변제로 받은 물건을 선의로 소비하거나 타인에게 양도한 때에는 그 변제는 효력이 있다. ②전항의 경우에 채권자가 제삼자로부터 배상의 청구를 받은 때에는 채무자에 대하여 구상권을 행사할 수 있다.	〈논의중〉
제466조 (대물변제) 채무자가 채권자의 승낙을 얻어 본래의 채무이행에 가름하여 다른 급여를 한 때에는 변제와 같은 효력이 있다.	〈현행유지〉
제467조 (변제의 장소) ①채무의 성질 또는 당사자의 의사표시로 변제장소를 정하지 아니한 때에는 특정물의 인도는 채권성립당시에 그 물건이 있던 장소에서 하여야 한다. ②전항의 경우에 특정물인도이외의 채무변제는 채권자의 현주소에서 하여야 한다. 그러나 영업에 관한 채무의 변제는 채권자의 현영업소에서 하여야 한다.	〈현행유지〉
제468조 (변제기전의 변제) 당사자의 특별한 의사표시가 없으면 변제기전이라도 채무자는 변제할 수 있다. 그러나 상대방의 손해는 배상하여야 한다.	〈현행유지〉
제469조 (제삼자의 변제) ①채무의 변제는 제삼자도 할 수 있다. 그러나 채무의 성질 또는 당사자의 의사표시로 제삼자의 변제를 허용하지 아니하는 때에는 그러하지 아니하다. ②이해관계없는 제삼자는 채무자의 의사에 반하여 변제하지 못한다.	〈논의중〉

제470조 (채권의 준점유자에 대한 변제) 채권의 준점유자에 대한 변제는 변제자가 선의이며 과실없는 때에 한하여 효력이 있다. 〈현행유지〉

제471조 (영수증소지자에 대한 변제) 영수증을 소지한 자에 대한 변제는 그 소지자가 변제를 받을 권한이 없는 경우에도 효력이 있다. 그러나 변제자가 그 권한없음을 알았거나 알 수 있었을 경우에는 그러하지 아니하다. 〈현행유지〉

제472조 (권한없는 자에 대한 변제) 전2조의 경우외에 변제받을 권한없는 자에 대한 변제는 채권자가 이익을 받은 한도에서 효력이 있다. 〈현행유지〉

제473조 (변제비용의 부담) 변제비용은 다른 의사표시가 없으면 채무자의 부담으로한다. 그러나 채권자의 주소이전 기타의 행위로 인하여 변제비용이 증가된 때에는 그 증가액은 채권자의 부담으로 한다. 〈현행유지〉

제474조 (영수증청구권) 변제자는 변제를 받는 자에게 영수증을 청구할 수 있다. 〈현행유지〉

제475조 (채권증서반환청구권) 채권증서가 있는 경우에 변제자가 채무전부를 변제한 때에는 채권증서의 반환을 청구할 수 있다. 채권이 변제이외의 사유로 전부소멸한 때에도 같다. 〈현행유지〉

제476조 (지정변제충당) ①채무자가 동일한 채권자에 대하여 같은 종류를 목적으로 한 수개의 채무를 부담한 경우에 변제의 제공이 그 채무전부를 소멸하게 하지 못하는 때에는 변제자는 그 당시 어느 채무를 지정하여 그 변제에 충당할 수 있다.
②변제자가 전항의 지정을 하지 아니할 때에는 변제받는 자는 그 당시 어느 채무를 지정하여 변제에 충당할 수 있다. 그러나 변제자가 그 충당에 대하여 즉시이의를 한 때에는 그러하지 아니하다. 〈현행유지〉

③전2항의 변제충당은 상대방에 대한 의사표시로써 한다.

제477조 (법정변제충당) 당사자가 변제에 충당할 채무를 지정하지 아니한 때에는 다음 각호의 규정에 의한다. 〈현행유지〉
1. 채무중에 이행기가 도래한 것과 도래하지 아니한 것이 있으면 이행기가 도래한 채무의 변제에 충당한다.
2. 채무전부의 이행기가 도래하였거나 도래하지 아니한 때에는 채무자에게 변제이익이 많은 채무의 변제에 충당한다.
3. 채무자에게 변제이익이 같으면 이행기가 먼저 도래한 채무나 먼저 도래할 채무의 변제에 충당한다.
4. 전2호의 사항이 같은 때에는 그 채무액에 비례하여 각채무의 변제에 충당한다.

제478조 (부족변제의 충당) 1개의 채무에 수개의 급여를 요할 경우에 변제자가 그 채무전부를 소멸하게 하지 못한 급여를 한 때에는 전2조의 규정을 준용한다. 〈현행유지〉

제479조 (비용, 이자, 원본에 대한 변제충당의 순서) ①채무자가 1개 또는 수개의 채무의 비용 및 이자를 지급할 경우에 변제자가 그 전부를 소멸하게 하지 못한 급여를 한 때에는 비용, 이자, 원본의 순서로 변제에 충당하여야 한다. 〈현행유지〉
②전항의 경우에 제477조의 규정을 준용한다.

제480조 (변제자의 임의대위) ①채무자를 위하여 변제한 자는 변제와 동시에 채권자의 승낙을 얻어 채권자를 대위할 수 있다. 〈논의중〉
②전항의 경우에 제450조 내지 제452조의 규정을 준용한다.

제481조 (변제자의 법정대위) 변제할 정당한 이익이 있는 자는 변제로 당연히 채권자를 대위한다. 〈현행유지〉

제482조 (변제자대위의 효과, 대위자간의 관계) ①전2조의 규정에 의하여 채권자를 대위한 자는 자기의 권리에 의하여 구상할 수 있는 범위에서 채권 및 그 담보에 관한 권리를 행사할 수 있다. 〈논의중〉
②전항의 권리행사는 다음 각호의 규정에 의하여야 한다.
1. 보증인은 미리 전세권이나 저당권의 등기에 그 대위를 부기하지 아니하면 전세물이나 저당물에 권리를 취득한 제삼자에 대하여 채권자를 대위하지 못한다.
2. 제3취득자는 보증인에 대하여 채권자를 대위하지 못한다.
3. 제3취득자중의 1인은 각부동산의 가액에 비례하여 다른 제3취득자에 대하여 채권자를 대위한다.
4. 자기의 재산을 타인의 채무의 담보로 제공한 자가 수인인 경우에는 전호의 규정을 준용한다.
5. 자기의 재산을 타인의 채무의 담보로 제공한 자와 보증인간에는 그 인원수에 비례하여 채권자를 대위한다. 그러나 자기의 재산을 타인의 채무의 담보로 제공한 자가 수인인 때에는 보증인의 부담부분을 제외하고 그 잔액에 대하여 각재산의 가액에 비례하여 대위한다. 이 경우에 그 재산이 부동산인 때에는 제1호의 규정을 준용한다.

제483조 (일부의 대위) ①채권의 일부에 대하여 대위변제가 있는 때에는 대위자는 그 변제한 가액에 비례하여 채권자와 함께 그 권리를 행사한다. 〈논의중〉
②전항의 경우에 채무불이행을 원인으로 하는 계약의 해지 또는 해제는 채권자만이 할 수 있고 채권자는 대위자에게 그 변제한 가액과 이자를 상환하여야 한다.

제484조 (대위변제와 채권증서, 담보물) ①채권전부의 대위변제를 받은 채권자는 그 채권에 관한 증서 및 점유한 담보물을 대위자에게 교부하여야 한다.
②채권의 일부에 대한 대위변제가 있는 때에는 채권자는 채권증서에 그 대위를 기입하고 자기가 점유한 담보물의 보존에 관하여 대위자의 감독을 받아야 한다.

〈현행유지〉

제485조 (채권자의 담보상실, 감소행위와 법정대위자의 면책) 제481조의 규정에 의하여 대위할 자가 있는 경우에 채권자의 고의나 과실로 담보가 상실되거나 감소된 때에는 대위할 자는 그 상실 또는 감소로 인하여 상환을 받을 수 없는 한도에서 그 책임을 면한다.

〈현행유지〉

제486조 (변제이외의 방법에 의한 채무소멸과 대위) 제삼자가 공탁 기타 자기의 출재로 채무자의 채무를 면하게 한 경우에도 전6조의 규정을 준용한다.

〈현행유지〉

제2관 공탁

〈현행유지〉

제487조 (변제공탁의 요건, 효과) 채권자가 변제를 받지 아니하거나 받을 수 없는 때에는 변제자는 채권자를 위하여 변제의 목적물을 공탁하여 그 채무를 면할 수 있다. 변제자가 과실없이 채권자를 알 수 없는 경우에도 같다.

〈현행유지〉

제488조 (공탁의 방법) ①공탁은 채무이행지의 공탁소에 하여야 한다.
②공탁소에 관하여 법률에 특별한 규정이 없으면 법원은 변제자의 청구에 의하여 공탁소를 지정하고 공탁물보관자를 선임하여야 한다.
③공탁자는 지체없이 채권자에게 공탁통지를 하여야 한다.

〈현행유지〉

제489조 (공탁물의 회수) ①채권자가 공탁을 승인하거나 공탁소에 대하여 공탁물을 받기를 통고하거나 공탁유효

〈현행유지〉

의 판결이 확정되기까지는 변제자는 공탁물을 회수할
수 있다. 이 경우에는 공탁하지 아니한 것으로 본다.
②전항의 규정은 질권 또는 저당권이 공탁으로 인하
여 소멸한 때에는 적용하지 아니한다.

제490조 (자조매각금의 공탁) 변제의 목적물이 공탁에 〈현행유지〉
적당하지 아니하거나 멸실 또는 훼손될 염려가 있거
나 공탁에 과다한 비용을 요하는 경우에는 변제자는
법원의 허가를 얻어 그 물건을 경매하거나 시가로
방매하여 대금을 공탁할 수 있다.

제491조 (공탁물수령과 상대의무이행) 채무자가 채권자 〈현행유지〉
의 상대의무이행과 동시에 변제할 경우에는 채권자
는 그 의무이행을 하지 아니하면 공탁물을 수령하지
못한다.

제3관 상계 〈현행유지〉

제492조 (상계의 요건) ①쌍방이 서로 같은 종류를 목적 〈현행유지〉
으로 한 채무를 부담한 경우에 그 쌍방의 채무의 이
행기가 도래한 때에는 각채무자는 대등액에 관하여
상계할 수 있다. 그러나 채무의 성질이 상계를 허용
하지 아니할 때에는 그러하지 아니하다.
②전항의 규정은 당사자가 다른 의사를 표시한 경우
에는 적용하지 아니한다. 그러나 그 의사표시로써
선의의 제삼자에게 대항하지 못한다.

제493조 (상계의 방법, 효과) ①상계는 상대방에 대한 의 〈현행유지〉
사표시로 한다. 이 의사표시에는 조건 또는 기한을
붙이지 못한다.
②상계의 의사표시는 각채무가 상계할 수 있는 때에
대등액에 관하여 소멸한 것으로 본다.

제494조 (이행지를 달리하는 채무의 상계) 각채무의 이 〈현행유지〉
행지가 다른 경우에도 상계할 수 있다. 그러나 상계

하는 당사자는 상대방에게 상계로 인한 손해를 배상하여야 한다.

제495조 (소멸시효완성된 채권에 의한 상계) 소멸시효가 완성된 채권이 그 완성전에 상계할 수 있었던 것이면 그 채권자는 상계할 수 있다. 〈현행유지〉

제496조 (불법행위채권을 수동채권으로 하는 상계의 금지) 채무가 고의의 불법행위로 인한 것인 때에는 그 채무자는 상계로 채권자에게 대항하지 못한다. 〈현행유지〉

제497조 (압류금지채권을 수동채권으로 하는 상계의 금지) 채권이 압류하지 못할 것인 때에는 그 채무자는 상계로 채권자에게 대항하지 못한다. 〈현행유지〉

제498조 (지급금지채권을 수동채권으로 하는 상계의 금지) 지급을 금지하는 명령을 받은 제삼채무자는 그 후에 취득한 채권에 의한 상계로 그 명령을 신청한 채권자에게 대항하지 못한다. 〈현행유지〉

제499조 (준용규정) 제476조 내지 제479조의 규정은 상계에 준용한다. 〈현행유지〉

제4관 경개 〈현행유지〉

제500조 (경개의 요건, 효과) 당사자가 채무의 중요한 부분을 변경하는 계약을 한 때에는 구채무는 경개로 인하여 소멸한다. 〈현행유지〉

제501조 (채무자변경으로 인한 경개) 채무자의 변경으로 인한 경개는 채권자와 신채무자간의 계약으로 이를 할 수 있다. 그러나 구채무자의 의사에 반하여 이를 하지 못한다. 〈현행유지〉

제502조 (채권자변경으로 인한 경개) 채권자의 변경으로 인한 경개는 확정일자있는 증서로 하지 아니하면 이로써 제삼자에게 대항하지 못한다. 〈현행유지〉

제503조 (채권자변경의 경개와 채무자승낙의 효과) 제451조제1항의 규정은 채권자의 변경으로 인한 경개에 준용한다.	〈현행유지〉
제504조 (구채무불소멸의 경우) 경개로 인한 신채무가 원인의 불법 또는 당사자가 알지 못한 사유로 인하여 성립되지 아니하거나 취소된 때에는 구채무는 소멸되지 아니한다.	〈현행유지〉
제505조 (신채무에의 담보이전) 경개의 당사자는 구채무의 담보를 그 목적의 한도에서 신채무의 담보로 할 수 있다. 그러나 제삼자가 제공한 담보는 그 승낙을 얻어야 한다.	〈현행유지〉
제5관 면제	〈현행유지〉
제506조 (면제의 요건, 효과) 채권자가 채무자에게 채무를 면제하는 의사를 표시한 때에는 채권은 소멸한다. 그러나 면제로써 정당한 이익을 가진 제삼자에게 대항하지 못한다.	〈현행유지〉
제6관 혼동	〈현행유지〉
제507조 (혼동의 요건, 효과) 채권과 채무가 동일한 주체에 귀속한 때에는 채권은 소멸한다. 그러나 그 채권이 제삼자의 권리의 목적인 때에는 그러하지 아니하다.	〈현행유지〉
제7절 지시채권	〈현행유지〉
제508조 (지시채권의 양도방식) 지시채권은 그 증서에 배서하여 양수인에게 교부하는 방식으로 양도할 수 있다.	〈현행유지〉
제509조 (환배서) ①지시채권은 그 채무자에 대하여도 배서하여 양도할 수 있다.	〈현행유지〉

②배서로 지시채권을 양수한 채무자는 다시 배서하여 이를 양도할 수 있다.

제510조 (배서의 방식) ①배서는 증서 또는 그 보충지에 그 뜻을 기재하고 배서인이 서명 또는 기명날인함으로써 이를 한다. 〈현행유지〉
②배서는 피배서인을 지정하지 아니하고 할 수 있으며 또 배서인의 서명 또는 기명날인만으로 할 수 있다.

제511조 (약식배서의 처리방식) 배서가 전조제2항의 약식에 의한 때에는 소지인은 다음 각호의 방식으로 처리할 수 있다. 〈현행유지〉
 1. 자기나 타인의 명칭을 피배서인으로 기재할 수 있다.
 2. 약식으로 또는 타인을 피배서인으로 표시하여 다시 증서에 배서할 수 있다.
 3. 피배서인을 기재하지 아니하고 배서없이 증서를 제삼자에게 교부하여 양도할 수 있다.

제512조 (소지인출급배서의 효력) 소지인출급의 배서는 약식배서와 같은 효력이 있다. 〈현행유지〉

제513조 (배서의 자격수여력) ①증서의 점유자가 배서의 연속으로 그 권리를 증명하는 때에는 적법한 소지인으로 본다. 최후의 배서가 약식인 경우에도 같다. 〈현행유지〉
②약식배서 다음에 다른 배서가 있으면 그 배서인은 약식배서로 증서를 취득한 것으로 본다.
③말소된 배서는 배서의 연속에 관하여 그 기재가 없는 것으로 본다.

제514조 (동전-선의취득) 누구든지 증서의 적법한 소지인에 대하여 그 반환을 청구하지 못한다. 그러나 소지인이 취득한 때에 양도인이 권리없음을 알았거나 중대한 과실로 알지 못한 때에는 그러하지 아니하다. 〈현행유지〉

제515조 (이전배서와 인적항변) 지시채권의 채무자는 소지인의 전자에 대한 인적관계의 항변으로 소지인에게 대항하지 못한다. 그러나 소지인이 그 채무자를 해함을 알고 지시채권을 취득한 때에는 그러하지 아니하다.	〈현행유지〉
제516조 (변제의 장소) 증서에 변제장소를 정하지 아니한 때에는 채무자의 현영업소를 변제장소로 한다. 영업소가 없는 때에는 현주소를 변제장소로 한다.	〈현행유지〉
제517조 (증서의 제시와 이행지체) 증서에 변제기한이 있는 경우에도 그 기한이 도래한 후에 소지인이 증서를 제시하여 이행을 청구한 때로부터 채무자는 지체책임이 있다.	〈현행유지〉
제518조 (채무자의 조사권리의무) 채무자는 배서의 연속 여부를 조사할 의무가 있으며 배서인의 서명 또는 날인의 진위나 소지인의 진위를 조사할 권리는 있으나 의무는 없다. 그러나 채무자가 변제하는 때에 소지인이 권리자 아님을 알았거나 중대한 과실로 알지 못한 때에는 그 변제는 무효로 한다.	〈현행유지〉
제519조 (변제와 증서교부) 채무자는 증서와 교환하여서만 변제할 의무가 있다.	〈현행유지〉
제520조 (영수의 기입청구권) ①채무자는 변제하는 때에 소지인에 대하여 증서에 영수를 증명하는 기재를 할 것을 청구할 수 있다. ②일부변제의 경우에 채무자의 청구가 있으면 채권자는 증서에 그 뜻을 기재하여야 한다.	〈현행유지〉
제521조 (공시최고절차에 의한 증서의 실효) 멸실한 증서나 소지인의 점유를 이탈한 증서는 공시최고의 절차에 의하여 무효로 할 수 있다.	〈현행유지〉
제522조 (공시최고절차에 의한 공탁, 변제) 공시최고의 신청이 있는 때에는 채무자로 하여금 채무의 목적물	〈현행유지〉

을 공탁하게 할 수 있고 소지인이 상당한 담보를 제공하면 변제하게 할 수 있다.

제8절 무기명채권 〈현행유지〉

제523조 (무기명채권의 양도방식) 무기명채권은 양수인에게 그 증서를 교부함으로써 양도의 효력이 있다. 〈현행유지〉

제524조 (준용규정) 제514조 내지 제522조의 규정은 무기명채권에 준용한다. 〈현행유지〉

제525조 (지명소지인출급채권) 채권자를 지정하고 소지인에게도 변제할 것을 부기한 증서는 무기명채권과 같은 효력이 있다. 〈현행유지〉

제526조 (면책증서) 제516조, 제517조 및 제520조의 규정은 채무자가 증서소지인에게 변제하여 그 책임을 면할 목적으로 발행한 증서에 준용한다. 〈현행유지〉

제2장 계약 〈현행유지〉

제1절 총칙 〈현행유지〉

제1관 계약의 성립 〈현행유지〉

제527조 (계약의 청약의 구속력) 계약의 청약은 이를 철회하지 못한다. 〈삭 제〉 - 개정시안 제529조 관련

〈신 설〉 제527조 (계약의 성립) 계약은 당사자가 법적 구속을 받을 의사로 그 내용을 확정할 수 있는 합의에 이르면 성립한다.

제528조 (승낙기간을 정한 계약의 청약) ①승낙의 기간을 정한 계약의 청약은 청약자가 그 기간내에 승낙의 통지를 받지 못한 때에는 그 효력을 잃는다. 〈삭 제〉 - 개정시안 제530조 관련

②승낙의 통지가 전항의 기간후에 도달한 경우에 보통 그 기간내에 도달할 수 있는 발송인 때에는 청약자는 지체없이 상대방에게 그 연착의 통지를 하여야 한다. 그러나 그 도달전에 지연의 통지를 발송한 때에는 그러하지 아니하다.
③청약자가 전항의 통지를 하지 아니한 때에는 승낙의 통지는 연착되지 아니한 것으로 본다.

제529조 (승낙기간을 정하지 아니한 계약의 청약) 승낙의 기간을 정하지 아니한 계약의 청약은 청약자가 상당한 기간내에 승낙의 통지를 받지 못한 때에는 그 효력을 잃는다.

〈신　설〉

제530조 (연착된 승낙의 효력) 전2조의 경우에 연착된 승낙은 청약자가 이를 새 청약으로 볼 수 있다.

〈삭　제〉 - 개정시안 제530조 관련

제529조(청약의 철회) ① 청약의 철회는 승낙의 의사표시가 발송되기 전에 상대방에게 도달하면 그 효력이 있다.
② 다음 각 호의 경우에는 청약을 철회할 수 없다.
　1. 청약자가 승낙기간을 정하였거나, 청약을 철회하지 않겠다고 표시한 경우
　2. 상대방이 정당한 이유로 청약이 철회되지 않으리라 믿고 행위한 경우

제530조 (청약의 실효) ① 청약의 그에 대한 거절이 청약자에게 도달하면 그 효력을 잃는다.
② 청약은 청약자가 정한 기간 안에 또는 기간을 정하지 아니한 경우에는 상당한 기간 안에 승낙이 청약자에게 도달하지 않으면 그 효력을 잃는다.

제531조 (격지자간의 계약성립시기) 격지자간의 계약은 승낙의 통지를 발송한 때에 성립한다.	〈삭 제〉 - 개정시안 제534조 관련
제532조 (의사실현에 의한 계약성립) 청약자의 의사표시나 관습에 의하여 승낙의 통지가 필요하지 아니한 경우에는 계약은 승낙의 의사표시로 인정되는 사실이 있는 때에 성립한다.	〈삭 제〉 - 개정시안 제534조 관련
제533조 (교차청약) 당사자간에 동일한 내용의 청약이 상호교차된 경우에는 양청약이 상대방에게 도달한 때에 계약이 성립한다.	〈삭 제〉 - 개정시안 제534조 관련
제534조 (변경을 가한 승낙) 승낙자가 청약에 대하여 조건을 붙이거나 변경을 가하여 승낙한 때에는 그 청약의 거절과 동시에 새로 청약한 것으로 본다.	제534조 (청약의 성립시기) ① 계약은 승낙이 청약자에게 도달한 때에 성립한다. ② 청약자의 의사표시나 관습에 의하여 승낙의 통지가 필요하지 아니한 경우에는, 계약은 승낙의 의사표시로 인정되는 사실이 있는 때에 성립한다. ③ 당사자 사이에 동일한 내용의 청약이 서로 교차된 경우에는 두 청약이 상대방에게 도달한 때에 계약이 성립한다.
제535조 (계약체결상의 과실) ①목적이 불능한 계약을 체결할 때에 그 불능을 알았거나 알 수 있었을 자는 상대방이 그 계약의 유효를 믿었음으로 인하여 받은 손해를 배상하여야 한다. 그러나 그 배상액은 계약이 유효함으로 인하여 생길 이익액을 넘지 못한다. ②전항의 규정은 상대방이 그 불능을 알았거나 알 수 있었을 경우에는 적용하지 아니한다.	〈논의중〉 제535조 (계약체결시의 불능) ① 계약을 체결할 때에 이미 그 이행을 할 수 없다는 사정은 계약의 효력에 영향을 미치지 아니한다. ② 제1항의 경우에 채권자는 손해배상을 청구할 수 있다. 그러나 계약을 체결할 때에 채권자가 그 사정을 안 경우 또는 채무자가 그 사정을 알지

제2관 계약의 효력

제536조 (동시이행의 항변권) ①쌍무계약의 당사자일방은 상대방이 그 채무이행을 제공할 때까지 자기의 채무이행을 거절할 수 있다. 그러나 상대방의 채무가 변제기에 있지 아니하는 때에는 그러하지 아니하다. ②당사자일방이 상대방에게 먼저 이행하여야 할 경우에 상대방의 이행이 곤란할 현저한 사유가 있는 때에는 전항 본문과 같다.

제537조 (채무자위험부담주의) 쌍무계약의 당사자일방의 채무가 당사자쌍방의 책임없는 사유로 이행할 수 없게 된 때에는 채무자는 상대방의 이행을 청구하지 못한다.

〈신　설〉

〈신　설〉

못하였고 알지 못한 데에 과실이 없는 경우에는 그러하지 아니하다.

〈현행유지〉

〈논의중〉

제536조 (동시이행의 항변권) ① 쌍무계약의 당사자 일방은 상대방이 그 채무이행을 제공할 때까지 자기의 채무이행을 거절할 수 있다. 그러나 상대방의 채무가 변제기에 있지 아니하는 때에는 그러하지 아니하다.
② 당사자 일방이 상대방에게 먼저 이행하여야 할 경우에 상대방의 이행이 곤란할 현저한 사유가 있는 때에는 <u>자기의 채무이행을 거절할 수 있다. 그러나 상대방이 상당한 담보를 제공한 때에는 그러하지 아니하다.</u>

〈논의중〉

제537조 (<u>채무자의 위험부담</u>) ① 쌍무계약의 당사자 일방의 채무가 당사자 쌍방<u>에게</u> 책임없는 사유로 이행할 수 없게 된 때에는 채무자는 상대방의 이행을 청구하지 못한다.
② <u>제1항은 상대방의 계약 해제에 영향을 미치지 아니한다.</u>
③ 상대방이 제399조의2 제1항에 따라 이익의 상환을 청구하는 경우에는 채무자는 상대방의 이행을 청구할 수 있다. 이 경우에 상환할 이익의 가치가 본래의 채무보다 작으면

	상대방의 채무는 그에 비례하여 감소한다.
제538조 (채권자귀책사유로 인한 이행불능) ①쌍무계약의 당사자일방의 채무가 채권자의 책임있는 사유로 이행할 수 없게 된 때에는 채무자는 상대방의 이행을 청구할 수 있다. 채권자의 수령지체중에 당사자 쌍방의 책임없는 사유로 이행할 수 없게 된 때에도 같다. ②전항의 경우에 채무자는 자기의 채무를 면함으로써 이익을 얻은 때에는 이를 채권자에게 상환하여야 한다.	〈현행유지〉
〈신　설〉	제538조의2 (사정변경) 계약성립의 기초가 된 사정이 현저히 변경되고 당사자가 계약의 성립 당시 이를 예견할 수 없었으며, 그로 인하여 계약을 그대로 유지하는 것이 당사자의 이해에 중대한 불균형을 초래하거나 계약을 체결한 목적을 달성할 수 없는 때에는 당사자는 계약의 수정을 청구하거나 계약을 해제 또는 해지할 수 있다.
제539조 (제삼자를 위한 계약) ①계약에 의하여 당사자일방이 제삼자에게 이행할 것을 약정한 때에는 그 제삼자는 채무자에게 직접 그 이행을 청구할 수 있다. ②전항의 경우에 제삼자의 권리는 그 제삼자가 채무자에 대하여 계약의 이익을 받을 의사를 표시한 때에 생긴다.	〈현행유지〉
제540조 (채무자의 제삼자에 대한 최고권) 전조의 경우에 채무자는 상당한 기간을 정하여 계약의 이익의 향수 여부의 확답을 제삼자에게 최고할 수 있다. 채무자가 그 기간내에 확답을 받지 못한 때에는 제삼자가 계약의 이익을 받을 것을 거절한 것으로 본다.	〈현행유지〉

제541조 (제삼자의 권리의 확정) 제539조의 규정에 의하여 제삼자의 권리가 생긴 후에는 당사자는 이를 변경 또는 소멸시키지 못한다.

〈현행유지〉

제542조 (채무자의 항변권) 채무자는 제539조의 계약에 기한 항변으로 그 계약의 이익을 받을 제삼자에게 대항할 수 있다.

〈현행유지〉

제3관 계약의 해지, 해제

〈현행유지〉

제543조 (해지, 해제권) ①계약 또는 법률의 규정에 의하여 당사자의 일방이나 쌍방이 해지 또는 해제의 권리가 있는 때에는 그 해지 또는 해제는 상대방에 대한 의사표시로 한다.
②전항의 의사표시는 철회하지 못한다.

〈현행유지〉

제544조 (이행지체와 해제) 당사자일방이 그 채무를 이행하지 아니하는 때에는 상대방은 상당한 기간을 정하여 그 이행을 최고하고 그 기간내에 이행하지 아니한 때에는 계약을 해제할 수 있다. 그러나 채무자가 미리 이행하지 아니할 의사를 표시한 경우에는 최고를 요하지 아니한다.

제544조(채무불이행과 해제) ① 당사자 일방이 채무의 내용에 좇은 이행을 하지 아니한 때에는 상대방은 계약을 해제할 수 있다. 그러나 일방의 채무불이행이 경미하여 계약의 목적달성에 지장이 없는 경우에는 그러하지 아니하다.
② 제1항에 따라 계약을 해제하기 위해서는 상대방은 상당한 기간을 정하여 이행을 최고하고 그 기간 내에 이행이 되지 아니하여야 한다. 그러나 다음 각 호의 경우에는 최고를 요하지 아니한다.
  1. 채무의 이행이 불능하게 된 때
  2. 채무자가 미리 이행하지 아니할 의사를 표시하거나 채권자가 상당한 기간을 정하여 이행을 최

고하더라도 그 기간 내에 이행되지 아니할 것이 명백한 때
3. 계약의 성질 또는 당사자의 의사표시에 의하여 일정한 시일 또는 일정한 기간 내에 이행하지 아니하면 계약의 목적을 달성할 수 없을 경우에 당사자의 일방이 그 시기에 이행하지 아니한 때
4. 지체 후의 이행 또는 추완이 채권자에게 이익이 없거나 불합리한 부담을 주는 때

③ 채무의 이행이 불능한 경우 또는 채무자가 미리 이행하지 아니할 의사를 표시하거나 이행기가 도래하더라도 채무가 이행되지 아니할 것이 명백한 경우에는 채권자는 이행기 전에도 계약을 해제할 수 있다.

④ 당사자 일방의 채무불이행이 채권자에게 주로 책임 있는 사유에 기한 경우에는 채권자는 계약을 해제할 수 없다. 채권자의 수령지체 중에 당사자 쌍방에게 책임 없는 사유로 채무불이행이 발생한 때에도 같다.

제544조의2 (계속적 계약의 해지) ① 계속적 계약의 당사자 일방이 채무의 내용에 좇은 이행을 하지 아니한 때에는 상대방은 계약을 해지할 수 있다. 이 경우에는 제544조 제1항 단서 및 제2항 내지 제4항을 준용한다.

〈신　설〉

	② 제1항 이외의 중대한 사유로 계약의 존속을 기대할 수 없는 때에는 당사자 일방은 계약을 해지할 수 있다.
제545조 (정기행위와 해제) 계약의 성질 또는 당사자의 의사표시에 의하여 일정한 시일 또는 일정한 기간내에 이행하지 아니하면 계약의 목적을 달성할 수 없을 경우에 당사자일방이 그 시기에 이행하지 아니한 때에는 상대방은 전조의 최고를 하지 아니하고 계약을 해제할 수 있다.	〈삭 제〉 - 개정시안 제544조 관련
제546조 (이행불능과 해제) 채무자의 책임있는 사유로 이행이 불능하게 된 때에는 채권자는 계약을 해제할 수 있다.	〈삭 제〉 - 개정시안 제544조 관련
제547조 (해지, 해제권의 불가분성) ①당사자의 일방 또는 쌍방이 수인인 경우에는 계약의 해지나 해제는 그 전원으로부터 또는 전원에 대하여 하여야 한다. ②전항의 경우에 해지나 해제의 권리가 당사자1인에 대하여 소멸한 때에는 다른 당사자에 대하여도 소멸한다.	〈현행유지〉
제548조 (해제의 효과, 원상회복의무) ①당사자일방이 계약을 해제한 때에는 각당사자는 그 상대방에 대하여 원상회복의 의무가 있다. 그러나 제삼자의 권리를 해하지 못한다. ②전항의 경우에 반환할 금전에는 그 받은 날로부터 이자를 가하여야 한다.	제548조(해제의 효과, 원상회복의무) ① 당사자 일방이 계약을 해제한 때에는 각 당사자는 그 상대방에 대하여 원상회복의 의무가 있다. 그러나 제3자의 권리를 해치지 못한다. ② 제1항에 따라 금전을 반환하여야 할 경우에는 그 받은 날부터 이자를 붙여 반환하여야 하고, 목적물을 반환하여야 할 경우에는 그로부터 수취한 과실도 반환하여야 한다. ③ 각 당사자가 상대방으로부터 받은 목적물 또는 그로부터 수취한 과

	실을 반환할 수 없거나 목적물로부터 수취한 이익이 있는 때에는 그 가액을 반환하여야 한다. 그러나 상대방에게 책임 있는 사유로 반환할 수 없는 경우에는 그러하지 아니하다.
제549조 (원상회복의무와 동시이행) 제536조의 규정은 전조의 경우에 준용한다.	〈현행유지〉
제550조 (해지의 효과) 당사자일방이 계약을 해지한 때에는 계약은 장래에 대하여 그 효력을 잃는다.	〈현행유지〉
제551조 (해지, 해제와 손해배상) 계약의 해지 또는 해제는 손해배상의 청구에 영향을 미치지 아니한다.	〈현행유지〉
제552조 (해제권행사여부의 최고권) ①해제권의 행사의 기간을 정하지 아니한 때에는 상대방은 상당한 기간을 정하여 해제권행사여부의 확답을 해제권자에게 최고할 수 있다. ②전항의기간내에 해제의 통지를 받지 못한 때에는 해제권은 소멸한다.	〈현행유지〉
제553조 (훼손등으로 인한 해제권의 소멸) 해제권자의 고의나 과실로 인하여 계약의 목적물이 현저히 훼손되거나 이를 반환할 수 없게 된 때 또는 가공이나 개조로 인하여 다른 종류의 물건으로 변경된 때에는 해제권은 소멸한다.	〈삭 제〉
제2절 증여	〈현행유지〉
제554조 (증여의 의의) 증여는 당사자일방이 무상으로 재산을 상대방에 수여하는 의사를 표시하고 상대방이 이를 승낙함으로써 그 효력이 생긴다.	〈현행유지〉
제555조 (서면에 의하지 아니한 증여와 해제) 증여의 의사가 서면으로 표시되지 아니한 경우에는 각당사자	제555조 (서면에 의하지 아니한 증여와 해제) ① 증여의 의사가 서면으로

는 이를 해제할 수 있다.

표시되지 아니한 증여는 각 당사자가 해제할 수 있다.
② 제1항의 규정에 의한 계약의 해제는 이미 이행한 부분에 대하여는 영향을 미치지 아니한다.

제556조 (수증자의 행위와 증여의 해제) ①수증자가 증여자에 대하여 다음 각호의 사유가 있는 때에는 증여자는 그 증여를 해제할 수 있다.
　1. 증여자 또는 그 배우자나 직계혈족에 대한 범죄행위가 있는 때
　2. 증여자에 대하여 부양의무있는 경우에 이를 이행하지 아니하는 때
②전항의 해제권은 해제원인있음을 안 날로부터 6월을 경과하거나 증여자가 수증자에 대하여 용서의 의사를 표시한 때에는 소멸한다.

제556조 (수증자의 행위와 증여의 해제) ① 수증자에게 다음 각 호의 사유가 있는 때에는 증여자는 그 증여를 해제할 수 있다.
　1. 증여자 또는 그 배우자나 직계혈족에 대하여 범죄행위, 학대 그 밖에 현저하게 부당한 대우를 한 때
　2. 증여자에 대하여 부양의무있는 경우에 이를 이행하지 아니하는 때
② 제1항의 규정에 의하여 증여가 해제된 때에는 수증자는 증여된 재산과 해제 후에 수취한 과실(果實)을 반환하여야 한다. 수증자가 과실(果實)을 소비하였거나 과실(過失)로 인하여 훼손 또는 수취하지 못한 경우에는 그 과실(果實)의 대가를 보상하여야 한다.
③ 제1항의 해제권은 해제권자가 해제원인 있음을 안 날부터 1년을 경과하거나 증여자가 수증자에 대하여 용서의 의사를 표시한 때에는 소멸한다.

제557조 (증여자의 재산상태변경과 증여의 해제) 증여계약후에 증여자의 재산상태가 현저히 변경되고 그 이행으로 인하여 생계에 중대한 영향을 미칠 경우에는 증여자는 증여를 해제할 수 있다.

제557조 (증여자의 재산상태 변경과 증여의 해제) ① 증여계약후에 증여자의 재산상태가 현저히 변경되고 그 이행으로 인하여 생계에 중대한 영향

	을 미칠 경우에는 증여자는 증여를 해제할 수 있다. ② 제1항의 규정에 의하여 증여가 해제된 때에는 수증자는 그 받은 이익이 현존한 한도에서 증여자의 생계에 필요한 금액을 지급할 책임이 있다. 다만 그로 인하여 수증자의 생계에 중대한 영향을 미칠 때에는 그러하지 아니한다. ③ 수증자가 수인 있으면 먼저 증여를 받은 자는 나중에 증여를 받은 자가 책임을 이행하여도 증여자가 생계를 유지할 수 없는 한도에서 책임이 있다. ④ 제1항의 해제권은 해제권자가 해제원인 있음을 안 날부터 1년을 경과하거나 증여가 있은 때부터 5년을 경과하면 소멸한다.
제558조 (해제와 이행완료부분) 전3조의 규정에 의한 계약의 해제는 이미 이행한 부분에 대하여는 영향을 미치지 아니한다.	〈삭 제〉
제559조 (증여자의 담보책임) ①증여자는 증여의 목적인 물건 또는 권리의 하자나 흠결에 대하여 책임을 지지 아니한다. 그러나 증여자가 그 하자나 흠결을 알고 수증자에게 고지하지 아니한 때에는 그러하지 아니하다. ②상대부담있는 증여에 대하여는 증여자는 그 부담의 한도에서 매도인과 같은 담보의 책임이 있다.	〈현행유지〉
제560조 (정기증여와 사망으로 인한 실효) 정기의 급여를 목적으로 한 증여는 증여자 또는 수증자의 사망으로 인하여 그 효력을 잃는다.	〈현행유지〉

제561조 (부담부증여) 상대부담있는 증여에 대하여는 본절의 규정외에 쌍무계약에 관한 규정을 적용한다.	제561조 (부담부증여) 상대부담있는 증여에 대하여는 본절의 규정 외에 쌍무계약에 관한 규정을 <u>준용</u>한다.
제562조 (사인증여) 증여자의 사망으로 인하여 효력이 생길 증여에는 유증에 관한 규정을 준용한다.	〈현행유지〉
제3절 매매	〈현행유지〉
제1관 총칙	〈현행유지〉
제563조 (매매의 의의) 매매는 당사자일방이 재산권을 상대방에게 이전할 것을 약정하고 상대방이 그 대금을 지급할 것을 약정함으로써 그 효력이 생긴다.	〈현행유지〉
제564조 (매매의 일방예약) ①매매의 일방예약은 상대방이 매매를 완결할 의사를 표시하는 때에 매매의 효력이 생긴다. ②전항의 의사표시의 기간을 정하지 아니한 때에는 예약자는 상당한 기간을 정하여 매매완결여부의 확답을 상대방에게 최고할 수 있다. ③예약자가 전항의 기간내에 확답을 받지 못한 때에는 예약은 그 효력을 잃는다.	〈현행유지〉
제565조 (해약금) ①매매의 당사자일방이 계약당시에 금전 기타 물건을 계약금, 보증금 등의 명목으로 상대방에게 교부한 때에는 당사자간에 다른 약정이 없는 한 당사자의 일방이 이행에 착수할 때까지 교부자는 이를 포기하고 수령자는 그 배액을 상환하여 매매계약을 해제할 수 있다. ②제551조의 규정은 전항의 경우에 이를 적용하지 아니한다.	〈현행유지〉
제566조 (매매계약의 비용의 부담) 매매계약에 관한 비용은 당사자쌍방이 균분하여 부담한다.	〈현행유지〉

제567조 (유상계약에의 준용) 본절의 규정은 매매이외의 유상계약에 준용한다. 그러나 그 계약의 성질이 이를 허용하지 아니하는 때에는 그러하지 아니하다.	〈현행유지〉
제2관 매매의 효력	〈현행유지〉
제568조 (매매의 효력) ①매도인은 매수인에 대하여 매매의 목적이 된 권리를 이전하여야 하며 매수인은 매도인에게 그 대금을 지급하여야 한다. ②전항의 쌍방의무는 특별한 약정이나 관습이 없으면 동시에 이행하여야 한다.	〈현행유지〉
제569조 (타인의 권리의 매매) 매매의 목적이 된 권리가 타인에게 속한 경우에는 매도인은 그 권리를 취득하여 매수인에게 이전하여야 한다.	〈현행유지〉
제570조 (동전-매도인의 담보책임) 전조의 경우에 매도인이 그 권리를 취득하여 매수인에게 이전할 수 없는 때에는 매수인은 계약을 해제할 수 있다. 그러나 매수인이 계약당시 그 권리가 매도인에게 속하지 아니함을 안 때에는 손해배상을 청구하지 못한다.	〈현행유지〉
제571조 (동전-선의의 매도인의 담보책임) ①매도인이 계약당시에 매매의 목적이 된 권리가 자기에게 속하지 아니함을 알지 못한 경우에 그 권리를 취득하여 매수인에게 이전할 수 없는 때에는 매도인은 손해를 배상하고 계약을 해제할 수 있다. ②전항의 경우에 매수인이 계약당시 그 권리가 매도인에게 속하지 아니함을 안 때에는 매도인은 매수인에 대하여 그 권리를 이전할 수 없음을 통지하고 계약을 해제할 수 있다.	〈현행유지〉
제572조 (권리의 일부가 타인에게 속한 경우와 매도인의 담보책임) ①매매의 목적이 된 권리의 일부가 타인에게	〈현행유지〉

속함으로 인하여 매도인이 그 권리를 취득하여 매수인에게 이전할 수 없는 때에는 매수인은 그 부분의 비율로 대금의 감액을 청구할 수 있다.
②전항의 경우에 잔존한 부분만이면 매수인이 이를 매수하지 아니하였을 때에는 선의의 매수인은 계약전부를 해제할 수 있다.
③선의의 매수인은 감액청구 또는 계약해제외에 손해배상을 청구할 수 있다.

제573조 (전조의 권리행사의 기간) 전조의 권리는 매수인이 선의인 경우에는 사실을 안 날로부터, 악의인 경우에는 계약한 날로부터 1년내에 행사하여야 한다.   〈현행유지〉

제574조 (수량부족, 일부멸실의 경우와 매도인의 담보책임) 전2조의 규정은 수량을 지정한 매매의 목적물이 부족되는 경우와 매매목적물의 일부가 계약당시에 이미 멸실된 경우에 매수인이 그 부족 또는 멸실을 알지 못한 때에 준용한다.   〈현행유지〉

제575조 (제한물권있는 경우와 매도인의 담보책임) ①매매의 목적물이 지상권, 지역권, 전세권, 질권 또는 유치권의 목적이 된 경우에 매수인이 이를 알지 못한 때에는 이로 인하여 계약의 목적을 달성할 수 없는 경우에 한하여 매수인은 계약을 해제할 수 있다. 기타의 경우에는 손해배상만을 청구할 수 있다.
②전항의 규정은 매매의 목적이 된 부동산을 위하여 존재할 지역권이 없거나 그 부동산에 등기된 임대차계약이 있는 경우에 준용한다.
③전2항의 권리는 매수인이 그 사실을 안 날로부터 1년내에 행사하여야 한다.   〈현행유지〉

제576조 (저당권, 전세권의 행사와 매도인의 담보책임) ① 매매의 목적이 된 부동산에 설정된 저당권 또는 전세권의 행사로 인하여 매수인이 그 소유권을 취득할   〈현행유지〉

수 없거나 취득한 소유권을 잃은 때에는 매수인은 계약을 해제할 수 있다.
②전항의 경우에 매수인의 출재로 그 소유권을 보존한 때에는 매도인에 대하여 그 상환을 청구할 수 있다.
③전2항의 경우에 매수인이 손해를 받은 때에는 그 배상을 청구할 수 있다.

제577조 (저당권의 목적이된 지상권, 전세권의 매매와 매도인의 담보책임) 전조의 규정은 저당권의 목적이 된 지상권 또는 전세권이 매매의 목적이 된 경우에 준용한다. 〈현행유지〉

제578조 (경매와 매도인의 담보책임) ①경매의 경우에는 경락인은 전8조의 규정에 의하여 채무자에게 계약의 해제 또는 대금감액의 청구를 할 수 있다.
②전항의 경우에 채무자가 자력이 없는 때에는 경락인은 대금의 배당을 받은 채권자에 대하여 그 대금 전부나 일부의 반환을 청구할 수 있다.
③전2항의 경우에 채무자가 물건 또는 권리의 흠결을 알고 고지하지 아니하거나 채권자가 이를 알고 경매를 청구한 때에는 경락인은 그 흠결을 안 채무자나 채권자에 대하여 손해배상을 청구할 수 있다. 〈현행유지〉

제579조 (채권매매와 매도인의 담보책임) ①채권의 매도인이 채무자의 자력을 담보한 때에는 매매계약당시의 자력을 담보한 것으로 추정한다.
②변제기에 도달하지 아니한 채권의 매도인이 채무자의 자력을 담보한 때에는 변제기의 자력을 담보한 것으로 추정한다. 〈현행유지〉

제580조 (매도인의 하자담보책임) ①매매의 목적물에 하자가 있는 때에는 제575조제1항의 규정을 준용한다. 그러나 매수인이 하자있는 것을 알았거나 과실로 인하여 이를 알지 못한 때에는 그러하지 아니하다.
②전항의 규정은 경매의 경우에 적용하지 아니한다. 〈현행유지〉

제581조 (종류매매와 매도인의 담보책임) ①매매의 목적물을 종류로 지정한 경우에도 그 후 특정된 목적물에 하자가 있는 때에는 전조의 규정을 준용한다. ②전항의 경우에 매수인은 계약의 해제 또는 손해배상의 청구를 하지 아니하고 하자없는 물건을 청구할 수 있다. 〈현행유지〉

제582조 (전2조의 권리행사기간) 전2조에 의한 권리는 매수인이 그 사실을 안 날로부터 6월내에 행사하여야 한다. 〈현행유지〉

제583조 (담보책임과 동시이행) 제536조의 규정은 제572조 내지 제575조, 제580조 및 제581조의 경우에 준용한다. 〈현행유지〉

제584조 (담보책임면제의 특약) 매도인은 전15조에 의한 담보책임을 면하는 특약을 한 경우에도 매도인이 알고 고지하지 아니한 사실 및 제삼자에게 권리를 설정 또는 양도한 행위에 대하여는 책임을 면하지 못한다. 〈현행유지〉

제585조 (동일기한의 추정) 매매의 당사자일방에 대한 의무이행의 기한이 있는 때에는 상대방의 의무이행에 대하여도 동일한 기한이 있는 것으로 추정한다. 〈현행유지〉

제586조 (대금지급장소) 매매의 목적물의 인도와 동시에 대금을 지급할 경우에는 그 인도장소에서 이를 지급하여야 한다. 〈현행유지〉

제587조 (과실의 귀속, 대금의 이자) 매매계약 있은 후에도 인도하지 아니한 목적물로부터 생긴 과실은 매도인에게 속한다. 매수인은 목적물의 인도를 받은 날로부터 대금의 이자를 지급하여야 한다. 그러나 대금의 지급에 대하여 기한이 있는 때에는 그러하지 아니하다. 〈현행유지〉

제588조 (권리주장자가 있는 경우와 대금지급거절권) 매매의 목적물에 대하여 권리를 주장하는 자가 있는 경우에 매수인이 매수한 권리의 전부나 일부를 잃을 염려가 있는 때에는 매수인은 그 위험의 한도에서 대금의 전부나 일부의 지급을 거절할 수 있다. 그러나 매도인이 상당한 담보를 제공한 때에는 그러하지 아니하다. 〈현행유지〉

제589조 (대금공탁청구권) 전조의 경우에 매도인은 매수인에 대하여 대금의 공탁을 청구할 수 있다. 〈현행유지〉

제3관 환매 〈현행유지〉

제590조 (환매의 의의) ①매도인이 매매계약과 동시에 환매할 권리를 보류한 때에는 그 영수한 대금 및 매수인이 부담한 매매비용을 반환하고 그 목적물을 환매할 수 있다.
②전항의 환매대금에 관하여 특별한 약정이 있으면 그 약정에 의한다.
③전2항의 경우에 목적물의 과실과 대금의 이자는 특별한 약정이 없으면 이를 상계한 것으로 본다. 〈현행유지〉

제591조 (환매기간) ①환매기간은 부동산은 5년, 동산은 3년을 넘지 못한다. 약정기간이 이를 넘는 때에는 부동산은 5년, 동산은 3년으로 단축한다.
②환매기간을 정한 때에는 다시 이를 연장하지 못한다.
③환매기간을 정하지 아니한 때에는 그 기간은 부동산은 5년, 동산은 3년으로 한다. 〈현행유지〉

제592조 (환매등기) 매매의 목적물이 부동산인 경우에 매매등기와 동시에 환매권의 보류를 등기한 때에는 제삼자에 대하여 그 효력이 있다. 〈현행유지〉

제593조 (환매권의 대위행사와 매수인의 권리) 매도인의 채권자가 매도인을 대위하여 환매하고자 하는 때에 〈현행유지〉

는 매수인은 법원이 선정한 감정인의 평가액에서 매
도인이 반환할 금액을 공제한 잔액으로 매도인의 채
무를 변제하고 잉여액이 있으면 이를 매도인에게 지
급하여 환매권을 소멸시킬 수 있다.

제594조 (환매의 실행) ①매도인은 기간내에 대금과 매 〈현행유지〉
매비용을 매수인에게 제공하지 아니하면 환매할 권
리를 잃는다.
②매수인이나 전득자가 목적물에 대하여 비용을 지
출한 때에는 매도인은 제203조의 규정에 의하여 이
를 상환하여야 한다. 그러나 유익비에 대하여는 법
원은 매도인의 청구에 의하여 상당한 상환기간을 허
여할 수 있다.

제595조 (공유지분의 환매) 공유자의 1인이 환매할 권리 〈현행유지〉
를 보류하고 그 지분을 매도한 후 그 목적물의 분할이
나 경매가 있는 때에는 매도인은 매수인이 받은 또는
받을 부분이나 대금에 대하여 환매권을 행사할 수 있
다. 그러나 매도인에게 통지하지 아니한 매수인은 그
분할이나 경매로써 매도인에게 대항하지 못한다.

제4절 교환 〈현행유지〉

제596조 (교환의 의의) 교환은 당사자쌍방이 금전이외 〈현행유지〉
의 재산권을 상호이전할 것을 약정함으로써 그 효력
이 생긴다.

제597조 (금전의 보충지급의 경우) 당사자일방이 전조의 〈현행유지〉
재산권이전과 금전의 보충지급을 약정한 때에는 그
금전에 대하여는 매매대금에 관한 규정을 준용한다.

제5절 소비대차 〈현행유지〉

제598조 (소비대차의 의의) 소비대차는 당사자일방이 금 〈현행유지〉

전 기타 대체물의 소유권을 상대방에게 이전할 것을 약정하고 상대방은 그와 같은 종류, 품질 및 수량으로 반환할 것을 약정함으로써 그 효력이 생긴다.

제599조 (파산과 소비대차의 실효) 대주가 목적물을 차주에게 인도하기 전에 당사자일방이 파산선고를 받은 때에는 소비대차는 그 효력을 잃는다.	〈현행유지〉
제600조 (이자계산의 시기) 이자있는 소비대차는 차주가 목적물의 인도를 받은 때로부터 이자를 계산하여야 하며 차주가 그 책임있는 사유로 수령을 지체할 때에는 대주가 이행을 제공한 때로부터 이자를 계산하여야 한다.	〈현행유지〉
제601조 (무이자소비대차와 해제권) 이자없는 소비대차의 당사자는 목적물의 인도전에는 언제든지 계약을 해제할 수 있다. 그러나 상대방에게 생긴 손해가 있는 때에는 이를 배상하여야 한다.	〈현행유지〉
제602조 (대주의 담보책임) ①이자 있는 소비대차의 목적물에 하자가 있는 경우에는 제580조 내지 제582조의 규정을 준용한다. ②이자없는 소비대차의 경우에는 차주는 하자있는 물건의 가액으로 반환할 수 있다. 그러나 대주가 그 하자를 알고 차주에게 고지하지 아니한 때에는 전항과 같다.	〈현행유지〉
제603조 (반환시기) ①차주는 약정시기에 차용물과 같은 종류, 품질 및 수량의 물건을 반환하여야 한다. ②반환시기의 약정이 없는 때에는 대주는 상당한 기간을 정하여 반환을 최고하여야 한다. 그러나 차주는 언제든지 반환할 수 있다.	〈현행유지〉
제604조 (반환불능으로 인한 시가상환) 차주가 차용물과 같은 종류, 품질 및 수량의 물건을 반환할 수 없는	〈현행유지〉

때에는 그때의 시가로 상환하여야 한다. 그러나 제376조 및 제377조제2항의 경우에는 그러하지 아니하다.

제605조 (준소비대차) 당사자쌍방이 소비대차에 의하지 아니하고 금전 기타의 대체물을 지급할 의무가 있는 경우에 당사자가 그 목적물을 소비대차의 목적으로 할 것을 약정한 때에는 소비대차의 효력이 생긴다. 〈현행유지〉

제606조 (대물대차) 금전대차의 경우에 차주가 금전에 갈음하여 유가증권 기타 물건의 인도를 받은 때에는 그 인도시의 가액으로써 차용액으로 한다. 〈현행유지〉

제607조 (대물반환의 예약) 차용물의 반환에 관하여 차주가 차용물에 갈음하여 다른 재산권을 이전할 것을 예약한 경우에는 그 재산의 예약당시의 가액이 차용액 및 이에 붙인 이자의 합산액을 넘지 못한다. 〈현행유지〉

제608조 (차주에 불이익한 약정의 금지) 전2조의 규정에 위반한 당사자의 약정으로서 차주에 불리한 것은 환매 기타 여하한 명목이라도 그 효력이 없다. 〈현행유지〉

제6절 사용대차 〈현행유지〉

제609조 (사용대차의 의의) 사용대차는 당사자일방이 상대방에게 무상으로 사용, 수익하게 하기 위하여 목적물을 인도할 것을 약정하고 상대방은 이를 사용, 수익한 후 그 물건을 반환할 것을 약정함으로써 그 효력이 생긴다. 〈현행유지〉

제610조 (차주의 사용, 수익권) ①차주는 계약 또는 그 목적물의 성질에 의하여 정하여진 용법으로 이를 사용, 수익하여야 한다.
②차주는 대주의 승낙이 없으면 제삼자에게 차용물을 사용, 수익하게 하지 못한다.
③차주가 전2항의 규정에 위반한 때에는 대주는 계약을 해지할 수 있다. 〈현행유지〉

제611조 (비용의 부담) ①차주는 차용물의 통상의 필요 비를 부담한다. 〈현행유지〉
②기타의 비용에 대하여는 제594조제2항의 규정을 준용한다.

제612조 (준용규정) 제559조, 제601조의 규정은 사용대차에 준용한다. 〈현행유지〉

제613조 (차용물의 반환시기) ①차주는 약정시기에 차용물을 반환하여야 한다. 〈현행유지〉
②시기의 약정이 없는 경우에는 차주는 계약 또는 목적물의 성질에 의한 사용, 수익이 종료한 때에 반환하여야 한다. 그러나 사용, 수익에 족한 기간이 경과한 때에는 대주는 언제든지 계약을 해지할 수 있다.

제614조 (차주의 사망, 파산과 해지) 차주가 사망하거나 파산선고를 받은 때에는 대주는 계약을 해지할 수 있다. 〈현행유지〉

제615조 (차주의 원상회복의무와 철거권) 차주가 차용물을 반환하는 때에는 이를 원상에 회복하여야 한다. 이에 부속시킨 물건은 철거할 수 있다. 〈현행유지〉

제616조 (공동차주의 연대의무) 수인이 공동하여 물건을 차용한 때에는 연대하여 그 의무를 부담한다. 〈현행유지〉

제617조 (손해배상, 비용상환청구의 기간) 계약 또는 목적물의 성질에 위반한 사용, 수익으로 인하여 생긴 손해배상의 청구와 차주가 지출한 비용의 상환청구는 대주가 물건의 반환을 받은 날로부터 6월내에 하여야 한다. 〈현행유지〉

제7절 임대차 〈현행유지〉

제618조 (임대차의 의의) 임대차는 당사자일방이 상대방에게 목적물을 사용, 수익하게 할 것을 약정하고 상대방이 이에 대하여 차임을 지급할 것을 약정함으로써 그 효력이 생긴다. 〈현행유지〉

제619조 (처분능력, 권한없는 자의 할 수 있는 단기임대차) 처분의 능력 또는 권한없는 자가 임대차를 하는 경우에는 그 임대차는 다음 각호의 기간을 넘지 못한다. 　1. 식목, 채염 또는 석조, 석회조, 연와조 및 이와 유사한 건축을 목적으로 한 토지의 임대차는 10년 　2. 기타 토지의 임대차는 5년 　3. 건물 기타 공작물의 임대차는 3년 　4. 동산의 임대차는 6월	〈현행유지〉
제620조 (단기임대차의 갱신) 전조의 기간은 갱신할 수 있다. 그러나 그 기간만료전 토지에 대하여는 1년, 건물 기타 공작물에 대하여는 3월, 동산에 대하여는 1월내에 갱신하여야 한다.	〈현행유지〉
제621조 (임대차의 등기) ①부동산임차인은 당사자간에 반대 약정이 없으면 임대인에 대하여 그 임대차등기 절차에 협력할 것을 청구할 수 있다. ②부동산임대차를 등기한 때에는 그때부터 제삼자에 대하여 효력이 생긴다.	〈현행유지〉
제622조 (건물등기있는 차지권의 대항력) ①건물의 소유를 목적으로 한 토지임대차는 이를 등기하지 아니한 경우에도 임차인이 그 지상건물을 등기한 때에는 제삼자에 대하여 임대차의 효력이 생긴다. ②건물이 임대차기간 만료전에 멸실 또는 후폐한 때에는 전항의 효력을 잃는다. 〈신　설〉	제622조 (건물등기 있는 <u>토지임차권</u>의 대항력) ① 건물의 소유를 목적으로 한 토지임대차는 이를 등기하지 아니한 경우에도 임차인이 그 지상건물을 등기한 때에는 제삼자에 대하여 임대차의 효력이 생긴다. ② 건물이 임대차기간 만료전에 멸실 또는 후폐한 때에는 <u>제1항</u>의 효력을 잃는다. 〈논의중〉 제622조의2 (건물 소유를 위한 법정임대차) ① 동일인이 소유하던 토지와 그 지상건물이 법률행위로 인하여

서로 다른 소유자에 속하게 된 때에는 다른 약정이 없으면 토지소유자와 건물소유자가 그 건물의 소유를 위한 토지임대차계약을 체결한 것으로 본다.
② 제1항의 경우 임대차기간은 토지와 건물의 소유자가 달라진 때부터 10년으로 정한 것으로 본다. 그러나 건물이 철거 또는 멸실된 때에는 임대차가 종료한다.
③ 차임은 당사자의 청구에 의하여 법원이 정한다. 이 경우에는 제628조를 준용한다.
④ 제1항의 임차인은 임대인의 동의 없이 그 권리를 양도하거나 임차물을 전대할 수 있다.

제623조 (임대인의 의무) 임대인은 목적물을 임차인에게 인도하고 계약존속중 그 사용, 수익에 필요한 상태를 유지하게 할 의무를 부담한다.	〈현행유지〉
제624조 (임대인의 보존행위, 인용의무) 임대인이 임대물의 보존에 필요한 행위를 하는 때에는 임차인은 이를 거절하지 못한다.	〈현행유지〉
제625조 (임차인의 의사에 반하는 보존행위와 해지권) 임대인이 임차인의 의사에 반하여 보존행위를 하는 경우에 임차인이 이로 인하여 임차의 목적을 달성할 수 없는 때에는 계약을 해지할 수 있다.	〈현행유지〉
제626조 (임차인의 상환청구권) ①임차인이 임차물의 보존에 관한 필요비를 지출한 때에는 임대인에 대하여 그 상환을 청구할 수 있다. ②임차인이 유익비를 지출한 경우에는 임대인은 임	〈현행유지〉

대차종료시에 그 가액의 증가가 현존한때에 한하여 임차인의 지출한 금액이나 그 증가액을 상환하여야 한다. 이 경우에 법원은 임대인의 청구에 의하여 상당한 상환기간을 허여할 수 있다.

제627조 (일부멸실등과 감액청구, 해지권) ①임차물의 일부가 임차인의 과실없이 멸실 기타 사유로 인하여 사용, 수익할 수 없는 때에는 임차인은 그 부분의 비율에 의한 차임의 감액을 청구할 수 있다.
②전항의 경우에 그 잔존부분으로 임차의 목적을 달성할 수 없는 때에는 임차인은 계약을 해지할 수 있다.

〈현행유지〉

제628조 (차임증감청구권) 임대물에 대한 공과부담의 증감 기타 경제사정의 변동으로 인하여 약정한 차임이 상당하지 아니하게 된 때에는 당사자는 장래에 대한 차임의 증감을 청구할 수 있다.

〈현행유지〉

제629조 (임차권의 양도, 전대의 제한) ①임차인은 임대인의 동의없이 그 권리를 양도하거나 임차물을 전대하지 못한다.
②임차인이 전항의 규정에 위반한 때에는 임대인은 계약을 해지할 수 있다.

〈현행유지〉

제630조 (전대의 효과) ①임차인이 임대인의 동의를 얻어 임차물을 전대한 때에는 전차인은 직접 임대인에 대하여 의무를 부담한다. 이 경우에 전차인은 전대인에 대한 차임의 지급으로써 임대인에게 대항하지 못한다.
②전항의 규정은 임대인의 임차인에 대한 권리행사에 영향을 미치지 아니한다.

〈현행유지〉

제631조 (전차인의 권리의 확정) 임차인이 임대인의 동의를 얻어 임차물을 전대한 경우에는 임대인과 임차인의 합의로 계약을 종료한 때에도 전차인의 권리는 소멸하지 아니한다.

〈현행유지〉

제632조 (임차건물의 소부분을 타인에게 사용케 하는 경우) 전3조의 규정은 건물의 임차인이 그 건물의 소부분을 타인에게 사용하게 하는 경우에 적용하지 아니한다.	〈현행유지〉
제633조 (차임지급의 시기) 차임은 동산, 건물이나 대지에 대하여는 매월말에, 기타 토지에 대하여는 매년말에 지급하여야 한다. 그러나 수확기 있는 것에 대하여는 그 수확후 지체없이 지급하여야 한다.	〈현행유지〉
제634조 (임차인의 통지의무) 임차물의 수리를 요하거나 임차물에 대하여 권리를 주장하는 자가 있는 때에는 임차인은 지체없이 임대인에게 이를 통지하여야 한다. 그러나 임대인이 이미 이를 안 때에는 그러하지 아니하다.	〈현행유지〉
제635조 (기간의 약정없는 임대차의 해지통고) ①임대차기간의 약정이 없는 때에는 당사자는 언제든지 계약해지의 통고를 할 수 있다. ②상대방이 전항의 통고를 받은 날로부터 다음 각호의 기간이 경과하면 해지의 효력이 생긴다. 　1. 토지, 건물 기타 공작물에 대하여는 임대인이 해지를 통고한 경우에는 6월, 임차인이 해지를 통고한 경우에는 1월 　2. 동산에 대하여는 5일	〈현행유지〉
제636조 (기간의 약정 있는 임대차의 해지통고) 임대차기간의 약정이 있는 경우에도 당사자일방 또는 쌍방이 그 기간내에 해지할 권리를 보류한 때에는 전조의 규정을 준용한다.	〈현행유지〉
제637조 (임차인의 파산과 해지통고) ①임차인이 파산선고를 받은 경우에는 임대차기간의 약정이 있는 때에도 임대인 또는 파산관재인은 제635조의 규정에 의	〈현행유지〉

하여 계약해지의 통고를 할 수 있다.

②전항의 경우에 각당사자는 상대방에 대하여 계약해지로 인하여 생긴 손해의 배상을 청구하지 못한다.

제638조 (해지통고의 전차인에 대한 통지) ①임대차계약이 해지의 통고로 인하여 종료된 경우에 그 임대물이 적법하게 전대되었을 때에는 임대인은 전차인에 대하여 그 사유를 통지하지 아니하면 해지로써 전차인에게 대항하지 못한다.

②전차인이 전항의 통지를 받은 때에는 제635조제2항의 규정을 준용한다.

〈현행유지〉

제639조 (묵시의 갱신) ①임대차기간이 만료한 후 임차인이 임차물의 사용, 수익을 계속하는 경우에 임대인이 상당한 기간내에 이의를 하지 아니한 때에는 전임대차와 동일한 조건으로 다시 임대차한 것으로 본다. 그러나 당사자는 제635조의 규정에 의하여 해지의 통고를 할 수 있다.

②전항의 경우에 전임대차에 대하여 제삼자가 제공한 담보는 기간의 만료로 인하여 소멸한다.

〈현행유지〉

제640조 (차임연체와 해지) 건물 기타 공작물의 임대차에는 임차인의 차임연체액이 2기의 차임액에 달하는 때에는 임대인은 계약을 해지할 수 있다.

〈현행유지〉

제641조 (동전) 건물 기타 공작물의 소유 또는 식목, 채염, 목축을 목적으로 한 토지임대차의 경우에도 전조의 규정을 준용한다.

〈현행유지〉

제642조 (토지임대차의 해지와 지상건물등에 대한 담보물권자에의 통지) 전조의 경우에 그 지상에 있는 건물 기타 공작물이 담보물권의 목적이 된 때에는 제288조의 규정을 준용한다.

〈현행유지〉

제643조 (임차인의 갱신청구권, 매수청구권) 건물 기타 공

〈현행유지〉

작물의 소유 또는 식목, 채염, 목축을 목적으로 한 토지임대차의 기간이 만료한 경우에 건물, 수목 기타 지상시설이 현존한 때에는 제283조의 규정을 준용한다.	
제644조 (전차인의 임대청구권, 매수청구권) ①건물 기타 공작물의 소유 또는 식목, 채염, 목축을 목적으로 한 토지 임차인이 적법하게 그 토지를 전대한 경우에 임대차 및 전대차의 기간이 동시에 만료되고 건물, 수목 기타 지상시설이 현존한 때에는 전차인은 임대인에 대하여 전전대차와 동일한 조건으로 임대할 것을 청구할 수 있다. ②전항의 경우에 임대인이 임대할 것을 원하지 아니하는 때에는 제283조제2항의 규정을 준용한다.	〈현행유지〉
제645조 (지상권목적토지의 임차인의 임대청구권, 매수청구권) 전조의 규정은 지상권자가 그 토지를 임대한 경우에 준용한다.	〈현행유지〉
제646조 (임차인의 부속물매수청구권) ①건물 기타 공작물의 임차인이 그 사용의 편익을 위하여 임대인의 동의를 얻어 이에 부속한 물건이 있는 때에는 임대차의 종료시에 임대인에 대하여 그 부속물의 매수를 청구할 수 있다. ②임대인으로부터 매수한 부속물에 대하여도 전항과 같다.	〈현행유지〉
제647조 (전차인의 부속물매수청구권) ①건물 기타 공작물의 임차인이 적법하게 전대한 경우에 전차인이 그 사용의 편익을 위하여 임대인의 동의를 얻어 이에 부속한 물건이 있는 때에는 전대차의 종료시에 임대인에 대하여 그 부속물의 매수를 청구할 수 있다. ②임대인으로부터 매수하였거나 그 동의를 얻어 임차인으로부터 매수한 부속물에 대하여도 전항과 같다.	〈현행유지〉
<신 설>	제647조의2 (임차보증금의 반환) 임차인이 임대인에게 보증금을 지급한

	경우 임대인은 임대차 종료 후 보증금으로써 지체된 차임 기타 임대차와 관련하여 생긴 채권의 변제에 충당하고 잔액이 있으면 이를 반환하여야 한다.
제648조 (임차지의 부속물, 과실등에 대한 법정질권) 토지임대인이 임대차에 관한 채권에 의하여 임차지에 부속 또는 그 사용의 편익에 공용한 임차인의 소유동산 및 그 토지의 과실을 압류한 때에는 질권과 동일한 효력이 있다.	〈현행유지〉
제649조 (임차지상의 건물에 대한 법정저당권) 토지임대인이 변제기를 경과한 최후 2년의 차임채권에 의하여 그 지상에 있는 임차인소유의 건물을 압류한 때에는 저당권과 동일한 효력이 있다.	〈현행유지〉
제650조 (임차건물등의 부속물에 대한 법정질권) 건물 기타 공작물의 임대인이 임대차에 관한 채권에 의하여 그 건물 기타 공작물에 부속한 임차인소유의 동산을 압류한 때에는 질권과 동일한 효력이 있다.	〈현행유지〉
제651조 (임대차존속기간) ①석조, 석회조, 연와조 또는 이와 유사한 견고한 건물 기타 공작물의 소유를 목적으로 하는 토지임대차나 식목, 채염을 목적으로 하는 토지임대차의 경우를 제한 외에는 임대차의 존속기간은 20년을 넘지 못한다. 당사자의 약정기간이 20년을 넘는 때에는 이를 20년으로 단축한다. ②전항의 기간은 이를 갱신할 수 있다. 그 기간은 갱신한 날로부터 10년을 넘지 못한다.	〈현행유지〉
제652조 (강행규정) 제627조, 제628조, 제631조, 제635조, 제638조, 제640조, 제641조, 제643조 내지 제647조의 규정에 위반하는 약정으로 임차인이나 전차인에게 불리한 것은 그 효력이 없다.	〈현행유지〉

제653조 (일시사용을 위한 임대차의 특례) 제628조, 제638조, 제640조, 제646조 내지 제648조, 제650조 및 전조의 규정은 일시사용하기 위한 임대차 또는 전대차인 것이 명백한 경우에는 적용하지 아니한다.	〈현행유지〉
제654조 (준용규정) 제610조제1항, 제615조 내지 제617조의 규정은 임대차에 이를 준용한다.	〈논의중〉

제8절 고용

〈현행유지〉

제655조 (고용의 의의) 고용은 당사자일방이 상대방에 대하여 노무를 제공할 것을 약정하고 상대방이 이에 대하여 보수를 지급할 것을 약정함으로써 그 효력이 생긴다.	〈현행유지〉
〈신 설〉	<u>제655조의2 (사용자의 안전배려의무) 사용자는 노무제공에 관하여 노무자의 안전을 배려하여야 한다.</u>
제656조 (보수액과 그 지급시기) ①보수 또는 보수액의 약정이 없는 때에는 관습에 의하여 지급하여야 한다. ②보수는 약정한 시기에 지급하여야 하며 시기의 약정이 없으면 관습에 의하고 관습이 없으면 약정한 노무를 종료한 후 지체없이 지급하여야 한다.	〈현행유지〉
제657조 (권리의무의 전속성) ①사용자는 노무자의 동의없이 그 권리를 제삼자에게 양도하지 못한다. ②노무자는 사용자의 동의없이 제삼자로 하여금 자기에 갈음하여 노무를 제공하게 하지 못한다. ③당사자일방이 전2항의 규정에 위반한 때에는 상대방은 계약을 해지할 수 있다.	〈현행유지〉
제658조 (노무의 내용과 해지권) ①사용자가 노무자에 대하여 약정하지 아니한 노무의 제공을 요구한 때에는 노무자는 계약을 해지할 수 있다.	〈현행유지〉

②약정한 노무가 특수한 기능을 요하는 경우에 노무자가 그 기능이 없는 때에는 사용자는 계약을 해지할 수 있다.

제659조 (3년이상의 경과와 해지통고권) ①고용의 약정기간이 3년을 넘거나 당사자의 일방 또는 제삼자의 종신까지로 된 때에는 각당사자는 3년을 경과한 후 언제든지 계약해지의 통고를 할 수 있다.
②전항의 경우에는 상대방이 해지의 통고를 받은 날로부터 3월이 경과하면 해지의 효력이 생긴다.

〈현행유지〉

제660조 (기간의 약정이 없는 고용의 해지통고) ①고용기간의 약정이 없는 때에는 당사자는 언제든지 계약해지의 통고를 할 수 있다.
②전항의 경우에는 상대방이 해지의 통고를 받은 날로부터 1월이 경과하면 해지의 효력이 생긴다.
③기간으로 보수를 정한 때에는 상대방이 해지의 통고를 받은 당기후의 일기를 경과함으로써 해지의 효력이 생긴다.

〈현행유지〉

제661조 (부득이한 사유와 해지권) 고용기간의 약정이 있는 경우에도 부득이한 사유있는 때에는 각당사자는 계약을 해지할 수 있다. 그러나 그 사유가 당사자 일방의 과실로 인하여 생긴 때에는 상대방에 대하여 손해를 배상하여야 한다.

〈현행유지〉

제662조 (묵시의 갱신) ①고용기간이 만료한 후 노무자가 계속하여 그 노무를 제공하는 경우에 사용자가 상당한 기간내에 이의를 하지 아니한 때에는 전고용과 동일한 조건으로 다시 고용한 것으로 본다. 그러나 당사자는 제660조의 규정에 의하여 해지의 통고를 할 수 있다.
②전항의 경우에는 전고용에 대하여 제삼자가 제공한 담보는 기간의 만료로 인하여 소멸한다.

〈현행유지〉

제663조 (사용자파산과 해지통고) ①사용자가 파산선고를 받은 경우에는 고용기간의 약정이 있는 때에도 노무자 또는 파산관재인은 계약을 해지할 수 있다. ②전항의 경우에는 각당사자는 계약해지로 인한 손해의 배상을 청구하지 못한다.	〈현행유지〉
제9절 도급	〈현행유지〉
제664조 (도급의 의의) 도급은 당사자일방이 어느 일을 완성할 것을 약정하고 상대방이 그 일의 결과에 대하여 보수를 지급할 것을 약정함으로써 그 효력이 생긴다.	〈현행유지〉
제665조 (보수의 지급시기) ①보수는 그 완성된 목적물의 인도와 동시에 지급하여야 한다. 그러나 목적물의 인도를 요하지 아니하는 경우에는 그 일을 완성한 후 지체없이 지급하여야 한다. ②전항의 보수에 관하여는 제656조제2항의 규정을 준용한다.	제665조 (보수의 지급시기) ① 보수는 약정한 시기에 지급하여야 하며, 그 시기의 약정이 없으면 관습에 의한다. ② 보수의 지급시기에 관하여 약정이나 관습이 없는 경우에는 보수는 그 완성된 목적물의 인도와 동시에 지급하여야 한다. 그러나 목적물의 인도를 필요로 하지 아니하는 때에는 그 일을 완성한 후 지체없이 지급하여야 한다.
제666조 (수급인의 목적 부동산에 대한 저당권설정청구권) 부동산공사의 수급인은 전조의 보수에 관한 채권을 담보하기 위하여 그 부동산을 목적으로 한 저당권의 설정을 청구할 수 있다.	〈현행유지〉
제667조 (수급인의 담보책임) ①완성된 목적물 또는 완성전의 성취된 부분에 하자가 있는 때에는 도급인은 수급인에 대하여 상당한 기간을 정하여 그 하자의 보수를 청구할 수 있다. 그러나 하자가 중요하지 아니한 경우에 그 보수에 과다한 비용을 요할 때에는 그러하지 아니하다.	〈현행유지〉

②도급인은 하자의 보수에 갈음하여 또는 보수와 함께 손해배상을 청구할 수 있다.
③전항의 경우에는 제536조의 규정을 준용한다.

제668조 (동전-도급인의 해제권) 도급인이 완성된 목적물의 하자로 인하여 계약의 목적을 달성할 수 없는 때에는 계약을 해제할 수 있다. 그러나 건물 기타 토지의 공작물에 대하여는 그러하지 아니하다.

제668조 (동전-도급인의 해제권) 도급인이 완성된 목적물의 하자로 인하여 계약의 목적을 달성할 수 없는 때에는 계약을 해제할 수 있다. <단서 삭제>

제669조 (동전-하자가 도급인의 제공한 재료 또는 지시에 기인한 경우의 면책) 전2조의 규정은 목적물의 하자가 도급인이 제공한 재료의 성질 또는 도급인의 지시에 기인한 때에는 적용하지 아니한다. 그러나 수급인이 그 재료 또는 지시의 부적당함을 알고 도급인에게 고지하지 아니한 때에는 그러하지 아니하다.

〈현행유지〉

제670조 (담보책임의 존속기간) ①전3조의 규정에 의한 하자의 보수, 손해배상의 청구 및 계약의 해제는 목적물의 인도를 받은 날로부터 1년내에 하여야 한다.
②목적물의 인도를 요하지 아니하는 경우에는 전항의 기간은 일의 종료한 날로부터 기산한다.

〈현행유지〉

제671조 (수급인의 담보책임-토지, 건물등에 대한 특칙) ①토지, 건물 기타 공작물의 수급인은 목적물 또는 지반공사의 하자에 대하여 인도후 5년간 담보의 책임이 있다. 그러나 목적물이 석조, 석회조, 연와조, 금속 기타 이와 유사한 재료로 조성된 것인 때에는 그 기간을 10년으로 한다.
②전항의 하자로 인하여 목적물이 멸실 또는 훼손된 때에는 도급인은 그 멸실 또는 훼손된 날로부터 1년내에 제667조의 권리를 행사하여야 한다.

〈현행유지〉

제672조 (담보책임면제의 특약) 수급인은 제667조, 제668조의 담보책임이 없음을 약정한 경우에도 알고

〈현행유지〉

고지하지 아니한 사실에 대하여는 그 책임을 면하지 못한다.

제673조 (완성전의 도급인의 해제권) 수급인이 일을 완성하기 전에는 도급인은 손해를 배상하고 계약을 해제할 수 있다.

〈현행유지〉

제674조 (도급인의 파산과 해제권) ①도급인이 파산선고를 받은 때에는 수급인 또는 파산관재인은 계약을 해제할 수 있다. 이 경우에는 수급인은 일의 완성된 부분에 대한 보수 및 보수에 포함되지 아니한 비용에 대하여 파산재단의 배당에 가입할 수 있다.
②전항의 경우에는 각당사자는 상대방에 대하여 계약해제로 인한 손해의 배상을 청구하지 못한다.

〈현행유지〉

〈신　설〉

제9절의2 여행계약

〈신　설〉

제674조의2 (여행계약의 의의) 여행계약은 당사자 일방이 상대방에게 운송, 숙박, 관광 그 밖의 여행관련 용역을 결합하여 제공할 것을 약정하고 상대방이 그 대금을 지급할 것을 약정함으로써 그 효력이 생긴다.

〈신　설〉

제674조의3 (여행개시 전의 해제) 여행자는 여행개시 전에는 언제든지 계약을 해제할 수 있다. 그러나 여행자는 상대방에게 발생한 손해를 배상하여야 한다.

〈신　설〉

제674조의4 (부득이한 사유로 인한 해지) ①부득이한 사유가 있는 때에는 각 당사자는 계약을 해지할 수 있다. 그러나 그 사유가 당사자 일방의 과

	실로 인하여 생긴 때에는 상대방에 대하여 손해를 배상하여야 한다.
②계약상 귀환운송의무가 있는 여행주최자는 제1항에 따라 계약이 해지된 경우에도 여행자를 귀환운송할 의무가 있다.
③제1항의 해지로 인하여 발생하는 추가비용은 그 해지사유가 당사자 일방의 사정에 속하는 경우에는 그 당사자가 부담하고, 당사자 쌍방의 사정에 속하거나 누구의 사정에도 속하지 않는 경우에는 각 당사자가 2분의 1씩 부담한다.
〈신 설〉	제674조의5 (대금의 지급시기) 여행자는 약정한 시기에 대금을 지급하여야 하며, 그 시기의 약정이 없으면 관습에 의하고, 관습이 없으면 여행의 종료 후 지체 없이 지급하여야 한다.
〈신 설〉	제674조의6 (여행주최자의 담보책임) ① 여행에 하자가 있는 때에는 여행자는 여행주최자에 대하여 하자의 시정 또는 대금의 감액을 청구할 수 있다. 그러나 그 시정에 과다한 비용을 요하거나 그 밖에 시정을 합리적으로 기대할 수 없는 경우에는 시정을 청구할 수 없다.
②제1항의 시정청구는 상당한 기간을 정하여 하여야 한다. 그러나 즉시 시정할 필요가 있는 때에는 그러하지 아니하다.

	③여행자는 시정청구, 감액청구에 갈음하여 또는 이와 함께 손해배상을 청구할 수 있다.
〈신 설〉	제674조의7 (여행주최자의 담보책임-여행자의 해지권) ①여행자는 여행에 중대한 하자가 있는 경우에 그 시정이 이루어지지 않거나 계약의 내용에 좇은 이행을 기대할 수 없는 때에는 계약을 해지할 수 있다. ②계약이 해지된 경우에는 여행주최자는 대금청구권을 상실한다. 그러나 여행자가 실행된 여행으로 이익을 얻은 때에는 이를 상환하여야 한다. ③여행주최자는 계약의 해지로 인하여 필요하게 된 조치를 할 의무를 지며, 계약상 귀환운송의무가 있으면 여행자를 귀환운송 하여야 한다. 이 경우에 상당한 이유가 있는 때에는 여행주최자는 여행자에게 그 비용의 일부를 청구할 수 있다.
〈신 설〉	제674조의8 (담보책임의 존속기간) 제674조의6 및 제674조의7에 따른 권리는 계약으로 정한 여행종료일부터 6개월 내에 행사하여야 한다.
〈신 설〉	제674조의9 (강행규정) 제674조의3, 제674조의4, 제674조의6, 제674조의7, 제674조의8의 규정에 위반하는 약정으로 여행자에게 불리한 것은 그 효력이 없다.

제10절 현상광고　　　　　　　　　　〈현행유지〉

제675조 (현상광고의 의의) 현상광고는 광고자가 어느 행위를 한 자에게 일정한 보수를 지급할 의사를 표시하고 이에 응한 자가 그 광고에 정한 행위를 완료함으로써 그 효력이 생긴다.　　〈현행유지〉

제676조 (보수수령권자) ①광고에 정한 행위를 완료한 자가 수인인 경우에는 먼저 그 행위를 완료한 자가 보수를 받을 권리가 있다.
②수인이 동시에 완료한 경우에는 각각 균등한 비율로 보수를 받을 권리가 있다. 그러나 보수가 그 성질상 분할할 수 없거나 광고에 1인만이 보수를 받을 것으로 정한 때에는 추첨에 의하여 결정한다.　　〈현행유지〉

제677조 (광고부지의 행위) 전조의 규정은 광고있음을 알지 못하고 광고에 정한 행위를 완료한 경우에 준용한다.　　〈현행유지〉

제678조 (우수현상광고) ①광고에 정한 행위를 완료한 자가 수인인 경우에 그 우수한 자에 한하여 보수를 지급할 것을 정하는 때에는 그 광고에 응모기간을 정한 때에 한하여 그 효력이 생긴다.
②전항의 경우에 우수의 판정은 광고중에 정한 자가 한다. 광고중에 판정자를 정하지 아니한 때에는 광고자가 판정한다.
③우수한 자 없다는 판정은 이를 할 수 없다. 그러나 광고중에 다른 의사표시가 있거나 광고의 성질상 판정의 표준이 정하여져 있는 때에는 그러하지 아니하다.
④응모자는 전2항의 판정에 대하여 이의를 하지 못한다.
⑤수인의 행위가 동등으로 판정된 때에는 제676조제2항의 규정을 준용한다.　　〈현행유지〉

제679조 (현상광고의 철회) ①광고에 그 지정한 행위의 완료기간을 정한 때에는 그 기간만료전에 광고를 철회하지 못한다. 〈현행유지〉
②광고에 행위의 완료기간을 정하지 아니한 때에는 그 행위를 완료한 자 있기 전에는 그 광고와 동일한 방법으로 광고를 철회할 수 있다.
③전광고와 동일한 방법으로 철회할 수 없는 때에는 그와 유사한 방법으로 철회할 수 있다. 이 철회는 철회한 것을 안 자에 대하여만 그 효력이 있다.

제11절 위임 〈현행유지〉

제680조 (위임의 의의) 위임은 당사자일방이 상대방에 대하여 사무의 처리를 위탁하고 상대방이 이를 승낙함으로써 그 효력이 생긴다. 〈현행유지〉

제681조 (수임인의 선관의무) 수임인은 위임의 본지에 따라 선량한 관리자의 주의로써 위임사무를 처리하여야 한다. 〈현행유지〉

제682조 (복임권의 제한) ①수임인은 위임인의 승낙이나 부득이한 사유없이 제삼자로 하여금 자기에 갈음하여 위임사무를 처리하게 하지 못한다. 〈현행유지〉
②수임인이 전항의 규정에 의하여 제삼자에게 위임사무를 처리하게한 경우에는 제121조, 제123조의 규정을 준용한다.

제683조 (수임인의 보고의무) 수임인은 위임인의 청구가 있는 때에는 위임사무의 처리상황을 보고하고 위임이 종료한 때에는 지체없이 그 전말을 보고하여야 한다. 〈현행유지〉

제684조 (수임인의 취득물등의 인도, 이전의무) ①수임인은 위임사무의 처리로 인하여 받은 금전 기타의 물건 및 그 수취한 과실을 위임인에게 인도하여야 한다. 〈현행유지〉

②수임인이 위임인을 위하여 자기의 명의로 취득한 권리는 위임인에게 이전하여야 한다.

제685조 (수임인의 금전소비의 책임) 수임인이 위임인에게 인도할 금전 또는 위임인의 이익을 위하여 사용할 금전을 자기를 위하여 소비한 때에는 소비한 날 이후의 이자를 지급하여야 하며 그 외의 손해가 있으면 배상하여야 한다. 〈현행유지〉

제686조 (수임인의 보수청구권) ①수임인은 특별한 약정이 없으면 위임인에 대하여 보수를 청구하지 못한다.
②수임인이 보수를 받을 경우에는 위임사무를 완료한 후가 아니면 이를 청구하지 못한다. 그러나 기간으로 보수를 정한 때에는 그 기간이 경과한 후에 이를 청구할 수 있다.
③수임인이 위임사무를 처리하는 중에 수임인의 책임없는 사유로 인하여 위임이 종료된 때에는 수임인은 이미 처리한 사무의 비율에 따른 보수를 청구할 수 있다. 〈현행유지〉

제687조 (수임인의 비용선급청구권) 위임사무의 처리에 비용을 요하는 때에는 위임인은 수임인의 청구에 의하여 이를 선급하여야 한다. 〈현행유지〉

제688조 (수임인의 비용상환청구권등) ①수임인이 위임사무의 처리에 관하여 필요비를 지출한 때에는 위임인에 대하여 지출한 날 이후의 이자를 청구할 수 있다.
②수임인이 위임사무의 처리에 필요한 채무를 부담한 때에는 위임인에게 자기에 갈음하여 이를 변제하게 할 수 있고 그 채무가 변제기에 있지 아니한 때에는 상당한 담보를 제공하게 할 수 있다.
③수임인이 위임사무의 처리를 위하여 과실없이 손해를 받은 때에는 위임인에 대하여 그 배상을 청구할 수 있다. 〈현행유지〉

제689조 (위임의 상호해지의 자유) ①위임계약은 각당사자가 언제든지 해지할 수 있다. ②당사자일방이 부득이한 사유없이 상대방의 불리한 시기에 계약을 해지한 때에는 그 손해를 배상하여야 한다.	〈현행유지〉
제690조 (사망·파산 등과 위임의 종료) 위임은 당사자 한쪽의 사망이나 파산으로 종료된다. 수임인이 성년후견개시의 심판을 받은 경우에도 이와 같다. [전문개정 2011.3.7] [시행일 : 2013.7.1]	〈현행유지〉
제691조 (위임종료시의 긴급처리) 위임종료의 경우에 급박한 사정이 있는 때에는 수임인, 그 상속인이나 법정대리인은 위임인, 그 상속인이나 법정대리인이 위임사무를 처리할 수 있을 때까지 그 사무의 처리를 계속하여야 한다. 이 경우에는 위임의 존속과 동일한 효력이 있다.	〈현행유지〉
제692조 (위임종료의 대항요건) 위임종료의 사유는 이를 상대방에게 통지하거나 상대방이 이를 안 때가 아니면 이로써 상대방에게 대항하지 못한다.	〈현행유지〉
〈신　설〉	제11절의2 중개계약
〈신　설〉	제692조의2 (중개의 의의) 중개는 당사자 일방이 상대방에 대하여 계약체결의 기회를 소개하거나 계약체결을 알선할 것을 의뢰하고 상대방이 이를 승낙함으로써 그 효력이 생긴다.
〈신　설〉	제692조의3 (보수청구권 등) ①중개에 관하여 보수를 약정한 경우에는 중개인은 그 소개 또는 알선에 의하여

	계약이 성립한 때에만 보수를 청구할 수 있다. ②중개인은 특별한 약정이 있는 경우에 한하여 계약의 성립 여부에 관계없이 중개에 관하여 지출한 비용의 상환을 청구할 수 있다.
〈신 설〉	제692조의4 (보수청구권 및 비용상환청구권의 상실) 중개인이 계약의 취지에 반하여 의뢰인의 상대방을 위하여 행위를 한 경우에는 중개인은 의뢰인에 대하여 보수나 비용상환을 청구할 수 없다.
〈신 설〉	제692조의5 (준용규정) 제681조 내지 제683조 및 제689조 내지 제692조의 규정은 중개에 준용한다.
제12절 임치	〈현행유지〉
제693조 (임치의 의의) 임치는 당사자일방이 상대방에 대하여 금전이나 유가증권 기타 물건의 보관을 위탁하고 상대방이 이를 승낙함으로써 효력이 생긴다.	〈현행유지〉
제694조 (수치인의 임치물사용금지) 수치인은 임치인의 동의없이 임치물을 사용하지 못한다.	〈현행유지〉
제695조 (무상수치인의 주의의무) 보수없이 임치를 받은 자는 임치물을 자기재산과 동일한 주의로 보관하여야 한다.	〈현행유지〉
제696조 (수치인의 통지의무) 임치물에 대한 권리를 주장하는 제삼자가 수치인에 대하여 소를 제기하거나 압류한 때에는 수치인은 지체없이 임치인에게 이를 통지하여야 한다.	〈현행유지〉

제697조 (임치물의 성질, 하자로 인한 임치인의 손해배상의무) 임치인은 임치물의 성질 또는 하자로 인하여 생긴 손해를 수치인에게 배상하여야 한다. 그러나 수치인이 그 성질 또는 하자를 안 때에는 그러하지 아니하다. 〈현행유지〉

제698조 (기간의 약정있는 임치의 해지) 임치기간의 약정이 있는 때에는 수치인은 부득이한 사유없이 그 기간 만료전에 계약을 해지하지 못한다. 그러나 임치인은 언제든지 계약을 해지할 수 있다. 〈현행유지〉

제699조 (기간의 약정없는 임치의 해지) 임치기간의 약정이 없는 때에는 각당사자는 언제든지 계약을 해지할 수 있다. 〈현행유지〉

제700조 (임치물의 반환장소) 임치물은 그 보관한 장소에서 반환하여야 한다. 그러나 수치인이 정당한 사유로 인하여 그 물건을 전치한 때에는 현존하는 장소에서 반환할 수 있다. 〈현행유지〉

제701조 (준용규정) 제682조, 제684조 내지 제687조 및 제688조제1항, 제2항의 규정은 임치에 준용한다. 〈현행유지〉

제702조 (소비임치) 수치인이 계약에 의하여 임치물을 소비할 수 있는 경우에는 소비대차에 관한 규정을 준용한다. 그러나 반환시기의 약정이 없는 때에는 임치인은 언제든지 그 반환을 청구할 수 있다. 〈현행유지〉

제13절 조합 〈현행유지〉

제703조 (조합의 의의) ①조합은 2인이상이 상호출자하여 공동사업을 경영할 것을 약정함으로써 그 효력이 생긴다.
②전항의 출자는 금전 기타 재산 또는 노무로 할 수 있다. 〈현행유지〉

제704조 (조합재산의 합유) 조합원의 출자 기타 조합재산은 조합원의 합유로 한다. 〈논의중〉

제705조 (금전출자지체의 책임) 금전을 출자의 목적으로 한 조합원이 출자시기를 지체한 때에는 연체이자를 지급하는 외에 손해를 배상하여야 한다. 〈현행유지〉

제706조 (사무집행의 방법) ①조합계약으로 업무집행자를 정하지 아니한 경우에는 조합원의 3분의 2이상의 찬성으로써 이를 선임한다.
②조합의 업무집행은 조합원의 과반수로써 결정한다. 업무집행자수인인 때에는 그 과반수로써 결정한다.
③조합의 통상사무는 전항의 규정에 불구하고 각 조합원 또는 각 업무집행자가 전행할 수 있다. 그러나 그 사무의 완료전에 다른 조합원 또는 다른 업무집행자의 이의가 있는 때에는 즉시 중지하여야 한다. 〈현행유지〉

제707조 (준용규정) 조합업무를 집행하는 조합원에는 제681조 내지 제688조의 규정을 준용한다. 〈현행유지〉

제708조 (업무집행자의 사임, 해임) 업무집행자인 조합원은 정당한 사유없이 사임하지 못하며 다른 조합원의 일치가 아니면 해임하지 못한다. 〈현행유지〉

제709조 (업무집행자의 대리권추정) 조합의 업무를 집행하는 조합원은 그 업무집행의 대리권있는 것으로 추정한다. 〈현행유지〉

제710조 (조합원의 업무, 재산상태검사권) 각 조합원은 언제든지 조합의 업무 및 재산상태를 검사할 수 있다. 〈현행유지〉

제711조 (손익분배의 비율) ①당사자가 손익분배의 비율을 정하지 아니한 때에는 각 조합원의 출자가액에 비례하여 이를 정한다.
②이익 또는 손실에 대하여 분배의 비율을 정한 때에는 그 비율은 이익과 손실에 공통된 것으로 추정한다. 〈현행유지〉

제712조 (조합원에 대한 채권자의 권리행사) 조합채권자는 그 채권발생당시에 조합원의 손실부담의 비율을 알지 못한 때에는 각 조합원에게 균분하여 그 권리를 행사할 수 있다.	〈현행유지〉
제713조 (무자력조합원의 채무와 타조합원의 변제책임) 조합원중에 변제할 자력없는 자가 있는 때에는 그 변제할 수 없는 부분은 다른 조합원이 균분하여 변제할 책임이 있다.	제713조 (무자력조합원의 채무와 타조합원의 변제책임) 조합원 중에 변제할 자력없는 자가 있는 때에는 그 변제할 수 없는 부분은 다른 조합원이 균분하여 변제할 책임이 있다. <u>그러나 조합채권자가 조합원의 손실부담의 비율을 안 경우에는 그 비율에 따른다.</u>
제714조 (지분에 대한 압류의 효력) 조합원의 지분에 대한 압류는 그 조합원의 장래의 이익배당 및 지분의 반환을 받을 권리에 대하여 효력이 있다.	〈현행유지〉
제715조 (조합채무자의 상계의 금지) 조합의 채무자는 그 채무와 조합원에 대한 채권으로 상계하지 못한다.	〈현행유지〉
제716조 (임의탈퇴) ①조합계약으로 조합의 존속기간을 정하지 아니하거나 조합원의 종신까지 존속할 것을 정한 때에는 각 조합원은 언제든지 탈퇴할 수 있다. 그러나 부득이한 사유없이 조합의 불리한 시기에 탈퇴하지 못한다. ②조합의 존속기간을 정한 때에도 조합원은 부득이한 사유가 있으면 탈퇴할 수 있다.	〈현행유지〉

제717조(비임의 탈퇴) 제716조의 경우 외에 조합원은 다음 각 호의 어느 하나에 해당하는 사유가 있으면 탈퇴된다.
  1. 사망
  2. 파산
  3. 성년후견의 개시
  4. 제명(除名)
	〈현행유지〉

[전문개정 2011.3.7]
[시행일 : 2013.7.1]

제718조 (제명) ①조합원의 제명은 정당한 사유있는 때에 한하여 다른 조합원의 일치로써 이를 결정한다.
②전항의 제명결정은 제명된 조합원에게 통지하지 아니하면 그 조합원에게 대항하지 못한다.

〈현행유지〉

제719조 (탈퇴조합원의 지분의 계산) ①탈퇴한 조합원과 다른 조합원간의 계산은 탈퇴당시의 조합재산상태에 의하여 한다.
②탈퇴한 조합원의 지분은 그 출자의 종류여하에 불구하고 금전으로 반환할 수 있다.
③탈퇴당시에 완결되지 아니한 사항에 대하여는 완결후에 계산할 수 있다.

〈현행유지〉

제720조 (부득이한 사유로 인한 해산청구) 부득이한 사유가 있는 때에는 각조합원은 조합의 해산을 청구할 수 있다.

〈현행유지〉

제721조 (청산인) ①조합이 해산한 때에는 청산은 총조합원 공동으로 또는 그들이 선임한 자가 그 사무를 집행한다.
②전항의 청산인의 선임은 조합원의 과반수로써 결정한다.

〈현행유지〉

제722조 (청산인의 업무집행방법) 청산인이 수인인 때에는 제706조제2항 후단의 규정을 준용한다.

〈현행유지〉

제723조 (조합원인 청산인의 사임, 해임) 조합원중에서 청산인을 정한 때에는 제708조의 규정을 준용한다.

〈현행유지〉

제724조 (청산인의 직무, 권한과 잔여재산의 분배) ①청산인의 직무 및 권한에 관하여는 제87조의 규정을 준용한다.

〈현행유지〉

②잔여재산은 각조합원의 출자가액에 비례하여 이를 분배한다.

제14절 종신정기금 〈현행유지〉

제725조 (종신정기금계약의 의의) 종신정기금계약은 당사자일방이 자기, 상대방 또는 제삼자의 종신까지 정기로 금전 기타의 물건을 상대방 또는 제삼자에게 지급할 것을 약정함으로써 그 효력이 생긴다. 〈현행유지〉

제726조 (종신정기금의 계산) 종신정기금은 일수로 계산한다. 〈현행유지〉

제727조 (종신정기금계약의 해제) ①정기금채무자가 정기금채무의 원본을 받은 경우에 그 정기금채무의 지급을 해태하거나 기타 의무를 이행하지 아니한 때에는 정기금채권자는 원본의 반환을 청구할 수 있다. 그러나 이미 지급을 받은 채무액에서 그 원본의 이자를 공제한 잔액을 정기금채무자에게 반환하여야 한다.
②전항의 규정은 손해배상의 청구에 영향을 미치지 아니한다. 〈현행유지〉

제728조 (해제와 동시이행) 제536조의 규정은 전조의 경우에 준용한다. 〈현행유지〉

제729조 (채무자귀책사유로 인한 사망과 채권존속선고) ①사망이 정기금채무자의 책임있는 사유로 인한 때에는 법원은 정기금채권자 또는 그 상속인의 청구에 의하여 상당한 기간 채권의 존속을 선고할 수 있다.
②전항의 경우에도 제727조의 권리를 행사할 수 있다. 〈현행유지〉

제730조 (유증에 의한 종신정기금) 본절의 규정은 유증에 의한 종신정기금채권에 준용한다. 〈현행유지〉

제15절 화해　　　　　　　　　　　　　〈현행유지〉

제731조 (화해의 의의)　화해는 당사자가 상호양보하여 당사자간의 분쟁을 종지할 것을 약정함으로써 그 효력이 생긴다.　　〈현행유지〉

제732조 (화해의 창설적 효력)　화해계약은 당사자일방이 양보한 권리가 소멸되고 상대방이 화해로 인하여 그 권리를 취득하는 효력이 있다.　　〈현행유지〉

제733조 (화해의 효력과 착오)　화해계약은 착오를 이유로 하여 취소하지 못한다. 그러나 화해당사자의 자격 또는 화해의 목적인 분쟁이외의 사항에 착오가 있는 때에는 그러하지 아니하다.　　〈현행유지〉

제3장 사무관리　　　　　　　　　　　〈현행유지〉

현행	개정시안
제734조 (사무관리의 내용) ①의무없이 타인을 위하여 사무를 관리하는 자는 그 사무의 성질에 좇아 가장 본인에게 이익되는 방법으로 이를 관리하여야 한다. ②관리자가 본인의 의사를 알거나 알 수 있는 때에는 그 의사에 적합하도록 관리하여야 한다. ③관리자가 전2항의 규정에 위반하여 사무를 관리한 경우에는 과실없는 때에도 이로 인한 손해를 배상할 책임이 있다. 그러나 그 관리행위가 공공의 이익에 적합한 때에는 중대한 과실이 없으면 배상할 책임이 없다.	제734조 (사무관리의 내용) ① 의무없이 타인을 위하여 사무를 관리하는 자는 그 사무의 성질에 좇아 가장 본인에게 이익되는 방법으로 이를 관리하여야 한다. ② 관리자가 본인의 의사를 알거나 알 수 있는 때에는 그 의사에 적합하도록 관리하여야 한다. ③ 관리자가 <u>제1항 및 제2항</u>의 규정에 위반하여 사무를 관리한 경우에는 과실없는 때에도 이로 인한 손해를 배상할 책임이 있다. 그러나 그 관리행위가 공공의 이익에 적합한 때에는 <u>고의 또는 중대한 과실</u>이 없으면 배상할 책임이 없다.

제735조 (긴급사무관리)　관리자가 타인의 생명, 신체, 명　　〈현행유지〉

예 또는 재산에 대한 급박한 위해를 면하게 하기 위
하여 그 사무를 관리한 때에는 고의나 중대한 과실
이 없으면 이로 인한 손해를 배상할 책임이 없다.

제736조 (관리자의 통지의무) 관리자가 관리를 개시한 〈현행유지〉
때에는 지체없이 본인에게 통지하여야 한다. 그러나
본인이 이미 이를 안 때에는 그러하지 아니하다.

제737조 (관리자의 관리계속의무) 관리자는 본인, 그 상 〈현행유지〉
속인이나 법정대리인이 그 사무를 관리하는 때까지
관리를 계속하여야 한다. 그러나 관리의 계속이 본
인의 의사에 반하거나 본인에게 불리함이 명백한 때
에는 그러하지 아니하다.

제738조 (준용규정) 제683조 내지 제685조의 규정은 사 〈현행유지〉
무관리에 준용한다.

제739조 (관리자의 비용상환청구권) ①관리자가 본인을 〈현행유지〉
위하여 필요비 또는 유익비를 지출한 때에는 본인에
대하여 그 상환을 청구할 수 있다.
②관리자가 본인을 위하여 필요 또는 유익한 채무를
부담한 때에는 제688조제2항의 규정을 준용한다.
③관리자가 본인의 의사에 반하여 관리한 때에는 본
인의 현존이익의 한도에서 전2항의 규정을 준용한다.

제740조 (관리자의 무과실손해보상청구권) 관리자가 사 〈현행유지〉
무관리를 함에 있어서 과실없이 손해를 받은 때에는
본인의 현존이익의 한도에서 그 손해의 보상을 청구
할 수 있다.

제4장 부당이득 〈현행유지〉

제741조 (부당이득의 내용) 법률상 원인없이 타인의 재 〈논의중〉
산 또는 노무로 인하여 이익을 얻고 이로 인하여

타인에게 손해를 가한 자는 그 이익을 반환하여야 한다.

제742조 (비채변제) 채무없음을 알고 이를 변제한 때에는 그 반환을 청구하지 못한다. 〈논의중〉

제743조 (기한전의 변제) 변제기에 있지 아니한 채무를 변제한 때에는 그 반환을 청구하지 못한다. 그러나 채무자가 착오로 인하여 변제한 때에는 채권자는 이로 인하여 얻은 이익을 반환하여야 한다. 〈논의중〉

제744조 (도의관념에 적합한 비채변제) 채무없는 자가 착오로 인하여 변제한 경우에 그 변제가 도의관념에 적합한 때에는 그 반환을 청구하지 못한다. 〈현행유지〉

제745조 (타인의 채무의 변제) ①채무자 아닌 자가 착오로 인하여 타인의 채무를 변제한 경우에 채권자가 선의로 증서를 훼멸하거나 담보를 포기하거나 시효로 인하여 그 채권을 잃은 때에는 변제자는 그 반환을 청구하지 못한다.
②전항의 경우에 변제자는 채무자에 대하여 구상권을 행사할 수 있다. 〈논의중〉

제746조 (불법원인급여) 불법의 원인으로 인하여 재산을 급여하거나 노무를 제공한 때에는 그 이익의 반환을 청구하지 못한다. 그러나 그 불법원인이 수익자에게만 있는 때에는 그러하지 아니하다. 〈논의중〉

제747조 (원물반환불능한 경우와 가액반환, 전득자의 책임) ①수익자가 그 받은 목적물을 반환할 수 없는 때에는 그 가액을 반환하여야 한다.
②수익자가 그 이익을 반환할 수 없는 경우에는 수익자로부터 무상으로 그 이익의 목적물을 양수한 악의의 제삼자는 전항의 규정에 의하여 반환할 책임이 있다. 〈논의중〉

제748조 (수익자의 반환범위) ①선의의 수익자는 그 받은 이익이 현존한 한도에서 전조의 책임이 있다. ②악의의 수익자는 그 받은 이익에 이자를 붙여 반환하고 손해가 있으면 이를 배상하여야 한다.	〈논의중〉
제749조 (수익자의 악의인정) ①수익자가 이익을 받은 후 법률상 원인 없음을 안 때에는 그때부터 악의의 수익자로서 이익반환의 책임이 있다. ②선의의 수익자가 패소한 때에는 그 소를 제기한 때부터 악의의 수익자로 본다.	〈현행유지〉
제5장 불법행위	〈현행유지〉
제750조 (불법행위의 내용) 고의 또는 과실로 인한 위법행위로 타인에게 손해를 가한 자는 그 손해를 배상할 책임이 있다.	〈현행유지〉
제751조 (재산이외의 손해의 배상) ①타인의 신체, 자유 또는 명예를 해하거나 기타 정신상고통을 가한 자는 재산이외의 손해에 대하여도 배상할 책임이 있다.	제751조 (재산 이외의 손해배상) 타인의 신체, 자유, 명예나 <u>그 밖의 법익을 침해하여</u> 재산 이외의 손해를 가한 자는 그 손해도 배상할 책임이 있다.
②법원은 전항의 손해배상을 정기금채무로 지급할 것을 명할 수 있고 그 이행을 확보하기 위하여 상당한 담보의 제공을 명할 수 있다.	〈삭 제〉 - 개정시안 제763조의2 관련
제752조 (생명침해로 인한 위자료) 타인의 생명을 해한 자는 피해자의 직계존속, 직계비속 및 배우자에 대하여는 재산상의 손해없는 경우에도 손해배상의 책임이 있다.	〈현행유지〉
제753조 (미성년자의 책임능력) 미성년자가 타인에게 손해를 가한 경우에 그 행위의 책임을 변식할 지능이 없는 때에는 배상의 책임이 없다.	〈현행유지〉

제754조 (심신상실자의 책임능력) 심신상실중에 타인에게 손해를 가한 자는 배상의 책임이 없다. 그러나 고의 또는 과실로 인하여 심신상실을 초래한 때에는 그러하지 아니하다.

〈현행유지〉

제755조 (감독자의 책임) ① 다른 자에게 손해를 가한 사람이 제753조 또는 제754조에 따라 책임이 없는 경우에는 그를 감독할 법정의무가 있는 자가 그 손해를 배상할 책임이 있다. 다만, 감독의무를 게을리하지 아니한 경우에는 그러하지 아니하다.
② 감독의무자를 갈음하여 제753조 또는 제754조에 따라 책임이 없는 사람을 감독하는 자도 제1항의 책임이 있다.
[전문개정 2011.3.7]
[시행일 : 2013.7.1]

제755조 (감독의무자의 책임) ① <u>미성년자나 심신상실자를 감독할 법정의무있는 자는 미성년자나 심신상실자가 제3자에게 가한 손해를 배상할 책임이 있다. 그러나 감독의무자가 감독의무를 다한 때 또는 감독의무를 다하였더라도 손해가 있을 경우에는 그러하지 아니하다.</u>
② 감독의무자에 <u>갈음하여 미성년자나 심신상실자를</u> 감독하는 자도 <u>제1항의</u> 책임이 있다.

제756조 (사용자의 배상책임) ①타인을 사용하여 어느 사무에 종사하게 한 자는 피용자가 그 사무집행에 관하여 제삼자에게 가한 손해를 배상할 책임이 있다. 그러나 사용자가 피용자의 선임 및 그 사무감독에 상당한 주의를 한 때 또는 상당한 주의를 하여도 손해가 있을 경우에는 그러하지 아니하다.
②사용자에 가름하여 그 사무를 감독하는 자도 전항의 책임이 있다.
③전2항의 경우에 사용자 또는 감독자는 피용자에 대하여 구상권을 행사할 수 있다.

제756조 (사용자의 책임) ① 타인을 사용하여 어느 사무에 종사하게 한 자는 피용자가 그 사무집행에 관하여 제3자에게 가한 손해를 배상할 책임이 있다. <u>〈단서 삭제〉</u>
② 사용자를 <u>갈음하여</u> 그 사무를 감독하는 자도 <u>제1항의</u> 책임이 있다.
③ <u>제1항과 제2항의</u> 경우에 사용자 또는 감독자는 피용자에 대하여 구상권을 행사할 수 있다. <u>그러나 법원은 사무의 성질, 손해발생의 경위, 당사자의 경제상태 등을 고려하여 구상권을 제한할 수 있다.</u>

제757조 (도급인의 책임) 도급인은 수급인이 그 일에 관하여 제삼자에게 가한 손해를 배상할 책임이 없다.

제757조 (도급인의 책임) 도급인은 수급인이 그 일에 관하여 제3자에게

그러나 도급 또는 지시에 관하여 도급인에게 중대한 과실이 있는 때에는 그러하지 아니하다.

제758조 (공작물등의 점유자, 소유자의 책임) ①공작물의 설치 또는 보존의 하자로 인하여 타인에게 손해를 가한 때에는 공작물점유자가 손해를 배상할 책임이 있다. 그러나 점유자가 손해의 방지에 필요한 주의를 해태하지 아니한 때에는 그 소유자가 손해를 배상할 책임이 있다.
②전항의 규정은 수목의 재식 또는 보존에 하자있는 경우에 준용한다.
③전2항의 경우에 점유자 또는 소유자는 그 손해의 원인에 대한 책임있는 자에 대하여 구상권을 행사할 수 있다.

제759조 (동물의 점유자의 책임) ①동물의 점유자는 그 동물이 타인에게 가한 손해를 배상할 책임이 있다. 그러나 동물의 종류와 성질에 따라 그 보관에 상당한 주의를 해태하지 아니한 때에는 그러하지 아니하다.
②점유자에 가름하여 동물을 보관한 자도 전항의 책임이 있다.

가한 손해를 배상할 책임이 없다. 그러나 도급 또는 지시에 관하여 도급인에게 과실이 있는 때에는 그러하지 아니하다.

제758조 (토지 등 점유자의 책임) ① 공작물 또는 수목이 안전성을 결여함으로 인하여 타인에게 손해가 발생한 때에는 그 점유자(간접점유를 포함한다)가 손해를 배상할 책임이 있다. 그러나 점유자가 손해의 방지에 필요한 주의를 다하였거나 주의를 다하였어도 손해가 발생하였을 때에는 그러하지 아니하다.
② 제1항의 배상의무자가 여러 명인 때에는 연대하여 책임을 진다.
③ 제1항의 공작물 등을 여러 점유자가 구분하여 점유하는 경우에 손해가 어느 부분으로 인한 것인지 알 수 없는 때에는 모든 점유자가 연대하여 제1항의 책임을 진다.
④ 제2항과 제3항의 경우에는 제760조 제5항을 준용한다.
⑤ 제1항의 책임을 부담한 점유자는 그 손해의 원인에 대하여 책임 있는 자에게 구상권을 행사할 수 있다.

〈논의중〉

제760조 (공동불법행위자의 책임) ①수인이 공동의 불법행위로 타인에게 손해를 가한 때에는 연대하여 그 손해를 배상할 책임이 있다. ②공동 아닌 수인의 행위중 어느 자의 행위가 그 손해를 가한 것인지를 알 수 없는 때에도 전항과 같다. ③교사자나 방조자는 공동행위자로 본다.	제760조 (공동불법행위자의 책임) ① 수인이 공동의 의사에 기한 불법행위로 타인에게 손해를 가한 때에는 연대하여 배상할 책임이 있다. ② 수인이 공동의 의사에 기하지 않은 불법행위로 타인에게 동일한 손해를 가한 때에도 연대하여 배상할 책임이 있다. ③ 수인의 행위 중 어느 자의 행위가 그 손해를 일으킨 것인지를 알 수 없는 때에도 연대하여 배상할 책임이 있다. ④ 교사자나 방조자는 공동행위자로 본다. ⑤ 제1항 내지 제4항 경우 어느 공동불법행위자가 변제 기타 자기의 출재로 공동면책이 된 때에는 다른 공동불법행위자의 부담부분에 대하여 구상권을 행사할 수 있다.
제761조 (정당방위, 긴급피난) ①타인의 불법행위에 대하여 자기 또는 제삼자의 이익을 방위하기 위하여 부득이 타인에게 손해를 가한 자는 배상할 책임이 없다. 그러나 피해자는 불법행위에 대하여 손해의 배상을 청구할 수 있다. ②전항의 규정은 급박한 위난을 피하기 위하여 부득이 타인에게 손해를 가한 경우에 준용한다. 〈신 설〉	제761조 (정당방위) 타인의 위법행위에 대하여 자기 또는 제3자의 이익을 방위하기 위하여 부득이 위법행위자에게 손해를 가한 자는 배상할 책임이 없다. 〈단서 삭제〉 〈삭 제〉 개정시안 제761조의2 관련 제761조의2 (긴급피난) ① 자기 또는 제3자의 이익에 대한 급박한 위난을 피하기 위하여 부득이 타인에게 손해를 가한 자는 그 손해가 상당한

	정도를 넘지 아니한 한 배상할 책임이 없다. 그러나 그 위난이 가해자 자신의 고의 또는 과실에 의하여 야기된 때에는 그러하지 아니하다. ② 피해자는 제1항의 가해자 또는 제3자에게 상당한 보상을 청구할 수 있다. 이 경우 법원은 위난의 원인, 피난행위의 내용, 손해의 성질과 정도 등을 참작하여야 한다.
〈신 설〉	제761조의3 (자력구제) 법정절차에 의하여 적시에 청구권을 보전하는 것이 불가능하거나 현저히 곤란한 경우에 자신의 청구권을 보전하기 위하여 부득이 가해행위를 한 자는 손해를 배상할 책임이 없다.
〈신 설〉	제761조의4 (피해자의 승낙) 피해자의 승낙을 얻어 가해행위를 한 자는 그 손해를 배상할 책임이 없다.
〈신 설〉	제761조의5 (명예훼손의 위법성조각사유) 공연히 사실을 적시하여 타인의 명예를 훼손한 자는 그 행위가 공익을 위한 것이고, 그 사실이 진실이거나 진실이라고 믿은 데에 상당한 이유가 있는 때에는 손해를 배상할 책임이 없다.
제762조 (손해배상청구권에 있어서의 태아의 지위) 태아는 손해배상의 청구권에 관하여는 이미 출생한 것으로 본다.	〈현행유지〉
제763조 (준용규정) 제393조, 제394조, 제396조, 제399조의 규정은 불법행위로 인한 손해배상에 준용한다.	〈논의중〉

〈신　설〉	제763조의2 (금전배상의 방법) 손해배상금의 지급은 일시금으로 한다. 다만, 법원은 상당한 이유가 있는 경우에는 정기금으로 지급할 것을 명할 수 있고, 그 이행을 확보하기 위하여 담보의 제공을 명할 수 있다.
제764조 (명예훼손의 경우의 특칙) 타인의 명예를 훼손한 자에 대하여는 법원은 피해자의 청구에 의하여 손해배상에 가름하거나 손해배상과 함께 명예회복에 적당한 처분을 명할 수 있다. [89헌마160 1991.4.1민법 제764조(1958. 2. 22. 법률 제471호)의 "명예회복에 적당한 처분"에 사죄광고를 포함시키는 것은 헌법에 위반된다.]	〈현행유지〉
제765조 (배상액의 경감청구) ①본장의 규정에 의한 배상의무자는 그 손해가 고의 또는 중대한 과실에 의한 것이 아니고 그 배상으로 인하여 배상자의 생계에 중대한 영향을 미치게 될 경우에는 법원에 그 배상액의 경감을 청구할 수 있다. ②법원은 전항의 청구가 있는 때에는 채권자 및 채무자의 경제상태와 손해의 원인등을 참작하여 배상액을 경감할 수 있다.	〈현행유지〉
제766조 (손해배상청구권의 소멸시효) ①불법행위로 인한 손해배상의 청구권은 피해자나 그 법정대리인이 그 손해 및 가해자를 안 날로부터 3년간 이를 행사하지 아니하면 시효로 인하여 소멸한다. ②불법행위를 한 날로부터 10년을 경과한 때에도 전항과 같다.	제766조 (손해배상청구권의 소멸시효) ① 불법행위로 인한 손해배상청구권은 피해자나 그의 법정대리인이 그 손해와 가해자를 안 날부터 5년 동안 행사하지 아니하면 소멸시효가 완성된다. ② 불법행위로 인한 손해가 발생한 날부터 20년이 경과한 때에도 제1항과 같다.

| 〈신　설〉 | ③ 성적(性的) 침해를 이유로 하는 손해배상청구권은 피해자가 미성년인 동안에는 소멸시효가 정지된다.

제766조의2 (금지청구) ① 타인의 위법행위로 인하여 손해를 입거나 입을 염려가 있는 자는 손해배상에 의하여 손해를 충분히 회복할 수 없고 손해의 발생을 중지 또는 예방하도록 함이 적당한 경우에는 그 행위의 금지를 청구할 수 있다.
② 제1항의 금지를 위하여 필요한 경우에는 손해를 입거나 입을 염려가 있는 자는 위법행위에 사용되는 물건의 폐기 또는 그 밖에 적절한 조치를 청구할 수 있다. |

제4편 친족

제1장 총칙

제767조 (친족의 정의) 배우자, 혈족 및 인척을 친족으로 한다. 〈현행유지〉

제768조 (혈족의 정의) 자기의 직계존속과 직계비속을 직계혈족이라 하고 자기의 형제자매와 형제자매의 직계비속, 직계존속의 형제자매 및 그 형제자매의 직계비속을 방계혈족이라 한다. 〈개정 1990.1.13〉 〈현행유지〉

제769조 (인척의 계원) 혈족의 배우자, 배우자의 혈족, 배우자의 혈족의 배우자를 인척으로 한다. 〈개정 1990.1.13〉 〈현행유지〉

제770조 (혈족의 촌수의 계산) ①직계혈족은 자기로부터 직계존속에 이르고 자기로부터 직계비속에 이르러 그 세수를 정한다. ②방계혈족은 자기로부터 동원의 직계존속에 이르는 세수와 그 동원의 직계존속으로부터 그 직계비속에 이르는 세수를 통산하여 그 촌수를 정한다.	〈현행유지〉
제771조 (인척의 촌수의 계산) 인척은 배우자의 혈족에 대하여는 배우자의 그 혈족에 대한 촌수에 따르고, 혈족의 배우자에 대하여는 그 혈족에 대한 촌수에 따른다. [전문개정 1990.1.13]	〈현행유지〉
제772조 (양자와의 친계와 촌수) ①양자와 양부모 및 그 혈족, 인척사이의 친계와 촌수는 입양한 때로부터 혼인중의 출생자와 동일한 것으로 본다. ②양자의 배우자, 직계비속과 그 배우자는 전항의 양자의 친계를 기준으로 하여 촌수를 정한다.	〈현행유지〉
제773조 삭제 〈1990.1.13〉	〈현행유지〉
제774조 삭제 〈1990.1.13〉	〈현행유지〉
제775조 (인척관계등의 소멸) ①인척관계는 혼인의 취소 또는 이혼으로 인하여 종료한다. 〈개정 1990.1.13〉 ②부부의 일방이 사망한 경우 생존배우자가 재혼한 때에도 제1항과 같다. 〈개정 1990.1.13〉	〈현행유지〉
제776조 (입양으로 인한 친족관계의 소멸) 입양으로 인한 친족관계는 입양의 취소 또는 파양으로 인하여 종료한다.	〈현행유지〉
제777조 (친족의 범위) 친족관계로 인한 법률상 효력은 이 법 또는 다른 법률에 특별한 규정이 없는 한 다음 각호에 해당하는 자에 미친다. 1. 8촌이내의 혈족	〈현행유지〉

2. 4촌이내의 인척
3. 배우자
[전문개정 1990.1.13]

제2장 가족의 범위와 자의 성과 본 〈개정 2005.3.31〉

〈현행유지〉

제778조 삭제 〈2005.3.31〉　　　　　　　　　　　　　　　〈현행유지〉

제779조 (가족의 범위) ①다음의 자는 가족으로 한다.　　　〈현행유지〉
　1. 배우자, 직계혈족 및 형제자매
　2. 직계혈족의 배우자, 배우자의 직계혈족 및 배우자의 형제자매
②제1항제2호의 경우에는 생계를 같이 하는 경우에 한한다.
[전문개정 2005.3.31]

제780조 삭제 〈2005.3.31〉　　　　　　　　　　　　　　　〈현행유지〉

제781조 (자의 성과 본) ①자는 부의 성과 본을 따른다.　　〈현행유지〉
다만, 부모가 혼인신고시 모의 성과 본을 따르기로 협의한 경우에는 모의 성과 본을 따른다.
②부가 외국인인 경우에는 자는 모의 성과 본을 따를 수 있다.
③부를 알 수 없는 자는 모의 성과 본을 따른다.
④부모를 알 수 없는 자는 법원의 허가를 받아 성과 본을 창설한다. 다만, 성과 본을 창설한 후 부 또는 모를 알게 된 때에는 부 또는 모의 성과 본을 따를 수 있다.
⑤혼인외의 출생자가 인지된 경우 자는 부모의 협의에 따라 종전의 성과 본을 계속 사용할 수 있다. 다만, 부모가 협의할 수 없거나 협의가 이루어지지 아니한 경우에는 자는 법원의 허가를 받아 종전의 성

과 본을 계속 사용할 수 있다.
⑥자의 복리를 위하여 자의 성과 본을 변경할 필요가 있을 때에는 부, 모 또는 자의 청구에 의하여 법원의 허가를 받아 이를 변경할 수 있다. 다만, 자가 미성년자이고 법정대리인이 청구할 수 없는 경우에는 제777조의 규정에 따른 친족 또는 검사가 청구할 수 있다.
[전문개정 2005.3.31]

제782조 삭제 〈2005.3.31〉	〈현행유지〉
제783조 삭제 〈2005.3.31〉	〈현행유지〉
제784조 삭제 〈2005.3.31〉	〈현행유지〉
제785조 삭제 〈2005.3.31〉	〈현행유지〉
제786조 삭제 〈2005.3.31〉	〈현행유지〉
제787조 삭제 〈2005.3.31〉	〈현행유지〉
제788조 삭제 〈2005.3.31〉	〈현행유지〉
제789조 삭제 〈2005.3.31〉	〈현행유지〉
제790조 삭제 〈1990.1.13〉	〈현행유지〉
제791조 삭제 〈2005.3.31〉	〈현행유지〉
제792조 삭제 〈1990.1.13〉	〈현행유지〉
제793조 삭제 〈2005.3.31〉	〈현행유지〉
제794조 삭제 〈2005.3.31〉	〈현행유지〉
제795조 삭제 〈2005.3.31〉	〈현행유지〉
제796조 삭제 〈2005.3.31〉	〈현행유지〉
제797조 삭제 〈1990.1.13〉	〈현행유지〉
제798조 삭제 〈1990.1.13〉	〈현행유지〉

제799조 삭제 〈1990.1.13〉　　　　　　　　　　　　　〈현행유지〉

제3장 혼인　　　　　　　　　　　　　　　　　　　〈현행유지〉
제1절 약혼　　　　　　　　　　　　　　　　　　　〈현행유지〉

제800조 (약혼의 자유) 성년에 달한 자는 자유로 약혼할 　〈현행유지〉
　수 있다.

제801조 (약혼연령) 18세가 된 사람은 부모나 미성년후 　〈현행유지〉
　견인의 동의를 받아 약혼할 수 있다. 이 경우 제808
　조를 준용한다.
　[전문개정 2011.3.7]
　[시행일 : 2013.7.1]

제802조 (성년후견과 약혼) 피성년후견인은 부모나 성년 　〈현행유지〉
　후견인의 동의를 받아 약혼할 수 있다. 이 경우 제
　808조를 준용한다.
　[전문개정 2011.3.7]
　[시행일 : 2013.7.1]

제803조 (약혼의 강제이행금지) 약혼은 강제이행을 청구 　〈현행유지〉
　하지 못한다.

제804조 (약혼해제의 사유) 당사자 한쪽에 다음 각 호의 　〈현행유지〉
　어느 하나에 해당하는 사유가 있는 경우에는 상대방
　은 약혼을 해제할 수 있다.
　　1. 약혼 후 자격정지 이상의 형을 선고받은 경우
　　2. 약혼 후 성년후견개시나 한정후견개시의 심판을
　　　받은 경우
　　3. 성병, 불치의 정신병, 그 밖의 불치의 병질(病疾)
　　　이 있는 경우
　　4. 약혼 후 다른 사람과 약혼이나 혼인을 한 경우
　　5. 약혼 후 다른 사람과 간음(姦淫)한 경우

6. 약혼 후 1년 이상 생사(生死)가 불명한 경우
7. 정당한 이유 없이 혼인을 거절하거나 그 시기를 늦추는 경우
8. 그 밖에 중대한 사유가 있는 경우
[전문개정 2011.3.7]
[시행일 : 2013.7.1]

제805조 (약혼해제의 방법) 약혼의 해제는 상대방에 대한 의사표시로 한다. 그러나 상대방에 대하여 의사표시를 할 수 없는 때에는 그 해제의 원인있음을 안 때에 해제된 것으로 본다. 〈현행유지〉

제806조 (약혼해제와 손해배상청구권) ①약혼을 해제한 때에는 당사자일방은 과실있는 상대방에 대하여 이로 인한 손해의 배상을 청구할 수 있다. 〈현행유지〉
②전항의 경우에는 재산상 손해외에 정신상 고통에 대하여도 손해배상의 책임이 있다.
③정신상 고통에 대한 배상청구권은 양도 또는 승계하지 못한다. 그러나 당사자간에 이미 그 배상에 관한 계약이 성립되거나 소를 제기한 후에는 그러하지 아니하다.

제2절 혼인의 성립 〈현행유지〉

제807조 (혼인적령) 만 18세가 된 사람은 혼인할 수 있다. 〈현행유지〉
[전문개정 2007.12.21]

제808조 (동의가 필요한 혼인) ① 미성년자가 혼인을 하는 경우에는 부모의 동의를 받아야 하며, 부모 중 한쪽이 동의권을 행사할 수 없을 때에는 다른 한쪽의 동의를 받아야 하고, 부모가 모두 동의권을 행사할 수 없을 때에는 미성년후견인의 동의를 받아야 한다. 〈현행유지〉
② 피성년후견인은 부모나 성년후견인의 동의를 받아 혼인할 수 있다.

[전문개정 2011.3.7]
[시행일 : 2013.7.1]

제809조 (근친혼 등의 금지) ①8촌 이내의 혈족(친양자의 입양 전의 혈족을 포함한다) 사이에서는 혼인하지 못한다. ②6촌 이내의 혈족의 배우자, 배우자의 6촌 이내의 혈족, 배우자의 4촌 이내의 혈족의 배우자인 인척이거나 이러한 인척이었던 자 사이에서는 혼인하지 못한다. ③6촌 이내의 양부모계(養父母系)의 혈족이었던 자와 4촌 이내의 양부모계의 인척이었던 자 사이에서는 혼인하지 못한다. [전문개정 2005.3.31]	〈현행유지〉
제810조 (중혼의 금지) 배우자있는 자는 다시 혼인하지 못한다.	〈현행유지〉
제811조 삭제 〈2005.3.31〉	〈현행유지〉
제812조 (혼인의 성립) ①혼인은 「가족관계의 등록 등에 관한 법률」에 정한 바에 의하여 신고함으로써 그 효력이 생긴다. 〈개정 2007.5.17〉 ②전항의 신고는 당사자쌍방과 성년자인 증인2인의 연서한 서면으로 하여야 한다.	〈현행유지〉
제813조 (혼인신고의 심사) 혼인의 신고는 그 혼인이 제807조 내지 제810조 및 제812조제2항의 규정 기타 법령에 위반함이 없는 때에는 이를 수리하여야 한다. 〈개정 2005.3.31〉	〈현행유지〉
제814조 (외국에서의 혼인신고) ①외국에 있는 본국민사이의 혼인은 그 외국에 주재하는 대사, 공사 또는 영사에게 신고할 수 있다. ②제1항의 신고를 수리한 대사, 공사 또는 영사는 지체없이 그 신고서류를 본국의 등록기준지를 관할	〈현행유지〉

하는 가족관계등록관서에 송부하여야 한다. 〈개정 2005.3.31, 2007.5.17〉

제3절 혼인의 무효와 취소 〈현행유지〉

제815조 (혼인의 무효) 혼인은 다음 각 호의 어느 하나의 경우에는 무효로 한다. 〈개정 2005.3.31〉 〈현행유지〉
   1. 당사자간에 혼인의 합의가 없는 때
   2. 혼인이 제809조제1항의 규정을 위반한 때
   3. 당사자간에 직계인척관계(直系姻戚關係)가 있거나 있었던 때
   4. 당사자간에 양부모계의 직계혈족관계가 있었던 때

제816조 (혼인취소의 사유) 혼인은 다음 각 호의 어느 하나의 경우에는 법원에 그 취소를 청구할 수 있다. 〈개정 1990.1.13, 2005.3.31〉 〈현행유지〉
   1. 혼인이 제807조 내지 제809조(제815조의 규정에 의하여 혼인의 무효사유에 해당하는 경우를 제외한다. 이하 제817조 및 제820조에서 같다) 또는 제810조의 규정에 위반한 때
   2. 혼인당시 당사자일방에 부부생활을 계속할 수 없는 악질 기타 중대 사유있음을 알지 못한 때
   3. 사기 또는 강박으로 인하여 혼인의 의사표시를 한 때

제817조 (연령위반혼인등의 취소청구권자) 혼인이 제807조, 제808조의 규정에 위반한 때에는 당사자 또는 그 법정대리인이 그 취소를 청구할 수 있고 제809조의 규정에 위반한 때에는 당사자, 그 직계존속 또는 4촌 이내의 방계혈족이 그 취소를 청구할 수 있다. 〈개정 2005.3.31〉 〈현행유지〉

제818조 (중혼의 취소청구권자) 당사자 및 그 배우자, 직계혈족, 4촌 이내의 방계혈족 또는 검사는 제810조를 〈현행유지〉

위반한 혼인의 취소를 청구할 수 있다.
[전문개정 2012.2.10]
[2012.2.10 법률 제11300호에 의하여 2010.7.29 헌법재판소에서 헌법불합치 결정된 이 조를 개정함.]

제819조 (동의 없는 혼인의 취소청구권의 소멸) 제808조를 위반한 혼인은 그 당사자가 19세가 된 후 또는 성년후견종료의 심판이 있은 후 3개월이 지나거나 혼인 중에 임신한 경우에는 그 취소를 청구하지 못한다. [전문개정 2011.3.7] [시행일 : 2013.7.1]	〈현행유지〉
제820조 (근친혼등의 취소청구권의 소멸) 제809조의 규정에 위반한 혼인은 그 당사자간에 혼인중 포태(胞胎)한 때에는 그 취소를 청구하지 못한다. 〈개정 2005.3.31〉 [제목개정 2005.3.31]	〈현행유지〉
제821조 삭제 〈2005.3.31〉	〈현행유지〉
제822조 (악질등 사유에 의한 혼인취소청구권의 소멸) 제816조제2호의 규정에 해당하는 사유있는 혼인은 상대방이 그 사유 있음을 안 날로부터 6월을 경과한 때에는 그 취소를 청구하지 못한다.	〈현행유지〉
제823조 (사기, 강박으로 인한 혼인취소청구권의 소멸) 사기 또는 강박으로 인한 혼인은 사기를 안 날 또는 강박을 면한 날로부터 3월을 경과한 때에는 그 취소를 청구하지 못한다.	〈현행유지〉
제824조 (혼인취소의 효력) 혼인의 취소의 효력은 기왕에 소급하지 아니한다.	〈현행유지〉
제824조의2 (혼인의 취소와 자의 양육 등) 제837조 및 제837조의2의 규정은 혼인의 취소의 경우에 자의 양육책임과 면접교섭권에 관하여 이를 준용한다.	〈현행유지〉

[본조신설 2005.3.31]

제825조 (혼인취소와 손해배상청구권) 제806조의 규정은 혼인의 무효 또는 취소의 경우에 준용한다.	〈현행유지〉
제4절 혼인의 효력	〈현행유지〉
제1관 일반적 효력	〈현행유지〉
제826조 (부부간의 의무) ①부부는 동거하며 서로 부양하고 협조하여야 한다. 그러나 정당한 이유로 일시적으로 동거하지 아니하는 경우에는 서로 인용하여야 한다. ②부부의 동거장소는 부부의 협의에 따라 정한다. 그러나 협의가 이루어지지 아니하는 경우에는 당사자의 청구에 의하여 가정법원이 이를 정한다. 〈개정 1990.1.13〉 ③ 삭제 〈2005.3.31〉 ④ 삭제 〈2005.3.31〉	〈현행유지〉
제826조의2 (성년의제) 미성년자가 혼인을 한 때에는 성년자로 본다. [본조신설 1977.12.31]	〈현행유지〉
제827조 (부부간의 가사대리권) ①부부는 일상의 가사에 관하여 서로 대리권이 있다. ②전항의 대리권에 가한 제한은 선의의 제삼자에게 대항하지 못한다.	〈현행유지〉
제828조 삭제 〈2012.2.10〉	〈현행유지〉
제2관 재산상 효력	〈현행유지〉
제829조 (부부재산의 약정과 그 변경) ①부부가 혼인성립 전에 그 재산에 관하여 따로 약정을 하지 아니한 때	〈현행유지〉

에는 그 재산관계는 본관중 다음 각조에 정하는 바에 의한다.
②부부가 혼인성립전에 그 재산에 관하여 약정한 때에는 혼인중 이를 변경하지 못한다. 그러나 정당한 사유가 있는 때에는 법원의 허가를 얻어 변경할 수 있다.
③전항의 약정에 의하여 부부의 일방이 다른 일방의 재산을 관리하는 경우에 부적당한 관리로 인하여 그 재산을 위태하게 한 때에는 다른 일방은 자기가 관리할 것을 법원에 청구할 수 있고 그 재산이 부부의 공유인 때에는 그 분할을 청구할 수 있다.
④부부가 그 재산에 관하여 따로 약정을 한 때에는 혼인성립까지에 그 등기를 하지 아니하면 이로써 부부의 승계인 또는 제삼자에게 대항하지 못한다.
⑤제2항, 제3항의 규정이나 약정에 의하여 관리자를 변경하거나 공유재산을 분할하였을 때에는 그 등기를 하지 아니하면 이로써 부부의 승계인 또는 제삼자에게 대항하지 못한다.

제830조 (특유재산과 귀속불명재산) ①부부의 일방이 혼인전부터 가진 고유재산과 혼인중 자기의 명의로 취득한 재산은 그 특유재산으로 한다.
②부부의 누구에게 속한 것인지 분명하지 아니한 재산은 부부의 공유로 추정한다. 〈개정 1977.12.31〉   〈현행유지〉

제831조 (특유재산의 관리등) 부부는 그 특유재산을 각자관리, 사용, 수익한다.   〈현행유지〉

제832조 (가사로 인한 채무의 연대책임) 부부의 일방이 일상의 가사에 관하여 제삼자와 법률행위를 한 때에는 다른 일방은 이로 인한 채무에 대하여 연대책임이 있다. 그러나 이미 제삼자에 대하여 다른 일방의 책임없음을 명시한 때에는 그러하지 아니하다.   〈현행유지〉

제833조 (생활비용) 부부의 공동생활에 필요한 비용은   〈현행유지〉

당사자간에 특별한 약정이 없으면 부부가 공동으로 부담한다.
[전문개정 1990.1.13]

제5절 이혼 〈현행유지〉

제1관 협의상 이혼 〈현행유지〉

제834조 (협의상 이혼) 부부는 협의에 의하여 이혼할 수 있다. 〈현행유지〉

제835조 (성년후견과 협의상 이혼) 피성년후견인의 협의상 이혼에 관하여는 제808조제2항을 준용한다. 〈현행유지〉
[전문개정 2011.3.7]
[시행일 : 2013.7.1] 제835조

제836조 (이혼의 성립과 신고방식) ①협의상 이혼은 가정법원의 확인을 받아 「가족관계의 등록 등에 관한 법률」의 정한 바에 의하여 신고함으로써 그 효력이 생긴다. 〈개정 1977.12.31, 2007.5.17〉 〈현행유지〉
②전항의 신고는 당사자쌍방과 성년자인 증인 2인의 연서한 서면으로 하여야 한다.

제836조의2 (이혼의 절차) ① 협의상 이혼을 하려는 자는 가정법원이 제공하는 이혼에 관한 안내를 받아야 하고, 가정법원은 필요한 경우 당사자에게 상담에 관하여 전문적인 지식과 경험을 갖춘 전문상담인의 상담을 받을 것을 권고할 수 있다. 〈현행유지〉
② 가정법원에 이혼의사의 확인을 신청한 당사자는 제1항의 안내를 받은 날부터 다음 각 호의 기간이 지난 후에 이혼의사의 확인을 받을 수 있다.
  1. 양육하여야 할 자(포태 중인 자를 포함한다. 이하 이 조에서 같다)가 있는 경우에는 3개월
  2. 제1호에 해당하지 아니하는 경우에는 1개월

③ 가정법원은 폭력으로 인하여 당사자 일방에게 참을 수 없는 고통이 예상되는 등 이혼을 하여야 할 급박한 사정이 있는 경우에는 제2항의 기간을 단축 또는 면제할 수 있다.
④ 양육하여야 할 자가 있는 경우 당사자는 제837조에 따른 자(子)의 양육과 제909조제4항에 따른 자의 친권자결정에 관한 협의서 또는 제837조 및 제909조제4항에 따른 가정법원의 심판정본을 제출하여야 한다.
⑤ 가정법원은 당사자가 협의한 양육비부담에 관한 내용을 확인하는 양육비부담조서를 작성하여야 한다. 이 경우 양육비부담조서의 효력에 대하여는 「가사소송법」 제41조를 준용한다. 〈신설 2009.5.8〉
[본조신설 2007.12.21]

제837조 (이혼과 자의 양육책임) ①당사자는 그 자의 양육에 관한 사항을 협의에 의하여 정한다. 〈개정 1990.1.13〉
② 제1항의 협의는 다음의 사항을 포함하여야 한다. 〈개정 2007.12.21〉
 1. 양육자의 결정
 2. 양육비용의 부담
 3. 면접교섭권의 행사 여부 및 그 방법
③ 제1항에 따른 협의가 자(子)의 복리에 반하는 경우에는 가정법원은 보정을 명하거나 직권으로 그 자의 의사(意思)·연령과 부모의 재산상황, 그 밖의 사정을 참작하여 양육에 필요한 사항을 정한다. 〈개정 2007.12.21〉
④ 양육에 관한 사항의 협의가 이루어지지 아니하거나 협의할 수 없는 때에는 가정법원은 직권으로 또는 당사자의 청구에 따라 이에 관하여 결정한다. 이 경우 가정법원은 제3항의 사정을 참작하여야 한다.

〈현행유지〉

⟨신설 2007.12.21⟩
⑤ 가정법원은 자(子)의 복리를 위하여 필요하다고 인정하는 경우에는 부·모·자(子) 및 검사의 청구 또는 직권으로 자(子)의 양육에 관한 사항을 변경하거나 다른 적당한 처분을 할 수 있다. ⟨신설 2007.12.21⟩
⑥ 제3항부터 제5항까지의 규정은 양육에 관한 사항 외에는 부모의 권리의무에 변경을 가져오지 아니한다. ⟨신설 2007.12.21⟩

제837조의2 (면접교섭권) ① 자를 직접 양육하지 아니하는 부모의 일방과 자는 상호 면접교섭할 수 있는 권리를 가진다. ⟨개정 2007.12.21⟩
②가정법원은 자의 복리를 위하여 필요한 때에는 당사자의 청구 또는 직권에 의하여 면접교섭을 제한하거나 배제할 수 있다. ⟨개정 2005.3.31⟩
[본조신설 1990.1.13]

⟨현행유지⟩

제838조 (사기, 강박으로 인한 이혼의 취소청구권) 사기 또는 강박으로 인하여 이혼의 의사표시를 한 자는 그 취소를 가정법원에 청구할 수 있다. ⟨개정 1990.1.13⟩

⟨현행유지⟩

제839조 (준용규정) 제823조의 규정은 협의상 이혼에 준용한다.

⟨현행유지⟩

제839조의2 (재산분할청구권) ①협의상 이혼한 자의 일방은 다른 일방에 대하여 재산분할을 청구할 수 있다.
②제1항의 재산분할에 관하여 협의가 되지 아니하거나 협의할 수 없는 때에는 가정법원은 당사자의 청구에 의하여 당사자 쌍방의 협력으로 이룩한 재산의 액수 기타 사정을 참작하여 분할의 액수와 방법을 정한다.
③제1항의 재산분할청구권은 이혼한 날부터 2년을 경과한 때에는 소멸한다.
[본조신설 1990.1.13]

⟨현행유지⟩

제839조의3 (재산분할청구권 보전을 위한 사해행위취소권) ① 부부의 일방이 다른 일방의 재산분할청구권 행사를 해함을 알면서도 재산권을 목적으로 하는 법률행위를 한 때에는 다른 일방은 제406조제1항을 준용하여 그 취소 및 원상회복을 가정법원에 청구할 수 있다. ② 제1항의 소는 제406조제2항의 기간 내에 제기하여야 한다. [본조신설 2007.12.21]	〈현행유지〉
제2관 재판상 이혼	〈현행유지〉
제840조 (재판상 이혼원인) 부부의 일방은 다음 각호의 사유가 있는 경우에는 가정법원에 이혼을 청구할 수 있다. 〈개정 1990.1.13〉 　1. 배우자에 부정한 행위가 있었을 때 　2. 배우자가 악의로 다른 일방을 유기한 때 　3. 배우자 또는 그 직계존속으로부터 심히 부당한 대우를 받았을 때 　4. 자기의 직계존속이 배우자로부터 심히 부당한 대우를 받았을 때 　5. 배우자의 생사가 3년이상 분명하지 아니한 때 　6. 기타 혼인을 계속하기 어려운 중대한 사유가 있을 때	〈현행유지〉
제841조 (부정으로 인한 이혼청구권의 소멸) 전조제1호의 사유는 다른 일방이 사전동의나 사후용서를 한 때 또는 이를 안 날로부터 6월, 그 사유있은 날로부터 2년을 경과한 때에는 이혼을 청구하지 못한다.	〈현행유지〉
제842조 (기타 원인으로 인한 이혼청구권의 소멸) 제840조제6호의 사유는 다른 일방이 이를 안 날로부터 6월, 그 사유있은 날로부터 2년을 경과하면 이혼을 청구하지 못한다.	〈현행유지〉

제843조 (준용규정) 재판상 이혼에 따른 손해배상책임에 관하여는 제806조를 준용하고, 재판상 이혼에 따른 자녀의 양육책임 등에 관하여는 제837조를 준용하며, 재판상 이혼에 따른 면접교섭권에 관하여는 제837조의2를 준용하고, 재판상 이혼에 따른 재산분할청구권에 관하여는 제839조의2를 준용하며, 재판상 이혼에 따른 재산분할청구권 보전을 위한 사해행위취소권에 관하여는 제839조의3을 준용한다.
[전문개정 2012.2.10]

〈현행유지〉

제4장 부모와 자   〈현행유지〉

제1절 친생자   〈현행유지〉

제844조 (부의 친생자의 추정) ①처가 혼인중에 포태한 자는 부의 자로 추정한다.
②혼인성립의 날로부터 2백일후 또는 혼인관계 종료의 날로부터 3백일내에 출생한 자는 혼인중에 포태한 것으로 추정한다.

〈현행유지〉

제845조 (법원에 의한 부의 결정) 재혼한 여자가 해산한 경우에 제844조의 규정에 의하여 그 자의 부를 정할 수 없는 때에는 법원이 당사자의 청구에 의하여 이를 정한다. 〈개정 2005.3.31〉

〈현행유지〉

제846조 (자의 친생부인) 부부의 일방은 제844조의 경우에 그 자가 친생자임을 부인하는 소를 제기할 수 있다. 〈개정 2005.3.31〉

〈현행유지〉

제847조 (친생부인의 소) ①친생부인(親生否認)의 소(訴)는 부(夫) 또는 처(妻)가 다른 일방 또는 자子를 상대로 하여 그 사유가 있음을 안 날부터 2년내에 이를 제기하여야 한다.

〈현행유지〉

②제1항의 경우에 상대방이 될 자가 모두 사망한 때에는 그 사망을 안 날부터 2년내에 검사를 상대로 하여 친생부인의 소를 제기할 수 있다.
[전문개정 2005.3.31]

제848조 (성년후견과 친생부인의 소) ① 남편이나 아내가 피성년후견인인 경우에는 그의 성년후견인이 성년후견감독인의 동의를 받아 친생부인의 소를 제기할 수 있다. 성년후견감독인이 없거나 동의할 수 없을 때에는 가정법원에 그 동의를 갈음하는 허가를 청구할 수 있다.
② 제1항의 경우 성년후견인이 친생부인의 소를 제기하지 아니하는 경우에는 피성년후견인은 성년후견종료의 심판이 있은 날부터 2년 내에 친생부인의 소를 제기할 수 있다.
[전문개정 2011.3.7]
[시행일 : 2013.7.1]

⟨현행유지⟩

제849조 (자사망후의 친생부인) 자가 사망한 후에도 그 직계비속이 있는 때에는 그 모를 상대로, 모가 없으면 검사를 상대로 하여 부인의 소를 제기할 수 있다.

⟨현행유지⟩

제850조 (유언에 의한 친생부인) 부(夫) 또는 처(妻)가 유언으로 부인의 의사를 표시한 때에는 유언집행자는 친생부인의 소를 제기하여야 한다. ⟨개정 2005.3.31⟩

⟨현행유지⟩

제851조 (부의 자 출생 전 사망 등과 친생부인) 부(夫)가 자子의 출생 전에 사망하거나 부(夫) 또는 처(妻)가 제847조제1항의 기간내에 사망한 때에는 부(夫) 또는 처(妻)의 직계존속이나 직계비속에 한하여 그 사망을 안 날부터 2년내에 친생부인의 소를 제기할 수 있다.
[전문개정 2005.3.31]

⟨현행유지⟩

제852조 (친생부인권의 소멸) 자의 출생 후에 친생자(親

⟨현행유지⟩

生子)임을 승인한 자는 다시 친생부인의 소를 제기하지 못한다.
[전문개정 2005.3.31]

제853조 삭제 〈2005.3.31〉　　　　　　　　　　〈현행유지〉

제854조 (사기, 강박으로 인한 승인의 취소) 제852조의 승인이 사기 또는 강박으로 인한 때에는 이를 취소할 수 있다. 〈개정 2005.3.31〉　　　　　　　　〈현행유지〉

제855조 (인지) ①혼인외의 출생자는 그 생부나 생모가 이를 인지할 수 있다. 부모의 혼인이 무효인 때에는 출생자는 혼인외의 출생자로 본다.
②혼인외의 출생자는 그 부모가 혼인한 때에는 그때로부터 혼인중의 출생자로 본다.　〈현행유지〉

제856조 (피성년후견인의 인지) 아버지가 피성년후견인인 경우에는 성년후견인의 동의를 받아 인지할 수 있다.
[전문개정 2011.3.7]
[시행일 : 2013.7.1]　　　　　　　　　　〈현행유지〉

제857조 (사망자의 인지) 자가 사망한 후에도 그 직계비속이 있는 때에는 이를 인지할 수 있다.　〈현행유지〉

제858조 (포태중인 자의 인지) 부는 포태중에 있는 자에 대하여도 이를 인지할 수 있다.　〈현행유지〉

제859조 (인지의 효력발생) ①인지는 「가족관계의 등록 등에 관한 법률」의 정하는 바에 의하여 신고함으로써 그 효력이 생긴다. 〈개정 2007.5.17〉
②인지는 유언으로도 이를 할 수 있다. 이 경우에는 유언집행자가 이를 신고하여야 한다.　〈현행유지〉

제860조 (인지의 소급효) 인지는 그 자의 출생시에 소급하여 효력이 생긴다. 그러나 제삼자의 취득한 권리를 해하지 못한다.　〈현행유지〉

제861조 (인지의 취소) 사기, 강박 또는 중대한 착오로 인하여 인지를 한 때에는 사기나 착오를 안 날 또는 강박을 면한 날로부터 6월내에 가정법원에 그 취소를 청구할 수 있다. 〈개정 2005.3.31〉	〈현행유지〉
제862조 (인지에 대한 이의의 소) 자 기타 이해관계인은 인지의 신고있음을 안 날로부터 1년내에 인지에 대한 이의의 소를 제기할 수 있다.	〈현행유지〉
제863조 (인지청구의 소) 자와 그 직계비속 또는 그 법정대리인은 부 또는 모를 상대로 하여 인지청구의 소를 제기할 수 있다.	〈현행유지〉
제864조 (부모의 사망과 인지청구의 소) 제862조 및 제863조의 경우에 부 또는 모가 사망한 때에는 그 사망을 안 날로부터 2년내에 검사를 상대로 하여 인지에 대한 이의 또는 인지청구의 소를 제기할 수 있다. 〈개정 2005.3.31〉	〈현행유지〉
제864조의2 (인지와 자의 양육책임 등) 제837조 및 제837조의2의 규정은 자가 인지된 경우에 자의 양육책임과 면접교섭권에 관하여 이를 준용한다. [본조신설 2005.3.31]	〈현행유지〉
제865조 (다른 사유를 원인으로 하는 친생자관계존부확인의 소) ①제845조, 제846조, 제848조, 제850조, 제851조, 제862조와 제863조의 규정에 의하여 소를 제기할 수 있는 자는 다른 사유를 원인으로 하여 친생자관계존부의 확인의 소를 제기할 수 있다. ②제1항의 경우에 당사자일방이 사망한 때에는 그 사망을 안 날로부터 2년내에 검사를 상대로 하여 소를 제기할 수 있다. 〈개정 2005.3.31〉	〈현행유지〉

제2절 양자(養子) 〈개정 2012.2.10〉   〈현행유지〉

제1관 입양의 요건과 효력 〈개정 2012.2.10〉   〈현행유지〉

제866조 (입양을 할 능력) 성년이 된 사람은 입양(入養)   〈현행유지〉
을 할 수 있다.

제867조 (미성년자의 입양에 대한 가정법원의 허가) ① 미   〈현행유지〉
성년자를 입양하려는 사람은 가정법원의 허가를 받
아야 한다.
② 가정법원은 양자가 될 미성년자의 복리를 위하여
그 양육 상황, 입양의 동기, 양부모(養父母)의 양육
능력, 그 밖의 사정을 고려하여 제1항에 따른 입양의
허가를 하지 아니할 수 있다.
[본조신설 2012.2.10]
[시행일 : 2013.7.1]

제868조 삭제 〈1990.1.13〉   〈현행유지〉

제869조 (입양의 의사표시) ① 양자가 될 사람이 13세 이   〈현행유지〉
상의 미성년자인 경우에는 법정대리인의 동의를 받
아 입양을 승낙한다.
② 양자가 될 사람이 13세 미만인 경우에는 법정대
리인이 그를 갈음하여 입양을 승낙한다.
③ 가정법원은 다음 각 호의 어느 하나에 해당하는
경우에는 제1항에 따른 동의 또는 제2항에 따른 승
낙이 없더라도 제867조제1항에 따른 입양의 허가를
할 수 있다.
  1. 법정대리인이 정당한 이유 없이 동의 또는 승낙
     을 거부하는 경우. 다만, 법정대리인이 친권자인
     경우에는 제870조제2항의 사유가 있어야 한다.
  2. 법정대리인의 소재를 알 수 없는 등의 사유로 동
     의 또는 승낙을 받을 수 없는 경우
④ 제3항제1호의 경우 가정법원은 법정대리인을 심

문하여야 한다.
⑤ 제1항에 따른 동의 또는 제2항에 따른 승낙은 제867조제1항에 따른 입양의 허가가 있기 전까지 철회할 수 있다.
[전문개정 2012.2.10]
[시행일 : 2013.7.1]

제870조 (미성년자 입양에 대한 부모의 동의) ① 양자가 될 미성년자는 부모의 동의를 받아야 한다. 다만, 다음 각 호의 어느 하나에 해당하는 경우에는 그러하지 아니하다. 　1. 부모가 제869조제1항에 따른 동의를 하거나 같은 조 제2항에 따른 승낙을 한 경우 　2. 부모가 친권상실의 선고를 받은 경우 　3. 부모의 소재를 알 수 없는 등의 사유로 동의를 받을 수 없는 경우 ② 가정법원은 다음 각 호의 어느 하나에 해당하는 사유가 있는 경우에는 부모가 동의를 거부하더라도 제867조제1항에 따른 입양의 허가를 할 수 있다. 이 경우 가정법원은 부모를 심문하여야 한다. 　1. 부모가 3년 이상 자녀에 대한 부양의무를 이행하지 아니한 경우 　2. 부모가 자녀를 학대 또는 유기(遺棄)하거나 그 밖에 자녀의 복리를 현저히 해친 경우 ③제1항에 따른 동의는 제867조제1항에 따른 입양의 허가가 있기 전까지 철회할 수 있다. [전문개정 2012.2.10] [시행일 : 2013.7.1]	〈현행유지〉
제871조 (성년자 입양에 대한 부모의 동의) ① 양자가 될 사람이 성년인 경우에는 부모의 동의를 받아야 한다. 다만, 부모의 소재를 알 수 없는 등의 사유로 동	〈현행유지〉

의를 받을 수 없는 경우에는 그러하지 아니하다.
② 가정법원은 부모가 정당한 이유 없이 동의를 거부하는 경우에 양부모가 될 사람이나 양자가 될 사람의 청구에 따라 부모의 동의를 갈음하는 심판을 할 수 있다. 이 경우 가정법원은 부모를 심문하여야 한다.
[전문개정 2012.2.10]
[시행일 : 2013.7.1]

제872조 삭제 〈2012.2.10〉 〈현행유지〉

제873조 (피성년후견인의 입양) ① 피성년후견인은 성년후견인의 동의를 받아 입양을 할 수 있고 양자가 될 수 있다. 〈현행유지〉
② 피성년후견인이 입양을 하거나 양자가 되는 경우에는 제867조를 준용한다.
③ 가정법원은 성년후견인이 정당한 이유 없이 제1항에 따른 동의를 거부하거나 피성년후견인의 부모가 정당한 이유 없이 제871조제1항에 따른 동의를 거부하는 경우에 그 동의가 없어도 입양을 허가할 수 있다. 이 경우 가정법원은 성년후견인 또는 부모를 심문하여야 한다.
[전문개정 2012.2.10]
[시행일 : 2013.7.1]

제874조 (부부의 공동 입양 등) ① 배우자가 있는 사람은 배우자와 공동으로 입양하여야 한다. 〈현행유지〉
② 배우자가 있는 사람은 그 배우자의 동의를 받아야만 양자가 될 수 있다.
[전문개정 2012.2.10]
[시행일 : 2013.7.1]

제875조 삭제 〈1990.1.13〉 〈현행유지〉

제876조 삭제 〈1990.1.13〉	〈현행유지〉
제877조 (입양의 금지) 존속이나 연장자를 입양할 수 없다. [전문개정 2012.2.10] [시행일 : 2013.7.1]	〈현행유지〉
제878조 (입양의 성립) 입양은 「가족관계의 등록 등에 관한 법률」에서 정한 바에 따라 신고함으로써 그 효력이 생긴다. [전문개정 2012.2.10] [시행일 : 2013.7.1]	〈현행유지〉
제879조 삭제 〈1990.1.13〉	〈현행유지〉
제880조 삭제 〈1990.1.13〉	〈현행유지〉
제881조 (입양 신고의 심사) 제866조, 제867조, 제869조부터 제871조까지, 제873조, 제874조, 제877조, 그 밖의 법령을 위반하지 아니한 입양 신고는 수리하여야 한다. [전문개정 2012.2.10] [시행일 : 2013.7.1]	〈현행유지〉
제882조 (외국에서의 입양 신고) 외국에서 입양 신고를 하는 경우에는 제814조를 준용한다. [전문개정 2012.2.10] [시행일 : 2013.7.1]	〈현행유지〉
제882조의2 (입양의 효력) ① 양자는 입양된 때부터 양부모의 친생자와 같은 지위를 가진다. ② 양자의 입양 전의 친족관계는 존속한다. [본조신설 2012.2.10] [시행일 : 2013.7.1]	〈현행유지〉
제2관 입양의 무효와 취소 〈개정 2012.2.10〉	〈현행유지〉
제883조 (입양 무효의 원인) 다음 각 호의 어느 하나에	〈현행유지〉

해당하는 입양은 무효이다.
1. 당사자 사이에 입양의 합의가 없는 경우
2. 제867조제1항(제873조제2항에 따라 준용되는 경우를 포함한다), 제869조제2항, 제877조를 위반한 경우

[전문개정 2012.2.10]

[시행일 : 2013.7.1]

제884조 (입양 취소의 원인) ① 입양이 다음 각 호의 어느 하나에 해당하는 경우에는 가정법원에 그 취소를 청구할 수 있다. 〈현행유지〉
1. 제866조, 제869조제1항, 같은 조 제3항제2호, 제870조제1항, 제871조제1항, 제873조제1항, 제874조를 위반한 경우
2. 입양 당시 양부모와 양자 중 어느 한쪽에게 악질(惡疾)이나 그 밖에 중대한 사유가 있음을 알지 못한 경우
3. 사기 또는 강박으로 인하여 입양의 의사표시를 한 경우

② 입양 취소에 관하여는 제867조제2항을 준용한다.

[전문개정 2012.2.10]

[시행일 : 2013.7.1]

제885조 (입양 취소 청구권자) 양부모, 양자와 그 법정대리인 또는 직계혈족은 제866조를 위반한 입양의 취소를 청구할 수 있다. 〈현행유지〉

[전문개정 2012.2.10]

[시행일 : 2013.7.1]

제886조 (입양 취소 청구권자) 양자나 동의권자는 제869조제1항, 같은 조 제3항제2호, 제870조제1항을 위반한 입양의 취소를 청구할 수 있고, 동의권자는 제871조제1항을 위반한 입양의 취소를 청구할 수 있다. 〈현행유지〉

[전문개정 2012.2.10]
[시행일 : 2013.7.1]

제887조 (입양 취소 청구권자) 피성년후견인이나 성년후견인은 제873조제1항을 위반한 입양의 취소를 청구할 수 있다. [전문개정 2012.2.10] [시행일 : 2013.7.1]	〈현행유지〉
제888조 (입양 취소 청구권자) 배우자는 제874조를 위반한 입양의 취소를 청구할 수 있다. [전문개정 2012.2.10] [시행일 : 2013.7.1]	〈현행유지〉
제889조 (입양 취소 청구권의 소멸) 양부모가 성년이 되면 제866조를 위반한 입양의 취소를 청구하지 못한다. [전문개정 2012.2.10] [시행일 : 2013.7.1]	〈현행유지〉
제890조 삭제 〈1990.1.13〉	〈현행유지〉
제891조 (입양 취소 청구권의 소멸) ① 양자가 성년이 된 후 3개월이 지나거나 사망하면 제869조제1항, 같은 조 제3항제2호, 제870조제1항을 위반한 입양의 취소를 청구하지 못한다. ② 양자가 사망하면 제871조제1항을 위반한 입양의 취소를 청구하지 못한다. [전문개정 2012.2.10] [시행일 : 2013.7.1]	〈현행유지〉
제892조 삭제 〈2012.2.10〉	〈현행유지〉
제893조 (입양 취소 청구권의 소멸) 성년후견개시의 심판이 취소된 후 3개월이 지나면 제873조제1항을 위반한 입양의 취소를 청구하지 못한다.	〈현행유지〉

[전문개정 2012.2.10]
[시행일 : 2013.7.1]

제894조 (입양 취소 청구권의 소멸) 제869조제1항, 같은 조 제3항제2호, 제870조제1항, 제871조제1항, 제873조제1항, 제874조를 위반한 입양은 그 사유가 있음을 안 날부터 6개월, 그 사유가 있었던 날부터 1년이 지나면 그 취소를 청구하지 못한다.
[전문개정 2012.2.10]
[시행일 : 2013.7.1]

〈현행유지〉

제895조 삭제 〈1990.1.13〉

〈현행유지〉

제896조 (입양 취소 청구권의 소멸) 제884조제1항제2호에 해당하는 사유가 있는 입양은 양부모와 양자 중 어느 한 쪽이 그 사유가 있음을 안 날부터 6개월이 지나면 그 취소를 청구하지 못한다.
[전문개정 2012.2.10]
[시행일 : 2013.7.1]

〈현행유지〉

제897조 (준용규정) 입양의 무효 또는 취소에 따른 손해배상책임에 관하여는 제806조를 준용하고, 사기 또는 강박으로 인한 입양 취소 청구권의 소멸에 관하여는 제823조를 준용하며, 입양 취소의 효력에 관하여는 제824조를 준용한다.
[전문개정 2012.2.10]
[시행일 : 2013.7.1]

〈현행유지〉

제3관 파양(罷養) 〈개정 2012.2.10〉

〈현행유지〉

제1항 협의상 파양 〈개정 2012.2.10〉

〈현행유지〉

제898조 (협의상 파양) 양부모와 양자는 협의하여 파양(罷養)할 수 있다. 다만, 양자가 미성년자 또는 피성년후견인인 경우에는 그러하지 아니하다.

〈현행유지〉

[전문개정 2012.2.10]
[시행일 : 2013.7.1]

제899조 삭제 〈2012.2.10〉　　　　　　　　　　　〈현행유지〉
[시행일 : 2013.7.1]

제900조 삭제 〈2012.2.10〉　　　　　　　　　　　〈현행유지〉

제901조 삭제 〈2012.2.10〉　　　　　　　　　　　〈현행유지〉

제902조 (피성년후견인의 협의상 파양) 피성년후견인인　〈현행유지〉
양부모는 성년후견인의 동의를 받아 파양을 협의할
수 있다.
[전문개정 2012.2.10]
[시행일 : 2013.7.1]

제903조 (파양 신고의 심사) 제898조, 제902조, 그 밖의　〈현행유지〉
법령을 위반하지 아니한 파양 신고는 수리하여야 한다.
[전문개정 2012.2.10]
[시행일 : 2013.7.1]

제904조 (준용규정) 사기 또는 강박으로 인한 파양 취소　〈현행유지〉
청구권의 소멸에 관하여는 제823조를 준용하고, 협
의상 파양의 성립에 관하여는 제878조를 준용한다.
[전문개정 2012.2.10]
[시행일 : 2013.7.1]

　　　　　　제2항 재판상 파양 〈개정 2012.2.10〉　　　〈현행유지〉

제905조 (재판상 파양의 원인) 양부모, 양자 또는 제906조　〈현행유지〉
에 따른 청구권자는 다음 각 호의 어느 하나에 해당하
는 경우에는 가정법원에 파양을 청구할 수 있다.
　1. 양부모가 양자를 학대 또는 유기하거나 그 밖에
　　양자의 복리를 현저히 해친 경우
　2. 양부모가 양자로부터 심히 부당한 대우를 받은
　　경우

3. 양부모나 양자의 생사가 3년 이상 분명하지 아니한 경우
4. 그 밖에 양친자관계를 계속하기 어려운 중대한 사유가 있는 경우

[전문개정 2012.2.10]
[시행일 : 2013.7.1]

제906조 (파양 청구권자) ①양자가 13세 미만인 경우에는 제869조제2항에 따른 승낙을 한 사람이 양자를 갈음하여 파양을 청구할 수 있다. 다만, 파양을 청구할 수 있는 사람이 없는 경우에는 제777조에 따른 양자의 친족이나 이해관계인이 가정법원의 허가를 받아 파양을 청구할 수 있다.
②양자가 13세 이상의 미성년자인 경우에는 제870조제1항에 따른 동의를 한 부모의 동의를 받아 파양을 청구할 수 있다. 다만, 부모가 사망하거나 그 밖의 사유로 동의할 수 없는 경우에는 동의 없이 파양을 청구할 수 있다.
③양부모나 양자가 피성년후견인인 경우에는 성년후견인의 동의를 받아 파양을 청구할 수 있다.
④검사는 미성년자나 피성년후견인인 양자를 위하여 파양을 청구할 수 있다.

[전문개정 2012.2.10]
[시행일 : 2013.7.1]

〈현행유지〉

제907조 (파양 청구권의 소멸) 파양 청구권자는 제905조제1호·제2호·제4호의 사유가 있음을 안 날부터 6개월, 그 사유가 있었던 날부터 3년이 지나면 파양을 청구할 수 없다.
[전문개정 2012.2.10]
[시행일 : 2013.7.1]

〈현행유지〉

제908조 (준용규정) 재판상 파양에 따른 손해배상책임

〈현행유지〉

에 관하여는 제806조를 준용한다.
[전문개정 2012.2.10]
[시행일 : 2013.7.1]

　　　　제4관 친양자 〈신설 2005.3.31〉　　　　〈현행유지〉

제908조의2 (친양자 입양의 요건 등) ① 친양자(親養子)　〈현행유지〉
를 입양하려는 사람은 다음 각 호의 요건을 갖추어
가정법원에 친양자 입양을 청구하여야 한다.
　1. 3년 이상 혼인 중인 부부로서 공동으로 입양할
　　 것. 다만, 1년 이상 혼인 중인 부부의 한쪽이 그
　　 배우자의 친생자를 친양자로 하는 경우에는 그
　　 러하지 아니하다.
　2. 친양자가 될 사람이 미성년자일 것
　3. 친양자가 될 사람의 친생부모가 친양자 입양에
　　 동의할 것. 다만, 부모가 친권상실의 선고를 받
　　 거나 소재를 알 수 없거나 그 밖의 사유로 동의
　　 할 수 없는 경우에는 그러하지 아니하다.
　4. 친양자가 될 사람이 13세 이상인 경우에는 법정
　　 대리인의 동의를 받아 입양을 승낙할 것
　5. 친양자가 될 사람이 13세 미만인 경우에는 법정
　　 대리인이 그를 갈음하여 입양을 승낙할 것
② 가정법원은 다음 각 호의 어느 하나에 해당하는
경우에는 제1항제3호·제4호에 따른 동의 또는 같은
항 제5호에 따른 승낙이 없어도 제1항의 청구를 인
용할 수 있다. 이 경우 가정법원은 동의권자 또는 승
낙권자를 심문하여야 한다.
　1. 법정대리인이 정당한 이유 없이 동의 또는 승낙
　　 을 거부하는 경우. 다만, 법정대리인이 친권자
　　 인 경우에는 제2호 또는 제3호의 사유가 있어야
　　 한다.
　2. 친생부모가 자신에게 책임이 있는 사유로 3년

이상 자녀에 대한 부양의무를 이행하지 아니하고 면접교섭을 하지 아니한 경우
3. 친생부모가 자녀를 학대 또는 유기하거나 그 밖에 자녀의 복리를 현저히 해친 경우
③ 가정법원은 친양자가 될 사람의 복리를 위하여 그 양육상황, 친양자 입양의 동기, 양부모의 양육능력, 그 밖의 사정을 고려하여 친양자 입양이 적당하지 아니하다고 인정하는 경우에는 제1항의 청구를 기각할 수 있다.
[전문개정 2012.2.10]
[시행일 : 2013.7.1]

제908조의3 (친양자 입양의 효력) ①친양자는 부부의 혼인중 출생자로 본다.
②친양자의 입양 전의 친족관계는 제908조의2제1항의 청구에 의한 친양자 입양이 확정된 때에 종료한다. 다만, 부부의 일방이 그 배우자의 친생자를 단독으로 입양한 경우에 있어서의 배우자 및 그 친족과 친생자간의 친족관계는 그러하지 아니하다.
[본조신설 2005.3.31]

〈현행유지〉

제908조의4 (친양자 입양의 취소 등) ① 친양자로 될 사람의 친생(親生)의 아버지 또는 어머니는 자신에게 책임이 없는 사유로 인하여 제908조의2제1항제3호 단서에 따른 동의를 할 수 없었던 경우에 친양자 입양의 사실을 안 날부터 6개월 안에 가정법원에 친양자 입양의 취소를 청구할 수 있다.
② 친양자 입양에 관하여는 제883조, 제884조를 적용하지 아니한다.
[전문개정 2012.2.10]
[시행일 : 2013.7.1]

〈현행유지〉

제908조의5 (친양자의 파양) ①양친, 친양자, 친생의 부

〈현행유지〉

또는 모나 검사는 다음 각호의 어느 하나의 사유가 있는 경우에는 가정법원에 친양자의 파양(罷養)을 청구할 수 있다.
1. 양친이 친양자를 학대 또는 유기(遺棄)하거나 그 밖에 친양자의 복리를 현저히 해하는 때
2. 친양자의 양친에 대한 패륜(悖倫)행위로 인하여 친양자관계를 유지시킬 수 없게 된 때

②제898조 및 제905조의 규정은 친양자의 파양에 관하여 이를 적용하지 아니한다.
[본조신설 2005.3.31]

제908조의6 (준용규정) 제908조의2제3항은 친양자 입양의 취소 또는 제908조의5제1항제2호에 따른 파양의 청구에 관하여 이를 준용한다. 〈개정 2012.2.10〉 〈현행유지〉
[본조신설 2005.3.31]
[시행일 : 2013.7.1]

제908조의7 (친양자 입양의 취소·파양의 효력) ①친양자 입양이 취소되거나 파양된 때에는 친양자관계는 소멸하고 입양 전의 친족관계는 부활한다. 〈현행유지〉
②제1항의 경우에 친양자 입양의 취소의 효력은 소급하지 아니한다.
[본조신설 2005.3.31]

제908조의8 (준용규정) 친양자에 관하여 이 관에 특별한 규정이 있는 경우를 제외하고는 그 성질에 반하지 아니하는 범위 안에서 양자에 관한 규정을 준용한다. 〈현행유지〉
[본조신설 2005.3.31]

제3절 친권 〈현행유지〉

제1관 총칙 〈현행유지〉

제909조 (친권자) ①부모는 미성년자인 자의 친권자가 〈현행유지〉

된다. 양자의 경우에는 양부모(養父母)가 친권자가 된다. 〈개정 2005.3.31〉
②친권은 부모가 혼인중인 때에는 부모가 공동으로 이를 행사한다. 그러나 부모의 의견이 일치하지 아니하는 경우에는 당사자의 청구에 의하여 가정법원이 이를 정한다.
③부모의 일방이 친권을 행사할 수 없을 때에는 다른 일방이 이를 행사한다.
④혼인외의 자가 인지된 경우와 부모가 이혼하는 경우에는 부모의 협의로 친권자를 정하여야 하고, 협의할 수 없거나 협의가 이루어지지 아니하는 경우에는 가정법원은 직권으로 또는 당사자의 청구에 따라 친권자를 지정하여야 한다. 다만, 부모의 협의가 자(子)의 복리에 반하는 경우에는 가정법원은 보정을 명하거나 직권으로 친권자를 정한다. 〈개정 2005.3.31, 2007.12.21〉
⑤가정법원은 혼인의 취소, 재판상 이혼 또는 인지청구의 소의 경우에는 직권으로 친권자를 정한다. 〈개정 2005.3.31〉
⑥가정법원은 자의 복리를 위하여 필요하다고 인정되는 경우에는 자의 4촌 이내의 친족의 청구에 의하여 정하여진 친권자를 다른 일방으로 변경할 수 있다. 〈신설 2005.3.31〉
[전문개정 1990.1.13]

제909조의2 (친권자의 지정 등)　① 제909조제4항부터 제6항까지의 규정에 따라 단독 친권자로 정하여진 부모의 일방이 사망한 경우 생존하는 부 또는 모, 미성년자, 미성년자의 친족은 그 사실을 안 날부터 1개월, 사망한 날부터 6개월 내에 가정법원에 생존하는 부 또는 모를 친권자로 지정할 것을 청구할 수 있다.

〈현행유지〉

② 입양이 취소되거나 파양된 경우 또는 양부모가 모두 사망한 경우 친생부모 일방 또는 쌍방, 미성년자, 미성년자의 친족은 그 사실을 안 날부터 1개월, 입양이 취소되거나 파양된 날 또는 양부모가 모두 사망한 날부터 6개월 내에 가정법원에 친생부모 일방 또는 쌍방을 친권자로 지정할 것을 청구할 수 있다. 다만, 친양자의 양부모가 사망한 경우에는 그러하지 아니하다.

③ 제1항 또는 제2항의 기간 내에 친권자 지정의 청구가 없을 때에는 가정법원은 직권으로 또는 미성년자, 미성년자의 친족, 이해관계인, 검사, 지방자치단체의 장의 청구에 의하여 미성년후견인을 선임할 수 있다. 이 경우 생존하는 부 또는 모, 친생부모 일방 또는 쌍방의 소재를 모르거나 그가 정당한 사유 없이 소환에 응하지 아니하는 경우를 제외하고 그에게 의견을 진술할 기회를 주어야 한다.

④ 가정법원은 제1항 또는 제2항에 따른 친권자 지정 청구나 제3항에 따른 후견인 선임 청구가 생존하는 부 또는 모, 친생부모 일방 또는 쌍방의 양육의사 및 양육능력, 청구 동기, 미성년자의 의사, 그 밖의 사정을 고려하여 미성년자의 복리를 위하여 적절하지 아니하다고 인정하면 청구를 기각할 수 있다. 이 경우 가정법원은 직권으로 미성년후견인을 선임하거나 생존하는 부 또는 모, 친생부모 일방 또는 쌍방을 친권자로 지정하여야 한다.

⑤ 가정법원은 다음 각 호의 어느 하나에 해당하는 경우에 직권으로 또는 미성년자, 미성년자의 친족, 이해관계인, 검사, 지방자치단체의 장의 청구에 의하여 제1항부터 제4항까지의 규정에 따라 친권자가 지정되거나 미성년후견인이 선임될 때까지 그 임무를 대행할 사람을 선임할 수 있다. 이 경우 그 임무를

대행할 사람에 대하여는 제25조 및 제954조를 준용한다.
  1. 단독 친권자가 사망한 경우
  2. 입양이 취소되거나 파양된 경우
  3. 양부모가 모두 사망한 경우
⑥ 가정법원은 제3항 또는 제4항에 따라 미성년후견인이 선임된 경우라도 미성년후견인 선임 후 양육상황이나 양육능력의 변동, 미성년자의 의사, 그 밖의 사정을 고려하여 미성년자의 복리를 위하여 필요하면 생존하는 부 또는 모, 친생부모 일방 또는 쌍방, 미성년자의 청구에 의하여 후견을 종료하고 생존하는 부 또는 모, 친생부모 일방 또는 쌍방을 친권자로 지정할 수 있다.
[본조신설 2011.5.19]
[시행일 : 2013.7.1]

제910조 (자의 친권의 대행) 친권자는 그 친권에 따르는 자에 갈음하여 그 자에 대한 친권을 행사한다. 〈개정 2005.3.31〉	〈현행유지〉
제911조 (미성년자인 자의 법정대리인) 친권을 행사하는 부 또는 모는 미성년자인 자의 법정대리인이 된다.	〈현행유지〉
제912조 (친권 행사와 친권자 지정의 기준) ①친권을 행사함에 있어서는 자의 복리를 우선적으로 고려하여야 한다. 〈개정 2011.5.19〉 ② 가정법원이 친권자를 지정함에 있어서는 자자의 복리를 우선적으로 고려하여야 한다. 이를 위하여 가정법원은 관련 분야의 전문가나 사회복지기관으로부터 자문을 받을 수 있다. 〈신설 2011.5.19〉 [본조신설 2005.3.31] [제목개정 2011.5.19] [시행일 : 2013.7.1]	〈현행유지〉

　　　　　제2관 친권의 효력　　　　　　　　　　〈현행유지〉

제913조 (보호, 교양의 권리의무) 친권자는 자를 보호하　〈현행유지〉
고 교양할 권리의무가 있다.

제914조 (거소지정권) 자는 친권자의 지정한 장소에 거　〈현행유지〉
주하여야 한다.

제915조 (징계권) 친권자는 그 자를 보호 또는 교양하　〈현행유지〉
기 위하여 필요한 징계를 할 수 있고 법원의 허가를
얻어 감화 또는 교정기관에 위탁할 수 있다.

제916조 (자의 특유재산과 그 관리) 자가 자기의 명의로　〈현행유지〉
취득한 재산은 그 특유재산으로 하고 법정대리인인
친권자가 이를 관리한다.

제917조 삭제 〈1990.1.13〉　　　　　　　　　　　　　〈현행유지〉

제918조 (제삼자가 무상으로 자에게 수여한 재산의 관리)　〈현행유지〉
① 무상으로 자에게 재산을 수여한 제삼자가 친권자
의 관리에 반대하는 의사를 표시한 때에는 친권자는
그 재산을 관리하지 못한다.
② 전항의 경우에 제삼자가 그 재산관리인을 지정하
지 아니한 때에는 법원은 재산의 수여를 받은 자 또
는 제777조의 규정에 의한 친족의 청구에 의하여 관
리인을 선임한다.
③ 제삼자의 지정한 관리인의 권한이 소멸하거나 관
리인을 개임할 필요있는 경우에 제삼자가 다시 관리
인을 지정하지 아니한 때에도 전항과 같다.
④ 제24조제1항, 제2항, 제4항, 제25조 전단 및 제26조
제1항, 제2항의 규정은 전2항의 경우에 준용한다.

제919조 (위임에 관한 규정의 준용) 제691조, 제692조의　〈현행유지〉
규정은 전3조의 재산관리에 준용한다.

제920조 (자의 재산에 관한 친권자의 대리권) 법정대리인　〈현행유지〉

인 친권자는 자의 재산에 관한 법률행위에 대하여 그 자를 대리한다. 그러나 그 자의 행위를 목적으로 하는 채무를 부담할 경우에는 본인의 동의를 얻어야 한다.

제920조의2 (공동친권자의 일방이 공동명의로 한 행위의 효력) 부모가 공동으로 친권을 행사하는 경우 부모의 일방이 공동명의로 자를 대리하거나 자의 법률행위에 동의한 때에는 다른 일방의 의사에 반하는 때에도 그 효력이 있다. 그러나 상대방이 악의인 때에는 그러하지 아니한다. [본조신설 1990.1.13]	〈현행유지〉
제921조 (친권자와 그 자간 또는 수인의 자간의 이해상반행위) ①법정대리인인 친권자와 그 자 사이에 이해상반되는 행위를 함에는 친권자는 법원에 그 자의 특별대리인의 선임을 청구하여야 한다. ②법정대리인인 친권자가 그 친권에 따르는 수인의 자 사이에 이해상반되는 행위를 함에는 법원에 그 자 일방의 특별대리인의 선임을 청구하여야 한다. 〈개정 2005.3.31〉	〈현행유지〉
제922조 (친권자의 주의의무) 친권자가 그 자에 대한 법률행위의 대리권 또는 재산관리권을 행사함에는 자기의 재산에 관한 행위와 동일한 주의를 하여야 한다.	〈현행유지〉
제923조 (재산관리의 계산) ①법정대리인인 친권자의 권한이 소멸한 때에는 그 자의 재산에 대한 관리의 계산을 하여야 한다. ②전항의 경우에 그 자의 재산으로부터 수취한 과실은 그 자의 양육, 재산관리의 비용과 상계한 것으로 본다. 그러나 무상으로 자에게 재산을 수여한 제삼자가 반대의 의사를 표시한 때에는 그 재산에 관하여는 그러하지 아니하다.	〈현행유지〉

제3관 친권의 상실 〈현행유지〉

제924조 (친권상실의 선고) 부 또는 모가 친권을 남용하거나 현저한 비행 기타 친권을 행사시킬 수 없는 중대한 사유가 있는 때에는 법원은 제777조의 규정에 의한 자의 친족 또는 검사의 청구에 의하여 그 친권의 상실을 선고할 수 있다. 〈현행유지〉

제925조 (대리권, 재산관리권 상실의 선고) 가정법원은 법정대리인인 친권자가 부적당한 관리로 인하여 자녀의 재산을 위태롭게 한 경우에는 제777조에 따른 자녀의 친족 또는 검사의 청구에 따라 그 법률행위의 대리권과 재산관리권의 상실을 선고할 수 있다.
[전문개정 2012.2.10] 〈현행유지〉

제926조 (실권회복의 선고) 전2조의 원인이 소멸한 때에는 법원은 본인 또는 제777조의 규정에 의한 친족의 청구에 의하여 실권의 회복을 선고할 수 있다. 〈현행유지〉

제927조 (대리권, 관리권의 사퇴와 회복) ①법정대리인인 친권자는 정당한 사유가 있는 때에는 법원의 허가를 얻어 그 법률행위의 대리권과 재산관리권을 사퇴할 수 있다.
②전항의 사유가 소멸한 때에는 그 친권자는 법원의 허가를 얻어 사퇴한 권리를 회복할 수 있다. 〈현행유지〉

제927조의2 (친권 상실과 친권자의 지정 등) ①제909조제4항부터 제6항까지의 규정에 따라 단독 친권자가 된 부 또는 모, 양부모(친양자의 양부모를 제외한다) 쌍방에게 다음 각 호의 어느 하나에 해당하는 사유가 있는 경우에는 제909조의2제1항 및 제3항부터 제5항까지의 규정을 준용한다. 다만, 제2호와 제3호의 경우 새로 정하여진 친권자 또는 미성년후견인의 임무는 미성년자의 재산에 관한 행위에 한정된다. 〈현행유지〉

1. 제924조에 따른 친권상실의 선고가 있는 경우
　　2. 제925조에 따른 대리권과 재산관리권 상실의 선고가 있는 경우
　　3. 제927조제1항에 따라 대리권과 재산관리권을 사퇴한 경우
　　4. 소재불명 등 친권을 행사할 수 없는 중대한 사유가 있는 경우
②가정법원은 제1항에 따라 친권자가 지정되거나 미성년후견인이 선임된 후 단독 친권자이었던 부 또는 모, 양부모 일방 또는 쌍방에게 다음 각 호의 어느 하나에 해당하는 사유가 있는 경우에는 그 부모 일방 또는 쌍방, 미성년자, 미성년자의 친족의 청구에 의하여 친권자를 새로 지정할 수 있다.
　　1. 제926조에 따라 실권의 회복이 선고된 경우
　　2. 제927조제2항에 따라 사퇴한 권리를 회복한 경우
　　3. 소재불명이던 부 또는 모가 발견되는 등 친권을 행사할 수 있게 된 경우
[본조신설 2011.5.19]
[시행일 : 2013.7.1]

제5장 후견 〈현행유지〉

제1절 미성년후견과 성년후견 〈개정 2011.3.7〉 〈현행유지〉

제1관 후견인 〈신설 2011.3.7〉 〈현행유지〉

제928조 (미성년자에 대한 후견의 개시) 미성년자에게 친권자가 없거나 친권자가 법률행위의 대리권과 재산관리권을 행사할 수 없는 경우에는 미성년후견인을 두어야 한다.
[전문개정 2011.3.7]
[시행일 : 2013.7.1] 〈현행유지〉

제929조 (성년후견심판에 의한 후견의 개시) 가정법원의 성년후견개시심판이 있는 경우에는 그 심판을 받은 사람의 성년후견인을 두어야 한다. [전문개정 2011.3.7] [시행일 : 2013.7.1]	〈현행유지〉
제930조 (후견인의 수와 자격) ①미성년후견인의 수(數)는 한 명으로 한다. ②성년후견인은 피성년후견인의 신상과 재산에 관한 모든 사정을 고려하여 여러 명을 둘 수 있다. ③법인도 성년후견인이 될 수 있다. [전문개정 2011.3.7] [시행일 : 2013.7.1]	〈현행유지〉
제931조 (유언에 의한 미성년후견인의 지정 등) ①미성년자에게 친권을 행사하는 부모는 유언으로 미성년후견인을 지정할 수 있다. 다만, 법률행위의 대리권과 재산관리권이 없는 친권자는 그러하지 아니하다. ②가정법원은 제1항에 따라 미성년후견인이 지정된 경우라도 미성년자의 복리를 위하여 필요하면 생존하는 부 또는 모, 미성년자의 청구에 의하여 후견을 종료하고 생존하는 부 또는 모를 친권자로 지정할 수 있다. [전문개정 2011.5.19] [시행일 : 2013.7.1]	〈현행유지〉
제932조 (미성년후견인의 선임) ①가정법원은 제931조에 따라 지정된 미성년후견인이 없는 경우에는 직권으로 또는 미성년자, 친족, 이해관계인, 검사, 지방자치단체의 장의 청구에 의하여 미성년후견인을 선임한다. 미성년후견인이 없게 된 경우에도 또한 같다. ②가정법원은 친권상실의 선고나 대리권 및 재산관리권 상실의 선고에 따라 미성년후견인을 선임할 필	〈현행유지〉

요가 있는 경우에는 직권으로 미성년후견인을 선임한다.
③친권자가 대리권 및 재산관리권을 사퇴한 경우에는 지체 없이 가정법원에 미성년후견인의 선임을 청구하여야 한다.
[전문개정 2011.3.7]
[시행일 : 2013.7.1]

제933조 삭제 〈2011.3.7〉 〈현행유지〉

제934조 삭제 〈2011.3.7〉 〈현행유지〉
[시행일 : 2013.7.1]

제935조 삭제 〈2011.3.7〉 〈현행유지〉

제936조 (성년후견인의 선임) ①제929조에 따른 성년후견인은 가정법원이 직권으로 선임한다. 〈현행유지〉
②가정법원은 성년후견인이 사망, 결격, 그 밖의 사유로 없게 된 경우에도 직권으로 또는 피성년후견인, 친족, 이해관계인, 검사, 지방자치단체의 장의 청구에 의하여 성년후견인을 선임한다.
③가정법원은 성년후견인이 선임된 경우에도 필요하다고 인정하면 직권으로 또는 제2항의 청구권자나 성년후견인의 청구에 의하여 추가로 성년후견인을 선임할 수 있다.
④가정법원이 성년후견인을 선임할 때에는 피성년후견인의 의사를 존중하여야 하며, 그 밖에 피성년후견인의 건강, 생활관계, 재산상황, 성년후견인이 될 사람의 직업과 경험, 피성년후견인과의 이해관계의 유무(법인이 성년후견인이 될 때에는 사업의 종류와 내용, 법인이나 그 대표자와 피성년후견인 사이의 이해관계의 유무를 말한다) 등의 사정도 고려하여야 한다.
[전문개정 2011.3.7]
[시행일 : 2013.7.1]

제937조 (후견인의 결격사유) 다음 각 호의 어느 하나에 해당하는 자는 후견인이 되지 못한다. 　1. 미성년자 　2. 피성년후견인, 피한정후견인, 피특정후견인, 피임의후견인 　3. 회생절차개시결정 또는 파산선고를 받은 자 　4. 자격정지 이상의 형의 선고를 받고 그 형기(刑期) 중에 있는 사람 　5. 법원에서 해임된 법정대리인 　6. 법원에서 해임된 성년후견인, 한정후견인, 특정후견인, 임의후견인과 그 감독인 　7. 행방이 불분명한 사람 　8. 피후견인을 상대로 소송을 하였거나 하고 있는 자 또는 그 배우자와 직계혈족 [전문개정 2011.3.7] [시행일 : 2013.7.1]	〈현행유지〉
제938조 (후견인의 대리권 등) ①후견인은 피후견인의 법정대리인이 된다. ②가정법원은 성년후견인이 제1항에 따라 가지는 법정대리권의 범위를 정할 수 있다. ③가정법원은 성년후견인이 피성년후견인의 신상에 관하여 결정할 수 있는 권한의 범위를 정할 수 있다. ④제2항 및 제3항에 따른 법정대리인의 권한의 범위가 적절하지 아니하게 된 경우에 가정법원은 본인, 배우자, 4촌 이내의 친족, 성년후견인, 성년후견감독인, 검사 또는 지방자치단체의 장의 청구에 의하여 그 범위를 변경할 수 있다. [전문개정 2011.3.7] [시행일 : 2013.7.1]	〈현행유지〉
제939조 (후견인의 사임) 후견인은 정당한 사유가 있는	〈현행유지〉

경우에는 가정법원의 허가를 받아 사임할 수 있다. 이 경우 그 후견인은 사임청구와 동시에 가정법원에 새로운 후견인의 선임을 청구하여야 한다.
[전문개정 2011.3.7]
[시행일 : 2013.7.1]

제940조 (후견인의 변경) 가정법원은 피후견인의 복리를 위하여 후견인을 변경할 필요가 있다고 인정하면 직권으로 또는 피후견인, 친족, 후견감독인, 검사, 지방자치단체의 장의 청구에 의하여 후견인을 변경할 수 있다.
[전문개정 2011.3.7]
[시행일 : 2013.7.1]

〈현행유지〉

제2관 후견감독인 〈신설 2011.3.7〉

〈현행유지〉

제940조의2 (미성년후견감독인의 지정) 미성년후견인을 지정할 수 있는 사람은 유언으로 미성년후견감독인을 지정할 수 있다.
[본조신설 2011.3.7]
[시행일 : 2013.7.1]

제940조의3 (미성년후견감독인의 선임) ①가정법원은 제940조의2에 따라 지정된 미성년후견감독인이 없는 경우에 필요하다고 인정하면 직권으로 또는 미성년자, 친족, 미성년후견인, 검사, 지방자치단체의 장의 청구에 의하여 미성년후견감독인을 선임할 수 있다.
②가정법원은 미성년후견감독인이 사망, 결격, 그 밖의 사유로 없게 된 경우에는 직권으로 또는 미성년자, 친족, 미성년후견인, 검사, 지방자치단체의 장의 청구에 의하여 미성년후견감독인을 선임한다.
[본조신설 2011.3.7]
[시행일 : 2013.7.1]

제940조의4 (성년후견감독인의 선임) ① 가정법원은 필요하다고 인정하면 직권으로 또는 피성년후견인, 친족, 성년후견인, 검사, 지방자치단체의 장의 청구에 의하여 성년후견감독인을 선임할 수 있다.
② 가정법원은 성년후견감독인이 사망, 결격, 그 밖의 사유로 없게 된 경우에는 직권으로 또는 피성년후견인, 친족, 성년후견인, 검사, 지방자치단체의 장의 청구에 의하여 성년후견감독인을 선임한다.
[본조신설 2011.3.7]
[시행일 : 2013.7.1]

제940조의5 (후견감독인의 결격사유) 제779조에 따른 후견인의 가족은 후견감독인이 될 수 없다.
[본조신설 2011.3.7]
[시행일 : 2013.7.1]

제940조의6 (후견감독인의 직무) ① 후견감독인은 후견인의 사무를 감독하며, 후견인이 없는 경우 지체 없이 가정법원에 후견인의 선임을 청구하여야 한다.
② 후견감독인은 피후견인의 신상이나 재산에 대하여 급박한 사정이 있는 경우 그의 보호를 위하여 필요한 행위 또는 처분을 할 수 있다.
③ 후견인과 피후견인 사이에 이해가 상반되는 행위에 관하여는 후견감독인이 피후견인을 대리한다.
[본조신설 2011.3.7]
[시행일 : 2013.7.1]

제940조의7 (위임 및 후견인 규정의 준용) 후견감독인에 대하여는 제681조, 제691조, 제692조, 제930조제2항·제3항, 제936조제3항·제4항, 제937조, 제939조, 제940조, 제947조의2제3항부터 제5항까지, 제949조의2, 제955조 및 제955조의2를 준용한다.
[본조신설 2011.3.7]

[시행일 : 2013.7.1]

| 제3관 후견인의 임무 〈신설 2011.3.7〉 | 〈현행유지〉 |

제941조 (재산조사와 목록작성) ① 후견인은 지체 없이 피후견인의 재산을 조사하여 2개월 내에 그 목록을 작성하여야 한다. 다만, 정당한 사유가 있는 경우에는 법원의 허가를 받아 그 기간을 연장할 수 있다.
② 후견감독인이 있는 경우 제1항에 따른 재산조사와 목록작성은 후견감독인의 참여가 없으면 효력이 없다.
[전문개정 2011.3.7]
[시행일 : 2013.7.1]

〈현행유지〉

제942조 (후견인의 채권·채무의 제시) ① 후견인과 피후견인 사이에 채권·채무의 관계가 있고 후견감독인이 있는 경우에는 후견인은 재산목록의 작성을 완료하기 전에 그 내용을 후견감독인에게 제시하여야 한다.
② 후견인이 피후견인에 대한 채권이 있음을 알고도 제1항에 따른 제시를 게을리 한 경우에는 그 채권을 포기한 것으로 본다.
[전문개정 2011.3.7]
[시행일 : 2013.7.1]

〈현행유지〉

제943조 (목록작성전의 권한) 후견인은 재산조사와 목록작성을 완료하기까지는 긴급필요한 경우가 아니면 그 재산에 관한 권한을 행사하지 못한다. 그러나 이로써 선의의 제삼자에게 대항하지 못한다.

〈현행유지〉

제944조 (피후견인이 취득한 포괄적 재산의 조사등) 전3조의 규정은 후견인의 취임후에 피후견인이 포괄적 재산을 취득한 경우에 준용한다.

〈현행유지〉

제945조 (미성년자의 신분에 관한 후견인의 권리·의무) 미성년후견인은 제913조부터 제915조까지에 규정한

〈현행유지〉

사항에 관하여는 친권자와 동일한 권리와 의무가 있다. 다만, 다음 각 호의 어느 하나에 해당하는 경우에는 미성년후견감독인이 있으면 그의 동의를 받아야 한다.
1. 친권자가 정한 교육방법, 양육방법 또는 거소를 변경하는 경우
2. 미성년자를 감화기관이나 교정기관에 위탁하는 경우
3. 친권자가 허락한 영업을 취소하거나 제한하는 경우

[전문개정 2011.3.7]
[시행일 : 2013.7.1]

제946조 (재산관리에 한정된 후견) 미성년자의 친권자가 법률행위의 대리권과 재산관리권에 한정하여 친권을 행사할 수 없는 경우에 미성년후견인의 임무는 미성년자의 재산에 관한 행위에 한정된다.
[전문개정 2011.3.7]
[시행일 : 2013.7.1]

〈현행유지〉

제947조 (피성년후견인의 복리와 의사존중) 성년후견인은 피성년후견인의 재산관리와 신상보호를 할 때 여러 사정을 고려하여 그의 복리에 부합하는 방법으로 사무를 처리하여야 한다. 이 경우 성년후견인은 피성년후견인의 복리에 반하지 아니하면 피성년후견인의 의사를 존중하여야 한다.
[전문개정 2011.3.7]
[시행일 : 2013.7.1]

〈현행유지〉

제947조의2 (피성년후견인의 신상결정 등) ① 피성년후견인은 자신의 신상에 관하여 그의 상태가 허락하는 범위에서 단독으로 결정한다.
② 성년후견인이 피성년후견인을 치료 등의 목적으

로 정신병원이나 그 밖의 다른 장소에 격리하려는 경우에는 가정법원의 허가를 받아야 한다.
③ 피성년후견인의 신체를 침해하는 의료행위에 대하여 피성년후견인이 동의할 수 없는 경우에는 성년후견인이 그를 대신하여 동의할 수 있다.
④ 제3항의 경우 피성년후견인이 의료행위의 직접적인 결과로 사망하거나 상당한 장애를 입을 위험이 있을 때에는 가정법원의 허가를 받아야 한다. 다만, 허가절차로 의료행위가 지체되어 피성년후견인의 생명에 위험을 초래하거나 심신상의 중대한 장애를 초래할 때에는 사후에 허가를 청구할 수 있다.
⑤ 성년후견인이 피성년후견인을 대리하여 피성년후견인이 거주하고 있는 건물 또는 그 대지에 대하여 매도, 임대, 전세권 설정, 저당권 설정, 임대차의 해지, 전세권의 소멸, 그 밖에 이에 준하는 행위를 하는 경우에는 가정법원의 허가를 받아야 한다.
[본조신설 2011.3.7]
[시행일 : 2013.7.1]

제948조 (미성년자의 친권의 대행) ① 미성년후견인은 미성년자를 갈음하여 미성년자의 자녀에 대한 친권을 행사한다. ② 제1항의 친권행사에는 미성년후견인의 임무에 관한 규정을 준용한다. [전문개정 2011.3.7] [시행일 : 2013.7.1]	〈현행유지〉
제949조 (재산관리권과 대리권) ①후견인은 피후견인의 재산을 관리하고 그 재산에 관한 법률행위에 대하여 피후견인을 대리한다. ②제920조 단서의 규정은 전항의 법률행위에 준용한다.	〈현행유지〉

제949조의2 (성년후견인이 여러 명인 경우 권한의 행사 등) ① 가정법원은 직권으로 여러 명의 성년후견인이 공동으로 또는 사무를 분장하여 그 권한을 행사하도록 정할 수 있다.
② 가정법원은 직권으로 제1항에 따른 결정을 변경하거나 취소할 수 있다.
③ 여러 명의 성년후견인이 공동으로 권한을 행사하여야 하는 경우에 어느 성년후견인이 피성년후견인의 이익이 침해될 우려가 있음에도 법률행위의 대리 등 필요한 권한행사에 협력하지 아니할 때에는 가정법원은 피성년후견인, 성년후견인, 후견감독인 또는 이해관계인의 청구에 의하여 그 성년후견인의 의사표시를 갈음하는 재판을 할 수 있다.
[본조신설 2011.3.7]
[시행일 : 2013.7.1]

제949조의3 (이해상반행위) 후견인에 대하여는 제921조를 준용한다. 다만, 후견감독인이 있는 경우에는 그러하지 아니하다.
[본조신설 2011.3.7]
[시행일 : 2013.7.1]

제950조 (후견감독인의 동의를 필요로 하는 행위) ①후견인이 피후견인을 대리하여 다음 각 호의 어느 하나에 해당하는 행위를 하거나 미성년자의 다음 각 호의 어느 하나에 해당하는 행위에 동의를 할 때는 후견감독인이 있으면 그의 동의를 받아야 한다.
  1. 영업에 관한 행위
  2. 금전을 빌리는 행위
  3. 의무만을 부담하는 행위
  4. 부동산 또는 중요한 재산에 관한 권리의 득실변경을 목적으로 하는 행위

〈현행유지〉

5. 소송행위
　　6. 상속의 승인, 한정승인 또는 포기 및 상속재산의 분할에 관한 협의
②후견감독인의 동의가 필요한 행위에 대하여 후견감독인이 피후견인의 이익이 침해될 우려가 있음에도 동의를 하지 아니하는 경우에는 가정법원은 후견인의 청구에 의하여 후견감독인의 동의를 갈음하는 허가를 할 수 있다.
③후견감독인의 동의가 필요한 법률행위를 후견인이 후견감독인의 동의 없이 하였을 때에는 피후견인 또는 후견감독인이 그 행위를 취소할 수 있다.
[전문개정 2011.3.7]
[시행일 : 2013.7.1]

제951조 (피후견인의 재산 등의 양수에 대한 취소) ① 후견인이 피후견인에 대한 제3자의 권리를 양수(讓受)하는 경우에는 피후견인은 이를 취소할 수 있다.
②제1항에 따른 권리의 양수의 경우 후견감독인이 있으면 후견인은 후견감독인의 동의를 받아야 하고, 후견감독인의 동의가 없는 경우에는 피후견인 또는 후견감독인이 이를 취소할 수 있다.
[전문개정 2011.3.7]
[시행일 : 2013.7.1]

〈현행유지〉

제952조 (상대방의 추인 여부 최고) 제950조 및 제951조의 경우에는 제15조를 준용한다.
[전문개정 2011.3.7]
[시행일 : 2013.7.1]

〈현행유지〉

제953조 (후견감독인의 후견사무의 감독) 후견감독인은 언제든지 후견인에게 그 임무 수행에 관한 보고와 재산목록의 제출을 요구할 수 있고 피후견인의 재산상황을 조사할 수 있다.

〈현행유지〉

[전문개정 2011.3.7]
[시행일 : 2013.7.1]

제954조 (가정법원의 후견사무에 관한 처분) 가정법원은 직권으로 또는 피후견인, 후견감독인, 제777조에 따른 친족, 그 밖의 이해관계인, 검사, 지방자치단체의 장의 청구에 의하여 피후견인의 재산상황을 조사하고, 후견인에게 재산관리 등 후견임무 수행에 관하여 필요한 처분을 명할 수 있다. 〈현행유지〉
[전문개정 2011.3.7]
[시행일 : 2013.7.1]

제955조 (후견인에 대한 보수) 법원은 후견인의 청구에 의하여 피후견인의 재산상태 기타 사정을 참작하여 피후견인의 재산중에서 상당한 보수를 후견인에게 수여할 수 있다. 〈현행유지〉

제955조의2 (지출금액의 예정과 사무비용) 후견인이 후견사무를 수행하는 데 필요한 비용은 피후견인의 재산중에서 지출한다.
[본조신설 2011.3.7]
[시행일 : 2013.7.1]

제956조 (위임과 친권의 규정의 준용) 제681조 및 제918조의 규정은 후견인에게 이를 준용한다. 〈현행유지〉

제4관 후견의 종료 〈신설 2011.3.7〉 〈현행유지〉

제957조 (후견사무의 종료와 관리의 계산) ① 후견인의 임무가 종료된 때에는 후견인 또는 그 상속인은 1개월 내에 피후견인의 재산에 관한 계산을 하여야 한다. 다만, 정당한 사유가 있는 경우에는 법원의 허가를 받아 그 기간을 연장할 수 있다. 〈현행유지〉
② 제1항의 계산은 후견감독인이 있는 경우에는 그

가 참여하지 아니하면 효력이 없다.
[전문개정 2011.3.7]
[시행일 : 2013.7.1]

제958조 (이자의 부가와 금전소비에 대한 책임) ①후견인이 피후견인에게 지급할 금액이나 피후견인이 후견인에게 지급할 금액에는 계산종료의 날로부터 이자를 부가하여야 한다.
②후견인이 자기를 위하여 피후견인의 금전을 소비한 때에는 그 소비한 날로부터 이자를 부가하고 피후견인에게 손해가 있으면 이를 배상하여야 한다.

〈현행유지〉

제959조 (위임규정의 준용) 제691조, 제692조의 규정은 후견의 종료에 이를 준용한다.

〈현행유지〉

제959조의2 (한정후견의 개시) 가정법원의 한정후견개시의 심판이 있는 경우에는 그 심판을 받은 사람의 한정후견인을 두어야 한다.
[본조신설 2011.3.7]
[시행일 : 2013.7.1]

제959조의3 (한정후견인의 선임 등) ① 제959조의2에 따른 한정후견인은 가정법원이 직권으로 선임한다.
② 한정후견인에 대하여는 제930조제2항·제3항, 제936조제2항부터 제4항까지, 제937조, 제939조, 제940조 및 제949조의3을 준용한다.
[본조신설 2011.3.7]
[시행일 : 2013.7.1]

제959조의4 (한정후견인의 대리권 등) ① 가정법원은 한정후견인에게 대리권을 수여하는 심판을 할 수 있다.
② 한정후견인의 대리권 등에 관하여는 제938조제3항 및 제4항을 준용한다.

[본조신설 2011.3.7]
[시행일 : 2013.7.1]

제959조의5 (한정후견감독인) ① 가정법원은 필요하다고 인정하면 직권으로 또는 피한정후견인, 친족, 한정후견인, 검사, 지방자치단체의 장의 청구에 의하여 한정후견감독인을 선임할 수 있다.
② 한정후견감독인에 대하여는 제681조, 제691조, 제692조, 제930조제2항·제3항, 제936조제3항·제4항, 제937조, 제939조, 제940조, 제940조의3제2항, 제940조의5, 제940조의6, 제947조의2제3항부터 제5항까지, 제949조의2, 제955조 및 제955조의2를 준용한다. 이 경우 제940조의6제3항 중 "피후견인을 대리한다"는 "피한정후견인을 대리하거나 피한정후견인이 그 행위를 하는 데 동의한다"로 본다.
[본조신설 2011.3.7]
[시행일 : 2013.7.1]

제959조의6 (한정후견사무) 한정후견의 사무에 관하여는 제681조, 제920조 단서, 제947조, 제947조의2, 제949조, 제949조의2, 제949조의3, 제950조부터 제955까지 및 제955조의2를 준용한다.
[본조신설 2011.3.7]
[시행일 : 2013.7.1]

제959조의7 (한정후견인의 임무의 종료 등) 한정후견인의 임무가 종료한 경우에 관하여는 제691조, 제692조, 제957조 및 제958조를 준용한다.
[본조신설 2011.3.7]
[시행일 : 2013.7.1]

제959조의8 (특정후견에 따른 보호조치) 가정법원은 피특정후견인의 후원을 위하여 필요한 처분을 명할 수 있다.

[본조신설 2011.3.7]
[시행일 : 2013.7.1]

제959조의9 (특정후견인의 선임 등) ① 가정법원은 제959조의8에 따른 처분으로 피특정후견인을 후원하거나 대리하기 위한 특정후견인을 선임할 수 있다.
② 특정후견인에 대하여는 제930조제2항·제3항, 제936조제2항부터 제4항까지, 제937조, 제939조 및 제940조를 준용한다.
[본조신설 2011.3.7]
[시행일 : 2013.7.1]

제959조의10 (특정후견감독인) ① 가정법원은 필요하다고 인정하면 직권으로 또는 피특정후견인, 친족, 특정후견인, 검사, 지방자치단체의 장의 청구에 의하여 특정후견감독인을 선임할 수 있다.
② 특정후견감독인에 대하여는 제681조, 제691조, 제692조, 제930조제2항·제3항, 제936조제3항·제4항, 제937조, 제939조, 제940조, 제940조의5, 제940조의6, 제949조의2, 제955조 및 제955조의2를 준용한다.
[본조신설 2011.3.7]
[시행일 : 2013.7.1]

제959조의11 (특정후견인의 대리권) ①피특정후견인의 후원을 위하여 필요하다고 인정하면 가정법원은 기간이나 범위를 정하여 특정후견인에게 대리권을 수여하는 심판을 할 수 있다.
②제1항의 경우 가정법원은 특정후견인의 대리권 행사에 가정법원이나 특정후견감독인의 동의를 받도록 명할 수 있다.
[본조신설 2011.3.7]
[시행일 : 2013.7.1]

제959조의12 (특정후견사무) 특정후견의 사무에 관하여

는 제681조, 제920조 단서, 제947조, 제949조의2, 제953조부터 제955조까지 및 제955조의2를 준용한다.
[본조신설 2011.3.7]
[시행일 : 2013.7.1]

제959조의13 (특정후견인의 임무의 종료 등) 특정후견인의 임무가 종료한 경우에 관하여는 제691조, 제692조, 제957조 및 제958조를 준용한다.
[본조신설 2011.3.7]
[시행일 : 2013.7.1]

제959조의14 (후견계약의 의의와 체결방법 등) ①후견계약은 질병, 장애, 노령, 그 밖의 사유로 인한 정신적 제약으로 사무를 처리할 능력이 부족한 상황에 있거나 부족하게 될 상황에 대비하여 자신의 재산관리 및 신상보호에 관한 사무의 전부 또는 일부를 다른 자에게 위탁하고 그 위탁사무에 관하여 대리권을 수여하는 것을 내용으로 한다.
②후견계약은 공정증서로 체결하여야 한다.
③후견계약은 가정법원이 임의후견감독인을 선임한 때부터 효력이 발생한다.
④가정법원, 임의후견인, 임의후견감독인 등은 후견계약을 이행·운영할 때 본인의 의사를 최대한 존중하여야 한다.
[본조신설 2011.3.7]
[시행일 : 2013.7.1]

제959조의15 (임의후견감독인의 선임) ①가정법원은 후견계약이 등기되어 있고, 본인이 사무를 처리할 능력이 부족한 상황에 있다고 인정할 때에는 본인, 배우자, 4촌 이내의 친족, 임의후견인, 검사 또는 지방자치단체의 장의 청구에 의하여 임의후견감독인을 선임한다.

②제1항의 경우 본인이 아닌 자의 청구에 의하여 가정법원이 임의후견감독인을 선임할 때에는 미리 본인의 동의를 받아야 한다. 다만, 본인이 의사를 표시할 수 없는 때에는 그러하지 아니하다.
③가정법원은 임의후견감독인이 없게 된 경우에는 직권으로 또는 본인, 친족, 임의후견인, 검사 또는 지방자치단체의 장의 청구에 의하여 임의후견감독인을 선임한다.
④가정법원은 임의후견임감독인이 선임된 경우에도 필요하다고 인정하면 직권으로 또는 제3항의 청구권자의 청구에 의하여 임의후견감독인을 추가로 선임할 수 있다.
⑤임의후견감독인에 대하여는 제940조의5를 준용한다.
[본조신설 2011.3.7]
[시행일 : 2013.7.1]

제959조의16 (임의후견감독인의 직무 등) ①임의후견감독인은 임의후견인의 사무를 감독하며 그 사무에 관하여 가정법원에 정기적으로 보고하여야 한다.
②가정법원은 필요하다고 인정하면 임의후견감독인에게 감독사무에 관한 보고를 요구할 수 있고 임의후견인의 사무 또는 본인의 재산상황에 대한 조사를 명하거나 그 밖에 임의후견감독인의 직무에 관하여 필요한 처분을 명할 수 있다.
③임의후견감독인에 대하여는 제940조의6제2항·제3항, 제940조의7 및 제953조를 준용한다.
[본조신설 2011.3.7]
[시행일 : 2013.7.1]

제959조의17 (임의후견개시의 제한 등) ①임의후견인이 제937조 각 호에 해당하는 자 또는 그 밖에 현저한

비행을 하거나 후견계약에서 정한 임무에 적합하지 아니한 사유가 있는 자인 경우에는 가정법원은 임의후견감독인을 선임하지 아니한다.

②임의후견감독인을 선임한 이후 임의후견인이 현저한 비행을 하거나 그 밖에 그 임무에 적합하지 아니한 사유가 있게 된 경우에는 가정법원은 임의후견감독인, 본인, 친족, 검사 또는 지방자치단체의 장의 청구에 의하여 임의후견인을 해임할 수 있다.

[본조신설 2011.3.7]

[시행일 : 2013.7.1]

제959조의18 (후견계약의 종료) ①임의후견감독인의 선임 전에는 본인 또는 임의후견인은 언제든지 공증인의 인증을 받은 서면으로 후견계약의 의사표시를 철회할 수 있다.

②임의후견감독인의 선임 이후에는 본인 또는 임의후견인은 정당한 사유가 있는 때에만 가정법원의 허가를 받아 후견계약을 종료할 수 있다.

[본조신설 2011.3.7]

[시행일 : 2013.7.1]

제959조의19 (임의후견인의 대리권 소멸과 제3자와의 관계) 임의후견인의 대리권 소멸은 등기하지 아니하면 선의의 제3자에게 대항할 수 없다.

[본조신설 2011.3.7]

[시행일 : 2013.7.1]

제959조의20 (후견계약과 성년후견·한정후견·특정후견의 관계) ①후견계약이 등기되어 있는 경우에는 가정법원은 본인의 이익을 위하여 특별히 필요할 때에만 임의후견인 또는 임의후견감독인의 청구에 의하여 성년후견, 한정후견 또는 특정후견의 심판을 할 수 있다. 이 경우 후견계약은 본인이 성년후견 또는 한

정후견 개시의 심판을 받은 때 종료된다.
②본인이 피성년후견인, 피한정후견인 또는 피특정후견인인 경우에 가정법원은 임의후견감독인을 선임함에 있어서 종전의 성년후견, 한정후견 또는 특정후견의 종료 심판을 하여야 한다. 다만, 성년후견 또는 한정후견 조치의 계속이 본인의 이익을 위하여 특별히 필요하다고 인정하면 가정법원은 임의후견감독인을 선임하지 아니한다.
[본조신설 2011.3.7]
[시행일 : 2013.7.1]

제2절 한정후견과 특정후견 〈신설 2011.3.7〉

〈현행유지〉

제3절 후견계약 〈신설 2011.3.7〉

〈현행유지〉

제6장 삭제 〈2011.3.7〉

〈현행유지〉

제960조 삭제 〈2011.3.7〉
　[시행일 : 2013.7.1]

〈현행유지〉

제961조 삭제 〈2011.3.7〉
　[시행일 : 2013.7.1]

〈현행유지〉

제962조 삭제 〈2011.3.7〉
　[시행일 : 2013.7.1]

〈현행유지〉

제963조 삭제 〈2011.3.7〉
　[시행일 : 2013.7.1]

〈현행유지〉

제964조 삭제 〈2011.3.7〉
　[시행일 : 2013.7.1]

〈현행유지〉

제965조 삭제 〈2011.3.7〉 [시행일 : 2013.7.1]	〈현행유지〉
제966조 삭제 〈2011.3.7〉 [시행일 : 2013.7.1]	〈현행유지〉
제967조 삭제 〈2011.3.7〉 [시행일 : 2013.7.1]	〈현행유지〉
제968조 삭제 〈2011.3.7〉 [시행일 : 2013.7.1]	〈현행유지〉
제969조 삭제 〈2011.3.7〉 [시행일 : 2013.7.1]	〈현행유지〉
제970조 삭제 〈2011.3.7〉 [시행일 : 2013.7.1]	〈현행유지〉
제971조 삭제 〈2011.3.7〉 [시행일 : 2013.7.1]	〈현행유지〉
제972조 삭제 〈2011.3.7〉 [시행일 : 2013.7.1]	〈현행유지〉
제973조 삭제 〈2011.3.7〉 [시행일 : 2013.7.1]	〈현행유지〉
제7장 부양	〈현행유지〉
제974조 (부양의무) 다음 각호의 친족은 서로 부양의 의무가 있다. 　1. 직계혈족 및 그 배우자간 　2. 삭제 〈1990.1.13〉 　3. 기타 친족간(생계를 같이 하는 경우에 한한다.)	〈현행유지〉
제975조 (부양의무와 생활능력) 부양의 의무는 부양을 받을 자가 자기의 자력 또는 근로에 의하여 생활을	〈현행유지〉

유지할 수 없는 경우에 한하여 이를 이행할 책임이 있다.

제976조 (부양의 순위) ①부양의 의무있는 자가 수인인 경우에 부양을 할 자의 순위에 관하여 당사자간에 협정이 없는 때에는 법원은 당사자의 청구에 의하여 이를 정한다. 부양을 받을 권리자가 수인인 경우에 부양의무자의 자력이 그 전원을 부양할 수 없는 때에도 같다.
②전항의 경우에 법원은 수인의 부양의무자 또는 권리자를 선정할 수 있다. 〈현행유지〉

제977조 (부양의 정도, 방법) 부양의 정도 또는 방법에 관하여 당사자간에 협정이 없는 때에는 법원은 당사자의 청구에 의하여 부양을 받을 자의 생활정도와 부양의무자의 자력 기타 제반사정을 참작하여 이를 정한다. 〈현행유지〉

제978조 (부양관계의 변경 또는 취소) 부양을 할 자 또는 부양을 받을 자의 순위, 부양의 정도 또는 방법에 관한 당사자의 협정이나 법원의 판결이 있은 후 이에 관한 사정변경이 있는 때에는 법원은 당사자의 청구에 의하여 그 협정이나 판결을 취소 또는 변경할 수 있다. 〈현행유지〉

제979조 (부양청구권처분의 금지) 부양을 받을 권리는 이를 처분하지 못한다. 〈현행유지〉

제8장 삭제 〈2005.3.31〉 〈현행유지〉

제1절 삭제 〈2005.3.31〉 〈현행유지〉

제980조 삭제 〈2005.3.31〉 〈현행유지〉

제981조 삭제 〈2005.3.31〉 〈현행유지〉

제982조 삭제 〈2005.3.31〉 〈현행유지〉

제983조 삭제 〈1990.1.13〉 〈현행유지〉

제2절 삭제 〈2005.3.31〉 〈현행유지〉

제984조 삭제 〈2005.3.31〉 〈현행유지〉

제985조 삭제 〈2005.3.31〉 〈현행유지〉

제986조 삭제 〈2005.3.31〉 〈현행유지〉

제987조 삭제 〈2005.3.31〉 〈현행유지〉

제988조 삭제 〈1990.1.13〉 〈현행유지〉

제989조 삭제 〈2005.3.31〉 〈현행유지〉

제990조 삭제 〈1990.1.13〉 〈현행유지〉

제991조 삭제 〈2005.3.31〉 〈현행유지〉

제992조 삭제 〈2005.3.31〉 〈현행유지〉

제993조 삭제 〈2005.3.31〉 〈현행유지〉

제994조 삭제 〈2005.3.31〉 〈현행유지〉

제3절 삭제 〈2005.3.31〉 〈현행유지〉

제995조 삭제 〈2005.3.31〉 〈현행유지〉

제996조 삭제 〈1990.1.13〉 〈현행유지〉

제5편 상속 〈개정 1990.1.13〉 〈현행유지〉

제1장 상속 〈신설 1990.1.13〉 〈현행유지〉

제1절 총칙 〈현행유지〉

제997조 (상속개시의 원인) 상속은 사망으로 인하여 개시된다. 〈개정 1990.1.13〉
[제목개정 1990.1.13]

〈현행유지〉

제998조 (상속개시의 장소) 상속은 피상속인의 주소지에서 개시한다.
[전문개정 1990.1.13]

〈현행유지〉

제998조의2 (상속비용) 상속에 관한 비용은 상속재산중에서 지급한다.
[본조신설 1990.1.13]

〈현행유지〉

제999조 (상속회복청구권) ①상속권이 참칭상속권자로 인하여 침해된 때에는 상속권자 또는 그 법정대리인은 상속회복의 소를 제기할 수 있다.
②제1항의 상속회복청구권은 그 침해를 안 날부터 3년, 상속권의 침해행위가 있은 날부터 10년을 경과하면 소멸된다. 〈개정 2002.1.14〉
[전문개정 1990.1.13]

〈현행유지〉

제2절 상속인 〈개정 1990.1.13〉

〈현행유지〉

제1000조 (상속의 순위) ①상속에 있어서는 다음 순위로 상속인이 된다. 〈개정 1990.1.13〉
  1. 피상속인의 직계비속
  2. 피상속인의 직계존속
  3. 피상속인의 형제자매
  4. 피상속인의 4촌이내의 방계혈족
②전항의 경우에 동순위의 상속인이 수인인 때에는 최근친을 선순위로 하고 동친등의 상속인이 수인인 때에는 공동상속인이 된다.
③태아는 상속순위에 관하여는 이미 출생한 것으로 본다. 〈개정 1990.1.13〉
[제목개정 1990.1.13]

〈현행유지〉

제1001조 (대습상속) 전조제1항제1호와 제3호의 규정에 의하여 상속인이 될 직계비속 또는 형제자매가 상속개시전에 사망하거나 결격자가 된 경우에 그 직계비속이 있는 때에는 그 직계비속이 사망하거나 결격된 자의 순위에 갈음하여 상속인이 된다. 〈현행유지〉

제1002조 삭제 〈1990.1.13〉 〈현행유지〉

제1003조 (배우자의 상속순위) ①피상속인의 배우자는 제1000조제1항제1호와 제2호의 규정에 의한 상속인이 있는 경우에는 그 상속인과 동순위로 공동상속인이 되고 그 상속인이 없는 때에는 단독상속인이 된다. 〈개정 1990.1.13〉
②제1001조의 경우에 상속개시전에 사망 또는 결격된 자의 배우자는 동조의 규정에 의한 상속인과 동순위로 공동상속인이 되고 그 상속인이 없는 때에는 단독상속인이 된다. 〈개정 1990.1.13〉
[제목개정 1990.1.13] 〈현행유지〉

제1004조 (상속인의 결격사유) 다음 각 호의 어느 하나에 해당한 자는 상속인이 되지 못한다. 〈개정 1990.1.13, 2005.3.31〉 〈현행유지〉
　1. 고의로 직계존속, 피상속인, 그 배우자 또는 상속의 선순위나 동순위에 있는 자를 살해하거나 살해하려한 자
　2. 고의로 직계존속, 피상속인과 그 배우자에게 상해를 가하여 사망에 이르게 한 자
　3. 사기 또는 강박으로 피상속인의 상속에 관한 유언 또는 유언의 철회를 방해한 자
　4. 사기 또는 강박으로 피상속인의 상속에 관한 유언을 하게 한 자
　5. 피상속인의 상속에 관한 유언서를 위조·변조·파기 또는 은닉한 자

제3절 상속의 효력 〈개정 1990.1.13〉	〈현행유지〉
제1관 일반적 효력	〈현행유지〉
제1005조 (상속과 포괄적 권리의무의 승계) 상속인은 상속개시된 때로부터 피상속인의 재산에 관한 포괄적 권리의무를 승계한다. 그러나 피상속인의 일신에 전속한 것은 그러하지 아니하다. 〈개정 1990.1.13〉	〈현행유지〉
제1006조 (공동상속과 재산의 공유) 상속인이 수인인 때에는 상속재산은 그 공유로 한다. 〈개정 1990.1.13〉	〈현행유지〉
제1007조 (공동상속인의 권리의무 승계) 공동상속인은 각자의 상속분에 응하여 피상속인의 권리의무를 승계한다.	〈현행유지〉
제1008조 (특별수익자의 상속분) 공동상속인중에 피상속인으로부터 재산의 증여 또는 유증을 받은 자가 있는 경우에 그 수증재산이 자기의 상속분에 달하지 못한 때에는 그 부족한 부분의 한도에서 상속분이 있다. 〈개정 1977.12.31〉	〈현행유지〉
제1008조의2 (기여분) ①공동상속인중에 상당한 기간 동거·간호 그 밖의 방법으로 피상속인을 특별히 부양하거나 피상속인의 재산의 유지 또는 증가에 특별히 기여한 자가 있을 때에는 상속개시 당시의 피상속인의 재산가액에서 공동상속인의 협의로 정한 그 자의 기여분을 공제한 것을 상속재산으로 보고 제1009조 및 제1010조에 의하여 산정한 상속분에 기여분을 가산한 액으로써 그 자의 상속분으로 한다. 〈개정 2005.3.31〉 ②제1항의 협의가 되지 아니하거나 협의할 수 없는 때에는 가정법원은 제1항에 규정된 기여자의 청구에 의하여 기여의 시기·방법 및 정도와 상속재산의 액 기타의 사정을 참작하여 기여분을 정한다.	〈현행유지〉

③기여분은 상속이 개시된 때의 피상속인의 재산가액에서 유증의 가액을 공제한 액을 넘지 못한다.
④제2항의 규정에 의한 청구는 제1013조제2항의 규정에 의한 청구가 있을 경우 또는 제1014조에 규정하는 경우에 할 수 있다.
[본조신설 1990.1.13]

제1008조의3 (분묘등의 승계) 분묘에 속한 1정보이내의 금양임야와 600평이내의 묘토인 농지, 족보와 제구의 소유권은 제사를 주재하는 자가 이를 승계한다.
[본조신설 1990.1.13] 〈현행유지〉

제2관 상속분 〈현행유지〉

제1009조 (법정상속분) ①동순위의 상속인이 수인인 때에는 그 상속분은 균분으로 한다. 〈개정 1977.12.31, 1990.1.13〉 〈현행유지〉
②피상속인의 배우자의 상속분은 직계비속과 공동으로 상속하는 때에는 직계비속의 상속분의 5할을 가산하고, 직계존속과 공동으로 상속하는 때에는 직계존속의 상속분의 5할을 가산한다. 〈개정 1990.1.13〉
③ 삭제 〈1990.1.13〉

제1010조 (대습상속분) ①제1001조의 규정에 의하여 사망 또는 결격된 자에 가름하여 상속인이 된 자의 상속분은 사망 또는 결격된 자의 상속분에 의한다. 〈현행유지〉
②전항의 경우에 사망 또는 결격된 자의 직계비속이 수인인 때에는 그 상속분은 사망 또는 결격된 자의 상속분의 한도에서 제1009조의 규정에 의하여 이를 정한다. 제1003조제2항의 경우에도 또한 같다.

제1011조 (공동상속분의 양수) ①공동상속인중에 그 상속분을 제삼자에게 양도한 자가 있는 때에는 다른 공동상속인은 그 가액과 양도비용을 상환하고 그 상 〈현행유지〉

속분을 양수할 수 있다.
②전항의 권리는 그 사유를 안 날로부터 3월, 그 사유있은 날로부터 1년내에 행사하여야 한다.

제3관 상속재산의 분할 〈현행유지〉

제1012조 (유언에 의한 분할방법의 지정, 분할금지) 피상속인은 유언으로 상속재산의 분할방법을 정하거나 이를 정할 것을 제삼자에게 위탁할 수 있고 상속개시의 날로부터 5년을 초과하지 아니하는 기간내의 그 분할을 금지할 수 있다. 〈현행유지〉

제1013조 (협의에 의한 분할) ①전조의 경우 외에는 공동상속인은 언제든지 그 협의에 의하여 상속재산을 분할할 수 있다.
②제269조의 규정은 전항의 상속재산의 분할에 준용한다. 〈현행유지〉

제1014조 (분할후의 피인지자등의 청구권) 상속개시후의 인지 또는 재판의 확정에 의하여 공동상속인이 된 자가 상속재산의 분할을 청구할 경우에 다른 공동상속인이 이미 분할 기타 처분을 한 때에는 그 상속분에 상당한 가액의 지급을 청구할 권리가 있다. 〈현행유지〉

제1015조 (분할의 소급효) 상속재산의 분할은 상속개시된 때에 소급하여 그 효력이 있다. 그러나 제삼자의 권리를 해하지 못한다. 〈현행유지〉

제1016조 (공동상속인의 담보책임) 공동상속인은 다른 공동상속인이 분할로 인하여 취득한 재산에 대하여 그 상속분에 응하여 매도인과 같은 담보책임이 있다. 〈현행유지〉

제1017조 (상속채무자의 자력에 대한 담보책임) ①공동상속인은 다른 상속인이 분할로 인하여 취득한 채권에 대하여 분할당시의 채무자의 자력을 담보한다. 〈현행유지〉

②변제기에 달하지 아니한 채권이나 정지조건있는 채권에 대하여는 변제를 청구할 수 있는 때의 채무자의 자력을 담보한다.

제1018조 (무자력공동상속인의 담보책임의 분담) 담보책임있는 공동상속인중에 상환의 자력이 없는 자가 있는 때에는 그 부담부분은 구상권자와 자력있는 다른 공동상속인이 그 상속분에 응하여 분담한다. 그러나 구상권자의 과실로 인하여 상환을 받지 못한 때에는 다른 공동상속인에게 분담을 청구하지 못한다. 〈현행유지〉

제4절 상속의 승인 및 포기 〈개정 1990.1.13〉 〈현행유지〉

제1관 총칙 〈현행유지〉

제1019조 (승인, 포기의 기간) ①상속인은 상속개시있음을 안 날로부터 3월내에 단순승인이나 한정승인 또는 포기를 할 수 있다. 그러나 그 기간은 이해관계인 또는 검사의 청구에 의하여 가정법원이 이를 연장할 수 있다. 〈개정 1990.1.13〉
②상속인은 제1항의 승인 또는 포기를 하기 전에 상속재산을 조사할 수 있다. 〈개정 2002.1.14〉
③제1항의 규정에 불구하고 상속인은 상속채무가 상속재산을 초과하는 사실을 중대한 과실없이 제1항의 기간내에 알지 못하고 단순승인(제1026조제1호 및 제2호의 규정에 의하여 단순승인한 것으로 보는 경우를 포함한다)을 한 경우에는 그 사실을 안 날부터 3월내에 한정승인을 할 수 있다. 〈신설 2002.1.14〉 〈현행유지〉

제1020조 (제한능력자의 승인·포기의 기간) 상속인이 제한능력자인 경우에는 제1019조제1항의 기간은 그의 친권자 또는 후견인이 상속이 개시된 것을 안 날부 〈현행유지〉

터 기산(起算)한다.
[전문개정 2011.3.7]
[시행일 : 2013.7.1]

제1021조 (승인, 포기기간의 계산에 관한 특칙) 상속인이 승인이나 포기를 하지 아니하고 제1019조제1항의 기간내에 사망한 때에는 그의 상속인이 그 자기의 상속개시있음을 안 날로부터 제1019조제1항의 기간을 기산한다.	〈현행유지〉
제1022조 (상속재산의 관리) 상속인은 그 고유재산에 대하는 것과 동일한 주의로 상속재산을 관리하여야 한다. 그러나 단순승인 또는 포기한 때에는 그러하지 아니하다.	〈현행유지〉
제1023조 (상속재산보존에 필요한 처분) ①법원은 이해관계인 또는 검사의 청구에 의하여 상속재산의 보존에 필요한 처분을 명할 수 있다. ②법원이 재산관리인을 선임한 경우에는 제24조 내지 제26조의 규정을 준용한다.	〈현행유지〉
제1024조 (승인, 포기의 취소금지) ①상속의 승인이나 포기는 제1019조제1항의 기간내에도 이를 취소하지 못한다. 〈개정 1990.1.13〉 ②전항의 규정은 총칙편의 규정에 의한 취소에 영향을 미치지 아니한다. 그러나 그 취소권은 추인할 수 있는 날로부터 3월, 승인 또는 포기한 날로부터 1년내에 행사하지 아니하면 시효로 인하여 소멸된다.	〈현행유지〉
제2관 단순승인	〈현행유지〉
제1025조 (단순승인의 효과) 상속인이 단순승인을 한 때에는 제한없이 피상속인의 권리의무를 승계한다. 〈개정 1990.1.13〉	〈현행유지〉

제1026조 (법정단순승인) 다음 각호의 사유가 있는 경우에는 상속인이 단순승인을 한 것으로 본다. 〈개정 2002.1.14〉 　1. 상속인이 상속재산에 대한 처분행위를 한 때 　2. 상속인이 제1019조제1항의 기간내에 한정승인 또는 포기를 하지 아니한 때 　3. 상속인이 한정승인 또는 포기를 한 후에 상속재산을 은닉하거나 부정소비하거나 고의로 재산목록에 기입하지 아니한 때 [96헌가22,97헌가2·3·9,96헌바81,98헌바24·25(병합) 1998.8.27 　1. 민법 제1026조제2호(1958.2.22. 법률 제471호)는 헌법에 합치되지 아니한다. 　2. 위 법률조항은 입법자가 1999.12.31.까지 개정하지 아니하면 2000.1.1부터 그 효력을 상실한다. 법원 기타 국가기관 및 지방자치단체는 입법자가 개정할 때까지 위 법률조항의 적용을 중지하여야 한다.]	〈현행유지〉
제1027조 (법정단순승인의 예외) 상속인이 상속을 포기함으로 인하여 차순위 상속인이 상속을 승인한 때에는 전조제3호의 사유는 상속의 승인으로 보지 아니한다.	〈현행유지〉
제3관 한정승인	〈현행유지〉
제1028조 (한정승인의 효과) 상속인은 상속으로 인하여 취득할 재산의 한도에서 피상속인의 채무와 유증을 변제할 것을 조건으로 상속을 승인할 수 있다. 〈개정 1990.1.13〉	〈현행유지〉
제1029조 (공동상속인의 한정승인) 상속인이 수인인 때에는 각상속인은 그 상속분에 응하여 취득할 재산의 한도에서 그 상속분에 의한 피상속인의 채무와 유증을 변제할 것을 조건으로 상속을 승인할 수 있다.	〈현행유지〉

| 제1030조 (한정승인의 방식) ①상속인이 한정승인을 함에는 제1019조제1항 또는 제3항의 기간내에 상속재산의 목록을 첨부하여 법원에 한정승인의 신고를 하여야 한다. 〈개정 2005.3.31〉
②제1019조제3항의 규정에 의하여 한정승인을 한 경우 상속재산 중 이미 처분한 재산이 있는 때에는 그 목록과 가액을 함께 제출하여야 한다. 〈신설 2005.3.31〉	〈현행유지〉
제1031조 (한정승인과 재산상권리의무의 불소멸) 상속인이 한정승인을 한 때에는 피상속인에 대한 상속인의 재산상 권리의무는 소멸하지 아니한다.	〈현행유지〉
제1032조 (채권자에 대한 공고, 최고) ①한정승인자는 한정승인을 한 날로부터 5일내에 일반상속채권자와 유증받은 자에 대하여 한정승인의 사실과 일정한 기간내에 그 채권 또는 수증을 신고할 것을 공고하여야 한다. 그 기간은 2월이상이어야 한다.
②제88조제2항, 제3항과 제89조의 규정은 전항의 경우에 준용한다.	제1032조 (채권자에 대한 공고, 최고) ① 한정승인자는 한정승인을 한 날부터 5일 안에 일반상속채권자와 유증받은 자에 대하여 한정승인의 사실과 일정한 기간 안에 그 채권 또는 수증을 신고할 것을 공고하여야 한다. 이 경우 그 신고기간은 2개월 이상이어야 한다.
② 제1항의 공고에 관하여는 제88조제2항 및 제89조를 준용한다.
제1033조 (최고기간중의 변제거절) 한정승인자는 전조제1항의 기간만료전에는 상속채권의 변제를 거절할 수 있다.	〈현행유지〉
제1034조 (배당변제) ①한정승인자는 제1032조제1항의 기간만료후에 상속재산으로서 그 기간내에 신고한 채권자와 한정승인자가 알고 있는 채권자에 대하여 각채권액의 비율로 변제하여야 한다. 그러나 우선권있는 채권자의 권리를 해하지 못한다.	〈현행유지〉

②제1019조제3항의 규정에 의하여 한정승인을 한 경우에는 그 상속인은 상속재산 중에서 남아있는 상속재산과 함께 이미 처분한 재산의 가액을 합하여 제1항의 변제를 하여야 한다. 다만, 한정승인을 하기 전에 상속채권자나 유증받은 자에 대하여 변제한 가액은 이미 처분한 재산의 가액에서 제외한다. 〈신설 2005.3.31〉

제1035조 (변제기전의 채무등의 변제) ①한정승인자는 변제기에 이르지 아니한 채권에 대하여도 전조의 규정에 의하여 변제하여야 한다.
②조건있는 채권이나 존속기간의 불확정한 채권은 법원의 선임한 감정인의 평가에 의하여 변제하여야 한다. 〈현행유지〉

제1036조 (수증자에의 변제) 한정승인자는 전2조의 규정에 의하여 상속채권자에 대한 변제를 완료한 후가 아니면 유증받은 자에게 변제하지 못한다. 〈현행유지〉

제1037조 (상속재산의 경매) 전3조의 규정에 의한 변제를 하기 위하여 상속재산의 전부나 일부를 매각할 필요가 있는 때에는 민사집행법에 의하여 경매하여야 한다. 〈개정 1997.12.13, 2001.12.29〉 〈현행유지〉

제1038조 (부당변제 등으로 인한 책임) ①한정승인자가 제1032조의 규정에 의한 공고나 최고를 해태하거나 제1033조 내지 제1036조의 규정에 위반하여 어느 상속채권자나 유증 받은 자에게 변제함으로 인하여 다른 상속채권자나 유증 받은 자에 대하여 변제할 수 없게 된 때에는 한정승인자는 그 손해를 배상하여야 한다. 제1019조제3항의 규정에 의하여 한정승인을 한 경우 그 이전에 상속채무가 상속재산을 초과함을 알지 못한 데 과실이 있는 상속인이 상속채권자나 〈현행유지〉

유증받은 자에게 변제한 때에도 또한 같다. 〈개정 2005.3.31〉
② 제1항 전단의 경우에 변제를 받지 못한 상속채권자나 유증 받은 자는 그 사정을 알고 변제를 받은 상속채권자나 유증받은 자에 대하여 구상권을 행사할 수 있다. 제1019조제3항의 규정에 의하여 한정승인을 한 경우 그 이전에 상속채무가 상속재산을 초과함을 알고 변제받은 상속채권자나 유증받은 자가 있는 때에도 또한 같다. 〈개정 2005.3.31〉
③ 제766조의 규정은 제1항 및 제2항의 경우에 준용한다. 〈개정 2005.3.31〉
[제목개정 2005.3.31]

제1039조 (신고하지 않은 채권자등) 제1032조제1항의 기간내에 신고하지 아니한 상속채권자 및 유증받은 자로서 한정승인자가 알지 못한 자는 상속재산의 잔여가 있는 경우에 한하여 그 변제를 받을 수 있다. 그러나 상속재산에 대하여 특별담보권있는 때에는 그러하지 아니하다.	〈현행유지〉
제1040조 (공동상속재산과 그 관리인의 선임) ① 상속인이 수인인 경우에는 법원은 각상속인 기타 이해관계인의 청구에 의하여 공동상속인중에서 상속재산관리인을 선임할 수 있다. ② 법원이 선임한 관리인은 공동상속인을 대표하여 상속재산의 관리와 채무의 변제에 관한 모든 행위를 할 권리의무가 있다. ③ 제1022조, 제1032조 내지 전조의 규정은 전항의 관리인에 준용한다. 그러나 제1032조의 규정에 의하여 공고할 5일의 기간은 관리인이 그 선임을 안 날로부터 기산한다.	〈현행유지〉

제4관 포기	〈현행유지〉
제1041조 (포기의 방식) 상속인이 상속을 포기할 때에는 제1019조제1항의 기간내에 가정법원에 포기의 신고를 하여야 한다. 〈개정 1990.1.13〉	〈현행유지〉
제1042조 (포기의 소급효) 상속의 포기는 상속개시된 때에 소급하여 그 효력이 있다.	〈현행유지〉
제1043조 (포기한 상속재산의 귀속) 상속인이 수인인 경우에 어느 상속인이 상속을 포기한 때에는 그 상속분은 다른 상속인의 상속분의 비율로 그 상속인에게 귀속된다.	〈현행유지〉
제1044조 (포기한 상속재산의 관리계속의무) ①상속을 포기한 자는 그 포기로 인하여 상속인이 된 자가 상속재산을 관리할 수 있을 때까지 그 재산의 관리를 계속하여야 한다. ②제1022조와 제1023조의 규정은 전항의 재산관리에 준용한다.	〈현행유지〉
제5절 재산의 분리	〈현행유지〉
제1045조 (상속재산의 분리청구권) ①상속채권자나 유증받은 자 또는 상속인의 채권자는 상속개시된 날로부터 3월내에 상속재산과 상속인의 고유재산의 분리를 법원에 청구할 수 있다. ②상속인이 상속의 승인이나 포기를 하지 아니한 동안은 전항의 기간경과후에도 재산의 분리를 법원에 청구할 수 있다. 〈개정 1990.1.13〉	제1046조 (분리명령과 채권자등에 대한 공고, 최고) ① 법원이 제1045조의 청구에 따라 재산의 분리를 명한 때에는 그 청구자는 5일 안에 일반상속채권자와 유증 받은 자에 대하여 재산분리의 명령이 있었던 사실과 일정한 기간 안에 그 채권 또는 수증을 신고할 것을 공고하여야 한다. 이 경우 그 신고기간은 2개월 이상이어야 한다. ② 제1항의 공고에 관하여는 제88조제2항 및 제89조를 준용한다.

제1046조 (분리명령과 채권자등에 대한 공고, 최고) ①법원이 전조의 청구에 의하여 재산의 분리를 명한 때에는 그 청구자는 5일내에 일반상속채권자와 유증받은 자에 대하여 재산분리의 명령있은 사실과 일정한 기간내에 그 채권 또는 수증을 신고할 것을 공고하여야 한다. 그 기간은 2월이상이어야 한다. ②제88조제2항, 제3항과 제89조의 규정은 전항의 경우에 준용한다.	〈현행유지〉
제1047조 (분리후의 상속재산의 관리) ①법원이 재산의 분리를 명한 때에는 상속재산의 관리에 관하여 필요한 처분을 명할 수 있다. ②법원이 재산관리인을 선임한 경우에는 제24조 내지 제26조의 규정을 준용한다.	〈현행유지〉
제1048조 (분리후의 상속인의 관리의무) ①상속인이 단순승인을 한 후에도 재산분리의 명령이 있는 때에는 상속재산에 대하여 자기의 고유재산과 동일한 주의로 관리하여야 한다. ②제683조 내지 제685조 및 제688조제1항, 제2항의 규정은 전항의 재산관리에 준용한다.	〈현행유지〉
제1049조 (재산분리의 대항요건) 재산의 분리는 상속재산인 부동산에 관하여는 이를 등기하지 아니하면 제삼자에게 대항하지 못한다.	〈현행유지〉
제1050조 (재산분리와 권리의무의 불소멸) 재산분리의 명령이 있는 때에는 피상속인에 대한 상속인의 재산상 권리의무는 소멸하지 아니한다.	〈현행유지〉
제1051조 (변제의 거절과 배당변제) ①상속인은 제1045조 및 제1046조의 기간만료전에는 상속채권자와 유증받은 자에 대하여 변제를 거절할 수 있다. ②전항의 기간만료후에 상속인은 상속재산으로써	〈현행유지〉

재산분리의 청구 또는 그 기간내에 신고한 상속채권자, 유증받은 자와 상속인이 알고 있는 상속채권자, 유증받은 자에 대하여 각채권액 또는 수증액의 비율로 변제하여야 한다. 그러나 우선권 있는 채권자의 권리를 해하지 못한다.
③제1035조 내지 제1038조의 규정은 전항의 경우에 준용한다.

제1052조 (고유재산으로부터의 변제) ①전조의 규정에 의한 상속채권자와 유증 받은 자는 상속재산으로써 전액의 변제를 받을 수 없는 경우에 한하여 상속인의 고유재산으로부터 그 변제를 받을 수 있다.
②전항의 경우에 상속인의 채권자는 상속인의 고유재산으로부터 우선변제를 받을 권리가 있다. 〈현행유지〉

제6절 상속인의 부존재 〈개정 1990.1.13〉 〈현행유지〉

제1053조 (상속인없는 재산의 관리인) ①상속인의 존부가 분명하지 아니한 때에는 법원은 제777조의 규정에 의한 피상속인의 친족 기타 이해관계인 또는 검사의 청구에 의하여 상속재산관리인을 선임하고 지체없이 이를 공고하여야 한다. 〈개정 1990.1.13〉
②제24조 내지 제26조의 규정은 전항의 재산관리인에 준용한다. 〈현행유지〉

제1054조 (재산목록제시와 상황보고) 관리인은 상속채권자나 유증받은 자의 청구가 있는 때에는 언제든지 상속재산의 목록을 제시하고 그 상황을 보고하여야 한다. 〈현행유지〉

제1055조 (상속인의 존재가 분명하여진 경우) ①관리인의 임무는 그 상속인이 상속의 승인을 한 때에 종료한다. 〈현행유지〉

②전항의 경우에는 관리인은 지체없이 그 상속인에 대하여 관리의 계산을 하여야 한다.

제1056조 (상속인없는 재산의 청산) ①제1053조제1항의 공고있은 날로부터 3월내에 상속인의 존부를 알 수 없는 때에는 관리인은 지체없이 일반상속채권자와 유증받은 자에 대하여 일정한 기간내에 그 채권 또는 수증을 신고할 것을 공고하여야 한다. 그 기간은 2월이상이어야 한다. ②제88조제2항, 제3항, 제89조, 제1033조 내지 제1039조의 규정은 전항의 경우에 준용한다.	제1056조 (상속인이 없는 재산의 청산) ① 제1053조제1항의 공고가 있은 날부터 3개월 안에 상속인의 존부(存否)를 알 수 없는 때에는 관리인은 지체 없이 일반상속채권자와 유증받은 자에 대하여 일정한 기간 안에 그 채권 또는 수증을 신고할 것을 공고하여야 한다. 이 경우 그 신고기간은 2개월 이상이어야 한다. ② 제1항의 공고에 관하여는 제88조제2항, 제89조 및 제1033조부터 제1039조까지의 규정을 준용한다.
제1057조 (상속인수색의 공고) 제1056조제1항의 기간이 경과하여도 상속인의 존부를 알 수 없는 때에는 법원은 관리인의 청구에 의하여 상속인이 있으면 일정한 기간내에 그 권리를 주장할 것을 공고하여야 한다. 그 기간은 1년 이상이어야 한다. 〈개정 2005.3.31〉	〈현행유지〉
제1057조의2 (특별연고자에 대한 분여) ①제1057조의 기간내에 상속권을 주장하는 자가 없는 때에는 가정법원은 피상속인과 생계를 같이 하고 있던 자, 피상속인의 요양간호를 한 자 기타 피상속인과 특별한 연고가 있던 자의 청구에 의하여 상속재산의 전부 또는 일부를 분여할 수 있다. 〈개정 2005.3.31〉 ②제1항의 청구는 제1057조의 기간의 만료후 2월이내에 하여야 한다. 〈개정 2005.3.31〉 [본조신설 1990.1.13]	〈현행유지〉
제1058조 (상속재산의 국가귀속) ①제1057조의2의 규정	〈현행유지〉

에 의하여 분여(分與)되지 아니한 때에는 상속재산은 국가에 귀속한다. 〈개정 2005.3.31〉
② 제1055조제2항의 규정은 제1항의 경우에 준용한다. 〈개정 2005.3.31〉

제1059조 (국가귀속재산에 대한 변제청구의 금지) 전조제1항의 경우에는 상속재산으로 변제를 받지 못한 상속채권자나 유증을 받은 자가 있는 때에도 국가에 대하여 그 변제를 청구하지 못한다. 〈현행유지〉

제2장 유언 〈현행유지〉

제1절 총칙 〈현행유지〉

제1060조 (유언의 요식성) 유언은 본법의 정한 방식에 의하지 아니하면 효력이 생하지 아니한다. 〈현행유지〉

제1061조 (유언적령) 만17세에 달하지 못한 자는 유언을 하지 못한다. 〈현행유지〉

제1062조 (제한능력자의 유언) 유언에 관하여는 제5조, 제10조 및 제13조를 적용하지 아니한다.
[전문개정 2011.3.7]
[시행일 : 2013.7.1] 〈현행유지〉

제1063조 (피성년후견인의 유언능력) ① 피성년후견인은 의사능력이 회복된 때에만 유언을 할 수 있다.
② 제1항의 경우에는 의사가 심신회복의 상태를 유언서에 부기(附記)하고 서명날인하여야 한다.
[전문개정 2011.3.7]
[시행일 : 2013.7.1] 〈현행유지〉

제1064조 (유언과 태아, 상속결격자) 제1000조제3항, 제1004조의 규정은 수증자에 준용한다. 〈개정 1990.1.13〉 〈현행유지〉

제2절 유언의 방식 〈현행유지〉

제1065조 (유언의 보통방식) 유언의 방식은 자필증서, 녹음, 공정증서, 비밀증서와 구수증서의 5종으로 한다. 〈현행유지〉

제1066조 (자필증서에 의한 유언) ①자필증서에 의한 유언은 유언자가 그 전문과 연월일, 주소, 성명을 자서하고 날인하여야 한다. 〈현행유지〉
②전항의 증서에 문자의 삽입, 삭제 또는 변경을 함에는 유언자가 이를 자서하고 날인하여야 한다.

제1067조 (녹음에 의한 유언) 녹음에 의한 유언은 유언자가 유언의 취지, 그 성명과 연월일을 구술하고 이에 참여한 증인이 유언의 정확함과 그 성명을 구술하여야 한다. 〈현행유지〉

제1068조 (공정증서에 의한 유언) 공정증서에 의한 유언은 유언자가 증인 2인이 참여한 공증인의 면전에서 유언의 취지를 구수하고 공증인이 이를 필기낭독하여 유언자와 증인이 그 정확함을 승인한 후 각자 서명 또는 기명날인 하여야 한다. 〈현행유지〉

제1069조 (비밀증서에 의한 유언) ①비밀증서에 의한 유언은 유언자가 필자의 성명을 기입한 증서를 엄봉날인하고 이를 2인이상의 증인의 면전에 제출하여 자기의 유언서임을 표시한 후 그 봉서표면에 제출 연월일을 기재하고 유언자와 증인이 각자 서명 또는 기명날인 하여야 한다. 〈현행유지〉
②전항의 방식에 의한 유언봉서는 그 표면에 기재된 날로부터 5일내에 공증인 또는 법원서기에게 제출하여 그 봉인상에 확정일자인을 받아야 한다.

제1070조 (구수증서에 의한 유언) ①구수증서에 의한 유언은 질병 기타 급박한 사유로 인하여 전4조의 방식에 의할 수 없는 경우에 유언자가 2인이상의 증인의 참여로 〈현행유지〉

그 1인에게 유언의 취지를 구수하고 그 구수를 받은 자가 이를 필기낭독하여 유언자의 증인이 그 정확함을 승인한 후 각자 서명 또는 기명날인하여야 한다.
②전항의 방식에 의한 유언은 그 증인 또는 이해관계인이 급박한 사유의 종료한 날로부터 7일내에 법원에 그 검인을 신청하여야 한다.
③제1063조제2항의 규정은 구수증서에 의한 유언에 적용하지 아니한다.

제1071조 (비밀증서에 의한 유언의 전환) 비밀증서에 의한 유언이 그 방식에 흠결이 있는 경우에 그 증서가 자필증서의 방식에 적합한 때에는 자필증서에 의한 유언으로 본다. 〈현행유지〉

제1072조 (증인의 결격사유) ① 다음 각 호의 어느 하나에 해당하는 사람은 유언에 참여하는 증인이 되지 못한다. 〈현행유지〉
 1. 미성년자
 2. 피성년후견인과 피한정후견인
 3. 유언으로 이익을 받을 사람, 그의 배우자와 직계혈족
② 공정증서에 의한 유언에는 「공증인법」에 따른 결격자는 증인이 되지 못한다.
[전문개정 2011.3.7]
[시행일 : 2013.7.1]

제3절 유언의 효력 〈현행유지〉

제1073조 (유언의 효력발생 시기) ①유언은 유언자가 사망한 때로부터 그 효력이 생긴다. 〈현행유지〉
②유언에 정지조건이 있는 경우에 그 조건이 유언자의 사망후에 성취한 때에는 그 조건성취한 때로부터 유언의 효력이 생긴다.

제1074조 (유증의 승인, 포기) ①유증을 받을 자는 유언자의 사망후에 언제든지 유증을 승인 또는 포기할 수 있다. ②전항의 승인이나 포기는 유언자의 사망한 때에 소급하여 그 효력이 있다.	〈현행유지〉
제1075조 (유증의 승인, 포기의 취소금지) ①유증의 승인이나 포기는 취소하지 못한다. ②제1024조제2항의 규정은 유증의 승인과 포기에 준용한다.	〈현행유지〉
제1076조 (수증자의 상속인의 승인, 포기) 수증자가 승인이나 포기를 하지 아니하고 사망한 때에는 그 상속인은 상속분의 한도에서 승인 또는 포기할 수 있다. 그러나 유언자가 유언으로 다른 의사를 표시한 때에는 그 의사에 의한다.	〈현행유지〉
제1077조 (유증의무자의 최고권) ①유증의무자나 이해관계인은 상당한 기간을 정하여 그 기간내에 승인 또는 포기를 확답할 것을 수증자 또는 그 상속인에게 최고할 수 있다. ②전항의 기간내에 수증자 또는 상속인이 유증의무자에 대하여 최고에 대한 확답을 하지 아니한 때에는 유증을 승인한 것으로 본다.	〈현행유지〉
제1078조 (포괄적 수증자의 권리의무) 포괄적 유증을 받은 자는 상속인과 동일한 권리의무가 있다. 〈개정 1990.1.13〉	〈현행유지〉
제1079조 (수증자의 과실취득권) 수증자는 유증의 이행을 청구할 수 있는 때로부터 그 목적물의 과실을 취득한다. 그러나 유언자가 유언으로 다른 의사를 표시한 때에는 그 의사에 의한다.	〈현행유지〉
제1080조 (과실수취비용의 상환청구권) 유증의무자가 유언	〈현행유지〉

자의 사망후에 그 목적물의 과실을 수취하기 위하여
필요비를 지출한 때에는 그 과실의 가액의 한도에서
과실을 취득한 수증자에게 상환을 청구할 수 있다.

제1081조 (유증의무자의 비용상환청구권) 유증의무자가 〈현행유지〉
유증자의 사망후에 그 목적물에 대하여 비용을 지출
한 때에는 제325조의 규정을 준용한다.

제1082조 (불특정물유증의무자의 담보책임) ①불특정물 〈현행유지〉
을 유증의 목적으로 한 경우에는 유증의무자는 그
목적물에 대하여 매도인과 같은 담보책임이 있다.
②전항의 경우에 목적물에 하자가 있는 때에는 유증
의무자는 하자없는 물건으로 인도하여야 한다.

제1083조 (유증의 물상대위성) 유증자가 유증목적물의 〈현행유지〉
멸실, 훼손 또는 점유의 침해로 인하여 제삼자에게
손해배상을 청구할 권리가 있는 때에는 그 권리를
유증의 목적으로 한 것으로 본다.

제1084조 (채권의 유증의 물상대위성) ①채권을 유증의 〈현행유지〉
목적으로 한 경우에 유언자가 그 변제를 받은 물건
이 상속재산중에 있는 때에는 그 물건을 유증의 목
적으로 한 것으로 본다.
②전항의 채권이 금전을 목적으로 한 경우에는 그
변제받은 채권액에 상당한 금전이 상속재산중에 없
는 때에도 그 금액을 유증의 목적으로 한 것으로
본다.

제1085조 (제삼자의 권리의 목적인 물건 또는 권리의 유증) 〈현행유지〉
유증의 목적인 물건이나 권리가 유언자의 사망당시
에 제삼자의 권리의 목적인 경우에는 수증자는 유증
의무자에 대하여 그 제삼자의 권리를 소멸시킬 것을
청구하지 못한다.

제1086조 (유언자가 다른 의사표시를 한 경우) 전3조의 〈현행유지〉

경우에 유언자가 유언으로 다른 의사를 표시한 때에는 그 의사에 의한다.

제1087조 (상속재산에 속하지 아니한 권리의 유증) ①유언의 목적이 된 권리가 유언자의 사망당시에 상속재산에 속하지 아니한 때에는 유언은 그 효력이 없다. 그러나 유언자가 자기의 사망당시에 그 목적물이 상속재산에 속하지 아니한 경우에도 유언의 효력이 있게 할 의사인 때에는 유증의무자는 그 권리를 취득하여 수증자에게 이전할 의무가 있다.
②전항 단서의 경우에 그 권리를 취득할 수 없거나 그 취득에 과다한 비용을 요할 때에는 그 가액으로 변상할 수 있다. 〈현행유지〉

제1088조 (부담있는 유증과 수증자의 책임) ①부담있는 유증을 받은 자는 유증의 목적의 가액을 초과하지 아니한 한도에서 부담한 의무를 이행할 책임이 있다.
②유증의 목적의 가액이 한정승인 또는 재산분리로 인하여 감소된 때에는 수증자는 그 감소된 한도에서 부담할 의무를 면한다. 〈현행유지〉

제1089조 (유증효력발생전의 수증자의 사망) ①유증은 유언자의 사망전에 수증자가 사망한 때에는 그 효력이 생기지 아니한다.
②정지조건있는 유증은 수증자가 그 조건 성취전에 사망한 때에는 그 효력이 생기지 아니한다. 〈현행유지〉

제1090조 (유증의 무효, 실효의 경우와 목적재산의 귀속) 유증이 그 효력이 생기지 아니하거나 수증자가 이를 포기한 때에는 유증의 목적인 재산은 상속인에게 귀속한다. 그러나 유언자가 유언으로 다른 의사를 표시한 때에는 그 의사에 의한다. 〈현행유지〉

제4절 유언의 집행 〈현행유지〉

제1091조 (유언증서, 녹음의 검인) ①유언의 증서나 녹음을 보관한 자 또는 이를 발견한 자는 유언자의 사망후 지체없이 법원에 제출하여 그 검인을 청구하여야 한다.
②전항의 규정은 공정증서나 구수증서에 의한 유언에 적용하지 아니한다. 〈현행유지〉

제1092조 (유언증서의 개봉) 법원이 봉인된 유언증서를 개봉할 때에는 유언자의 상속인, 그 대리인 기타 이해관계인의 참여가 있어야 한다. 〈현행유지〉

제1093조 (유언집행자의 지정) 유언자는 유언으로 유언집행자를 지정할 수 있고 그 지정을 제삼자에게 위탁할 수 있다. 〈현행유지〉

제1094조 (위탁에 의한 유언집행자의 지정) ①전조의 위탁을 받은 제삼자는 그 위탁 있음을 안 후 지체없이 유언집행자를 지정하여 상속인에게 통지하여야 하며 그 위탁을 사퇴할 때에는 이를 상속인에게 통지하여야 한다.
②상속인 기타 이해관계인은 상당한 기간을 정하여 그 기간내에 유언집행자를 지정할 것을 위탁 받은 자에게 최고할 수 있다. 그 기간내에 지정의 통지를 받지 못한 때에는 그 지정의 위탁을 사퇴한 것으로 본다. 〈현행유지〉

제1095조 (지정유언집행자가 없는 경우) 전2조의 규정에 의하여 지정된 유언집행자가 없는 때에는 상속인이 유언집행자가 된다. 〈현행유지〉

제1096조 (법원에 의한 유언집행자의 선임) ①유언집행자가 없거나 사망, 결격 기타 사유로 인하여 없게된 때에는 법원은 이해관계인의 청구에 의하여 유언집행자를 선임하여야 한다. 〈현행유지〉

②법원이 유언집행자를 선임한 경우에는 그 임무에 관하여 필요한 처분을 명할 수 있다.

제1097조 (유언집행자의 승낙, 사퇴) ①지정에 의한 유언집행자는 유언자의 사망후 지체없이 이를 승낙하거나 사퇴할 것을 상속인에게 통지하여야 한다.
②선임에 의한 유언집행자는 선임의 통지를 받은 후 지체없이 이를 승낙하거나 사퇴할 것을 법원에 통지하여야 한다.
③상속인 기타 이해관계인은 상당한 기간을 정하여 그 기간내에 승낙여부를 확답할 것을 지정 또는 선임에 의한 유언집행자에게 최고할 수 있다. 그 기간내에 최고에 대한 확답을 받지 못한 때에는 유언집행자가 그 취임을 승낙한 것으로 본다.

〈현행유지〉

제1098조 (유언집행자의 결격사유) 제한능력자와 파산선고를 받은 자는 유언집행자가 되지 못한다.
[전문개정 2011.3.7]
[시행일 : 2013.7.1]

〈현행유지〉

제1099조 (유언집행자의 임무착수) 유언집행자가 그 취임을 승낙한 때에는 지체없이 그 임무를 이행하여야 한다.

〈현행유지〉

제1100조 (재산목록작성) ①유언이 재산에 관한 것인 때에는 지정 또는 선임에 의한 유언집행자는 지체없이 그 재산목록을 작성하여 상속인에게 교부하여야 한다.
②상속인의 청구가 있는 때에는 전항의 재산목록작성에 상속인을 참여하게 하여야 한다.

〈현행유지〉

제1101조 (유언집행자의 권리의무) 유언집행자는 유증의 목적인 재산의 관리 기타 유언의 집행에 필요한 행위를 할 권리의무가 있다.

〈현행유지〉

제1102조 (공동유언집행) 유언집행자가 수인인 경우에

〈현행유지〉

는 임무의 집행은 그 과반수의 찬성으로써 결정한다. 그러나 보존행위는 각자가 이를 할 수 있다.

제1103조 (유언집행자의 지위) ①지정 또는 선임에 의한 유언집행자는 상속인의 대리인으로 본다.
②제681조 내지 제685조, 제687조, 제691조와 제692조의 규정은 유언집행자에 준용한다.

〈현행유지〉

제1104조 (유언집행자의 보수) ①유언자가 유언으로 그 집행자의 보수를 정하지 아니한 경우에는 법원은 상속재산의 상황 기타 사정을 참작하여 지정 또는 선임에 의한 유언집행자의 보수를 정할 수 있다.
②유언집행자가 보수를 받는 경우에는 제686조제2항, 제3항의 규정을 준용한다.

〈현행유지〉

제1105조 (유언집행자의 사퇴) 지정 또는 선임에 의한 유언집행자는 정당한 사유 있는 때에는 법원의 허가를 얻어 그 임무를 사퇴할 수 있다.

〈현행유지〉

제1106조 (유언집행자의 해임) 지정 또는 선임에 의한 유언집행자에 그 임무를 해태하거나 적당하지 아니한 사유가 있는 때에는 법원은 상속인 기타 이해관계인의 청구에 의하여 유언집행자를 해임할 수 있다.

〈현행유지〉

제1107조 (유언집행의 비용) 유언의 집행에 관한 비용은 상속재산중에서 이를 지급한다.

〈현행유지〉

제5절 유언의 철회

〈현행유지〉

제1108조 (유언의철회) ①유언자는 언제든지 유언 또는 생전행위로써 유언의 전부나 일부를 철회할 수 있다.
②유언자는 그 유언을 철회할 권리를 포기하지 못한다.

〈현행유지〉

제1109조 (유언의 저촉) 전후의 유언이 저촉되거나 유언후의 생전행위가 유언과 저촉되는 경우에는 그 저촉된 부분의 전유언은 이를 철회한 것으로 본다. 〈현행유지〉

제1110조 (파훼로 인한 유언의 철회) 유언자가 고의로 유언증서 또는 유증의 목적물을 파훼한 때에는 그 파훼한 부분에 관한 유언은 이를 철회한 것으로 본다. 〈현행유지〉

제1111조 (부담있는 유언의 취소) 부담있는 유증을 받은 자가 그 부담의무를 이행하지 아니한 때에는 상속인 또는 유언집행자는 상당한 기간을 정하여 이행할 것을 최고하고 그 기간내에 이행하지 아니한 때에는 법원에 유언의 취소를 청구할 수 있다. 그러나 제삼자의 이익을 해하지 못한다. 〈현행유지〉

제3장 유류분 〈현행유지〉

제1112조 (유류분의 권리자와 유류분) 상속인의 유류분은 다음 각호에 의한다. 〈현행유지〉
 1. 피상속인의 직계비속은 그 법정상속분의 2분의 1
 2. 피상속인의 배우자는 그 법정상속분의 2분의 1
 3. 피상속인의 직계존속은 그 법정상속분의 3분의 1
 4. 피상속인의 형제자매는 그 법정상속분의 3분의 1
[본조신설 1977.12.31]

제1113조 (유류분의 산정) ①유류분은 피상속인의 상속개시시에 있어서 가진 재산의 가액에 증여재산의 가액을 가산하고 채무의 전액을 공제하여 이를 산정한다. 〈현행유지〉
②조건부의 권리 또는 존속기간이 불확정한 권리는 가정법원이 선임한 감정인의 평가에 의하여 그 가격을 정한다.
[본조신설 1977.12.31]

제1114조 (산입될 증여) 증여는 상속개시전의 1년간에 행한 것에 한하여 제1113조의 규정에 의하여 그 가액을 산정한다. 당사자쌍방이 유류분권리자에 손해를 가할 것을 알고 증여를 한 때에는 1년전에 한 것도 같다. [본조신설 1977.12.31]	〈현행유지〉
제1115조 (유류분의 보전) ①유류분권리자가 피상속인의 제1114조에 규정된 증여 및 유증으로 인하여 그 유류분에 부족이 생긴 때에는 부족한 한도에서 그 재산의 반환을 청구할 수 있다. ②제1항의 경우에 증여 및 유증을 받은 자가 수인인 때에는 각자가 얻은 유증가액의 비례로 반환하여야 한다. [본조신설 1977.12.31]	〈현행유지〉
제1116조 (반환의 순서) 증여에 대하여는 유증을 반환받은 후가 아니면 이것을 청구할 수 없다. [본조신설 1977.12.31]	〈현행유지〉
제1117조 (소멸시효) 반환의 청구권은 유류분권리자가 상속의 개시와 반환하여야 할 증여 또는 유증을 한 사실을 안 때로부터 1년내에 하지 아니하면 시효에 의하여 소멸한다. 상속이 개시한 때로부터 10년을 경과한 때도 같다. [본조신설 1977.12.31]	〈현행유지〉
제1118조 (준용규정) 제1001조, 제1008조, 제1010조의 규정은 유류분에 이를 준용한다. [본조신설 1977.12.31]	〈현행유지〉

편자	법무부 민법개정자료발간 팀	
	서정민	서울대학교 법과대학 졸업 서울대학교 대학원 졸업(법학박사) 법무부 법무심의관실 검사
	남재현	고려대학교 법과대학 졸업 법무부 공익법무관
	우승학	서울대학교 법과대학 졸업 서울대학교 대학원 석사과정 재학 법무부 공익법무관
	이선미	이화여자대학교 법과대학 졸업 이화여자대학교 대학원 박사과정 수료 법무부 법무자문위원회 전문위원
	김훈주	중앙대학교 법과대학 졸업 중앙대학교 대학원 박사과정 수료 법무부 법무자문위원회 연구위원

2013년 7월 1일 초판 1쇄 발행

발행	법무부
	황교안 법무부장관 주소 : 경기도 과천시 관문로 47 정부과천청사 전화 : 02-2110-3164 팩스 : 02-503-7037 홈페이지 : http://www.moj.go.kr
기획	서정민 법무부 법무심의관실 검사
출판·판매	민속원 출판등록 : 제18-1호 주소 : 서울 마포구 대흥동 337-25 전화 : 02) 804-3320, 805-3320, 806-3320(代) 팩스 : 02) 802-3346 홈페이지 : www.minsokwon.com

저작권법에 의해 한국 내에서 보호를 받는 저작물이므로 무단전재와 복제를 금합니다.
이 책 내용의 전부 또는 일부를 이용하려면 반드시 저작권자와 민속원의 서면동의를 받아야 합니다.
이 도서의 국립중앙도서관 출판시도서목록(CIP)은 서지정보유통지원시스템 홈페이지(http://seoji.nl.go.kr)와
국가자료공동목록시스템(http://www.nl.go.kr/kolisnet)에서 이용하실 수 있습니다. (CIP제어번호 : CIP2013008963)

ISBN 978-89-285-0475-6   94360
     978-89-285-0384-1(세트)